船舶推进装置研究

付品森 编著

上海交通大学出版社
SHANGHAI JIAO TONG UNIVERSITY PRESS

内容简介

本书从船舶推进系统设计的角度全面论述了螺旋桨推进装置系统设计的相关内容,主要包括螺旋桨推进器和驱动螺旋桨的轴系及电气集成机械设备。第1~3章介绍了螺旋桨的基础知识,螺旋桨设计的基本概念、方法和步骤,以螺旋桨为基础而发展出来的各种各样的推进器,比如侧向推进器、全回转舵桨、喷水推进器、轮缘推进器、串列桨等。第4~6章介绍了常见的轴系附件,比如尾管和密封等,以及轴系设计中常常碰到的校中计算和回转震动计算、扭转震动计算的基础理论。第7~9章介绍了电气机械和电力电子驱动技术及它们在电力推进系统设计中的具体应用。

本书从理论到实践系统阐述船舶推进系统的设计和应用方法,可作为船舶总体、轮机设计专业学生的教材,也可以作为相关从业人员的工作指导书籍,本书集水动力、回转动力、电力拖动及电力推进各专业于一体,从经典理论到最新的前沿科技都有铺陈,对船舶从业人员具有重要的参考价值。

图书在版编目(CIP)数据

船舶推进装置研究/付品森编著. —上海:上海
交通大学出版社,2025.3. —ISBN 978 - 7 - 313 - 31929 - 6

Ⅰ. U664.33

中国国家版本馆 CIP 数据核字第 20243J17L6 号

船舶推进装置研究
CHUANBO TUIJIN ZHUANGZHI YANJIU

编　　著:付品森
出版发行:上海交通大学出版社　　　　　　　地　　址:上海市番禺路 951 号
邮政编码:200030　　　　　　　　　　　　　电　　话:021 - 64071208
印　　制:苏州市古得堡数码印刷有限公司　　经　　销:全国新华书店
开　　本:710mm×1000mm　1/16　　　　　印　　张:20.25
字　　数:362 千字
版　　次:2025 年 3 月第 1 版　　　　　　　印　　次:2025 年 3 月第 1 次印刷
书　　号:ISBN 978 - 7 - 313 - 31929 - 6
定　　价:88.00 元

前　言

　　世界货物贸易的 90% 是以船舶运输的方式实现的, 世界联系越来越紧密, 船舶科学居功至伟, 而推动船舶前进的螺旋桨终日埋没于水中, 尽显神秘。贸易的货物多种多样, 运输的船舶也多种多样, 但推动船舶前进的螺旋桨近 180 年来变化并不大, 从航空母舰的螺旋桨, 到喷水推进的叶轮, 它们的基础理论都大致相同, 但演化出了多种多样的推进装置。特别是近些年来随着电气机械和电力电子技术的迅猛发展, 船舶推进装置又进化出花样繁多的表现形式, 本书先是解构推进系统, 深入研究各个子系统、元器件, 了解它们的原理, 再重新设计推进系统, 随意组合, 根据具体船舶的需求, 重新排列出想要的元器件和子系统, 设计出想要的推进系统, 满足船舶运输的科学需求, 适应日益严苛的地球环境要求, 减少碳排放, 减少因船舶推进造成的对地球环境的污染, 保护我们这个美丽的星球。

　　传统的船舶推进装置方面的研究书籍大多偏向机械, 或者偏向电气, 或者偏向某一领域, 而船舶推进装置的研究实质上是一个系统工程, 涉及从螺旋桨到原动机的多个组成部分, 其工作方式需要机械、电气、电子等跨学科、跨领域的协同配合, 偏向某一领域会导致对其他领域的忽视, 必然设计不出一个完美组合的系统, 理论上的不足也会导致实践的缺憾, 会造成船舶运行中的某些方面的失败, 表现出来的外在形式可能是轴承高温, 或者安装极其困难, 或者要牺牲舱容, 或者船舶必须降速运行, 或者漏油, 甚至于船舶无法完成建造而造成巨大的经济损失。本书作者有着 20 年船舶推进系统领域的工作经验, 从理论到实践一一剖析各子系统的工作原理, 再重新设计各子系统, 使它们能完美组合, 再升华到学术理论进行科学分析, 形成一整套各学科相融合的理论, 经历了见山是山、见山不是山, 再到见山还是山的境界。

　　本书先从螺旋桨着手, 从浅显的概念理论, 到基础设计, 再演化出螺旋桨的应用, 从不同的螺距变换找出最高的效率设计, 而这正是如今各种节能控制器的核心理论, 本书还介绍了轴系振动基本理论, 结合螺旋桨, 可以从振动的角度来选择原动机的转速、缸数和桨叶数目,从而回避共振,本书还介绍了电机理论和变频器的基础理论,从而为电力推进设计寻找理论依据,为船舶电站的布置,电力分配形式提供设计脚注。本书最后提供了一些设计案例,结合理论与实践,为不同船型不同的应用提供了需求问题的解决方案。

　　本书集合了水动力、回转动力、振动计算、电气设计、电力拖动、电力推进等专业的内容,但没有就某一专业学科领域深入展开。由于作者水平的限制,书中难免出现错误和不当之处,恳请广大读者批评指正。电子邮件请寄:fu. ps@139. com。

付品森

2024 年 8 月

目 录

第1章　认识螺旋桨　001

1.1　螺旋桨发展简史　001

1.2　螺旋桨基础知识　006

　　1.2.1　螺旋桨外形尺寸　007

　　1.2.2　螺旋桨的推力、转矩及效率　011

　　1.2.3　螺旋桨空泡　015

　　1.2.4　螺旋桨与船体的相互作用　021

1.3　螺旋桨材料　032

第2章　螺旋桨设计　037

2.1　螺旋桨设计 $B_\mathrm{P}-\delta$ 图谱　037

2.2　初步设计　039

2.3　最终设计　041

2.4　空泡校核　043

2.5　强度校核　046

2.6　船机桨的匹配问题　048

2.7　螺旋桨旋向　050

2.8　拖力试验　051

2.9　推进节能装置　054

第3章　推进器的型式　059

3.1　定距螺旋桨　059

3.2　调距桨　060

3.3　导管螺旋桨　063

3.4 舵桨 ———————————————————————— 065

3.5 对转桨 —————————————————————— 068

3.6 可伸缩推进器 ———————————————— 070

3.7 侧向推进器 ————————————————— 071

3.8 喷水推进器 ————————————————— 074

3.9 轮缘推进器 ————————————————— 077

3.10 重叠螺旋桨 ————————————————— 079

3.11 串列螺旋桨 ————————————————— 079

3.12 直叶桨 ——————————————————— 080

第 4 章　船舶推进轴系及附件 ——————————————— 082

4.1 轴系的布置形式 ——————————————— 082

4.1.1 二冲程机驱动的直接传动 ————————— 082

4.1.2 电力推进直接驱动传动 —————————— 083

4.1.3 中高速柴油机通过减速齿轮箱传动 ———— 083

4.1.4 电力推进通过减速齿轮箱传动 —————— 084

4.1.5 带有万向节的轴系传动 —————————— 084

4.1.6 不带万向节的高速轴系传动 ——————— 085

4.1.7 侧推的推进组成形式 —————————— 086

4.2 轴系的组成及附件 —————————————— 086

4.2.1 轴段 ———————————————————— 087

4.2.2 尾轴管 —————————————————— 094

4.2.3 尾管轴承 ————————————————— 096

4.2.4 中间轴承 ————————————————— 099

4.2.5 尾轴密封 ————————————————— 102

4.2.6 隔舱填料密封 —————————————— 106

4.2.7 刹车装置 ————————————————— 106

4.2.8 联轴器 —————————————————— 107

4.2.9 轴功率仪 ————————————————— 109

第 5 章　轴系校中 ——————————————————————— 112

5.1 轴系的作用及工作条件 ———————————— 112

5.2 轴系校中方法 ———————————————— 114

5.2.1 平轴法 114

5.2.2 轴承允许负荷校中法 116

5.2.3 合理负荷法 118

第6章 轴系振动 132

6.1 振动基础理论 132

6.1.1 简谐振动和周期振动 132

6.1.2 阻尼振动 135

6.2 轴系振动 138

6.2.1 螺旋桨激振力 139

6.2.2 轴系振动类型 141

6.3 纵向振动 142

6.3.1 纵振频率的计算 143

6.3.2 轴的纵向刚度计算 144

6.3.3 船舶推进轴系纵向振动衡定标准 148

6.3.4 回避纵向振动的措施 148

6.4 扭转振动 150

6.4.1 扭转振动的危害和原因 150

6.4.2 扭转振动基础理论 152

6.4.3 轴段刚度的处理 154

6.4.4 轴系扭转振动的简化模型 154

6.4.5 扭转振动的计算 156

6.4.6 扭转振动的防范措施 161

6.5 回旋振动 163

6.5.1 回旋振动的形式 164

6.5.2 固有频率的计算方法 166

6.5.3 影响推进轴系回旋振动固有频率的因素 170

6.5.4 回避回转振动的方法 173

第7章 船舶电力推进 175

7.1 电力推进的历史 175

7.2 船舶电力推进的应用 177

7.3 电力推进的系统组成 179

7.4 电气基础知识 182

7.5 电机 184

    7.5.1 直流电机 184

    7.5.2 异步电机 186

    7.5.3 同步电机 192

    7.5.4 永磁电机 194

7.6 变频器 197

    7.6.1 基础电气元件 197

    7.6.2 直流-直流变换器 200

    7.6.3 整流电路 202

    7.6.4 逆变电路 208

    7.6.5 变频器调速控制技术 215

第 8 章 电力推进分析研究 218

8.1 螺旋桨性能 218

8.2 电力推进的形式 225

8.3 电力推进线路 227

8.4 电力推进系统效率 239

第 9 章 PTO/PTI/PTH 解决方案 260

9.1 PTO/PTI/PTH 概念及原理 261

9.2 四冲程机 PTO/PTI/PTH 的组成形式 262

    9.2.1 齿轮箱不带离合器 263

    9.2.2 齿轮箱带一个主机离合器 264

    9.2.3 齿轮箱带一个离合器,主高弹可脱开 265

    9.2.4 齿轮箱带一个主离合器和一个 PTO 离合器 266

    9.2.5 齿轮箱带一个主离合器和初级端 PTO 离合器 267

    9.2.6 齿轮箱有两个主离合器 268

    9.2.7 三个离合器,螺旋桨双减速 269

    9.2.8 无需双减速比的低速 PTH 271

    9.2.9 拖轮上的 PTO‐PTI 272

9.3 二冲程机的 PTO/PTI/PTH 273

9.4 案例分析 283

　　　9.4.1　某化学品船 PTI/PTH/PTO ⋯⋯⋯⋯⋯⋯⋯⋯⋯　283

　　　9.4.2　某工程船一机拖两桨 ⋯⋯⋯⋯⋯⋯⋯⋯⋯⋯⋯　293

　　　9.4.3　集装箱船二冲程机 PTO‐PTH ⋯⋯⋯⋯⋯⋯⋯⋯　297

　9.5　船舶冗余推进系统 ⋯⋯⋯⋯⋯⋯⋯⋯⋯⋯⋯⋯⋯⋯⋯　300

　9.6　变频器与柴油发电机并车 ⋯⋯⋯⋯⋯⋯⋯⋯⋯⋯⋯⋯　302

　9.7　能源转型与电力推进前景展望 ⋯⋯⋯⋯⋯⋯⋯⋯⋯⋯　305

附录　彩图 ⋯⋯⋯⋯⋯⋯⋯⋯⋯⋯⋯⋯⋯⋯⋯⋯⋯⋯⋯⋯⋯⋯　309

参考文献 ⋯⋯⋯⋯⋯⋯⋯⋯⋯⋯⋯⋯⋯⋯⋯⋯⋯⋯⋯⋯⋯⋯⋯　313

第 **1** 章

认识螺旋桨

1.1 螺旋桨发展简史

17世纪以来,世界各国越来越频繁地通过货物贸易相互联系起来,而货物贸易的运输途径越来越多地依靠船舶运输,特别是长距离的货物贸易,船舶运输由于其载货量巨大而分摊到单位货物的运输成本是最低的,船舶工业因此成为一门专门的学科而兴盛发展起来。船舶要前进,离不开推进装置。船舶的制造,其核心为船舶推进系统,涉及船的吨位和阻力,以及由此而需要装备的船舶推进动力装置,比如主机功率、螺旋桨,这些都是船舶推进系统的一部分。如果说推进主柴油机是船舶的心脏的话,那么轴系及螺旋桨则是船舶的大腿,我们这里所研究的是主机后面的"大腿"部分,即轴系、螺旋桨以及它们根据船舶推进的要求而采取的配置形式。

船舶在水中航行必须克服水的阻力才能达到一定的航速要求,对于现代化的船舶来说,为产生推力克服水的阻力来推动船舶航行而普遍使用的推进器就是螺旋桨。在现代化的螺旋桨被发明以前,船舶推进器有各种各样的形式。

公元前几千年,很多船只靠人力划桨来实现船舶推进,后来随着船舶尺寸的增大,又出现了风帆形式的船舶推进装置。最早见于唐代,有个叫李皋的人发明了车轮船,他在当时流行的车船两舷外侧安装了两个轮子,所以这种新款船舶又叫作车轮船(见图1-1)。

图1-1 车轮船

注:图片来源于宁波海事

这种新型的船舶车轮在车毂上有数个木板,在旋转的过程中能把水向后拨动。根据动量守恒原理,流失的水动量必定和车轮获得的动量相同,因此车轮获得向前的动量,从而推动船舶向前运动。

第一次工业革命后,蒸汽机作为机械动力普遍地取代了人力,就有人提出把蒸汽机运用到船舶上。1769年,法国发明家乔弗莱把蒸汽机装在船上带动一组普通的木桨,航速很慢,未能显示出其优越性。

1802年,英国人西明顿采用了改进的蒸汽机,制造了世界上第一艘蒸汽动力船。这是一艘木壳船,船上装有蒸汽机,尾部带动一个水轮,水轮露出水面,叫作明轮。第一艘明轮船的航速明显得到提高,但是由于振动较大,船尾的波浪较高,实际使用起来并不理想,这样,第一艘明轮船就被扼杀在了摇篮里。

1807年,美国发明家富尔顿改进了明轮结构,他在转轮的外周装上叶片,成为旋转的桨轮,桨轮转动,带动叶片向后拨水,推动船舶前进。富尔顿把它安装在船上,并用蒸汽机来驱动它,该船在哈德逊河上试航获得成功,从此揭开了轮船时代的序幕,轮船的名字也由此而来(见图1-2)。

图1-2 明轮船

注:图片来源于宁波海事

19世纪上半叶,明轮推进器有很大的发展。当时,明轮船极为盛行,但是明轮船作为航海船舶的推进器有许多缺点。明轮有大部分是在水外的,结构复杂,受风浪影响较大,如果有风浪就会左右摇摆,不能维持一定的航速和稳定的航向(见图1-3)。空气和水的密度相差800倍,这么大的家伙不断地在水和空气中进进出出,受到交变的应力,很容易疲劳损坏,并且海浪的冲击也会使桨板损坏。明轮转速较低,不得不采用低速而笨重的主机,再加上明轮体积大,作为战船很容易受到敌人的攻击。

图 1-3　明轮及其机械装置

注:图片来源于宁波海事

　　明轮有着诸多的缺点,关于使用螺旋桨作为推进器的思想其实早已确立,各国发明家早就提出了很多螺旋桨推进器的概念设计。公元前 250 年,阿基米德提出了螺旋泵扬水器的概念(见图 1-4)。为了解决用尼罗河水灌溉的问题,他发明了一种筒状螺旋状扬水器,在螺旋轴上安装多个叶片,每个叶片上都有一定的迎角来产生升力,转轴旋转,就能把水送出去。叶片相对于水运动,根据牛顿反作用力原理,叶片推动水运动,水也能推动叶片运动,这就是最早的螺旋推进器。

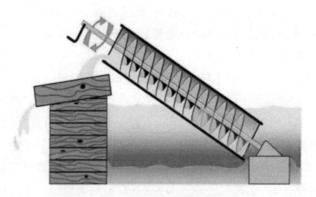

图 1-4　阿基米德螺旋泵扬水器

注:图片来源于网易

　　1700 年后,达·芬奇受阿基米德的启发画出了风车车叶的形状,主要是用来像现在的风扇一样吹风降温。1683 年,胡克发明了螺旋水流仪用来测试水流,并且看到了螺旋水流仪用作船舶推进器的潜在功能。受此影响,伯努利发明了螺旋轮来推动船舶前进,并且在一条小舟上计算出用 20～25 马力①的蒸汽机可以跑出 2.5 节的航速。

1785 年,英国的布拉马发明了第一个具有现代概念雏形的螺旋桨,该桨通过轴安装在船尾,用蒸汽机驱动。

在接下来的几十年里,各式各样的螺旋桨被发明出来。19 世纪中叶,有人开始尝试用两个螺旋桨以相反方向旋转来提高船只的稳定性和效率。至 19 世纪后半叶,各国竞相从事螺旋桨的研究并试用于实际船舶上。

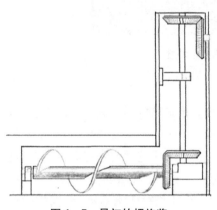

图 1‑5 最初的螺旋桨

螺旋推进器很快就演变成了螺旋桨(见图 1‑5)。曾有人统计过,声称发明螺旋桨的人不下 470 人,但是得到大家公认的只有两个人,那就是瑞典工程师埃里克森和英国工程师史密斯。

1836 年,瑞典海军军官埃里克森把两个伯努利的螺旋轮装在一根轴上,这两个螺旋轮子以不同的速度旋转,分别用来前进和倒退。埃里克森为它申请了专利,并把它装在了一艘 45 英尺②长的船上,船名 Francis B Ogden,螺旋轮直径为 5 英尺 2 英寸③,试航取得了巨大成功,航速达到了每小时 10 英里④。埃里克森后来去美国,设计了美国海军第一个螺旋桨推进器。后来至少有 41 条美国商船装备了他的螺旋桨。

螺旋桨的发展不仅取决于技术的研究,还取决于财务、政治和投资回报。同时期的英国人史密斯要比瑞典人埃里克森幸运得多。英国皇家海军支持史密斯做研究。1837 年,史密斯在一个 6 吨的木船上用 6 马力的蒸汽机做动力,用两圈阿基米德螺旋器做螺旋桨。当时由于没有理论支撑,两个螺距相当于有三个螺纹的螺钉,多转一圈可能进速就更快,他想当然地认为圈数越多就越好。

试航的时候,船的航速只能跑 4 节左右,并不是很理想。木头螺旋桨还撞到了水下障碍物,"嘎嘣"一下断成了两截。史密斯急得满头大汗,可没想到的是,

---

① 1 马力＝0.746 kW。
② 1 英尺＝0.304 8 m。
③ 1 英寸＝0.025 4 m。
④ 1 英里＝1 609.34 m。

这艘船反而加快了速度,以约 12 节的航速飞快前进。受到这个意外的启发,斯密斯反复琢磨,他把长螺杆变成短螺杆,螺旋叶片也分割成几个叶片,这就是今天螺旋桨的样子,一根轴上带着几个叶片(见图 1-6)。

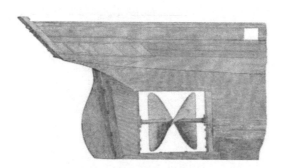

图 1-6　改造后的螺旋桨

人们让配有明轮的船"ALEKTO"和配有螺旋桨的船"LIALEH"进行拔河比赛,这两条船大小几乎相同,都约为 800 吨,发动机为 200 马力。两条船在船尾用很粗的绳子系起来,朝方向相反的方向行驶。刚开始,两条船不相上下,可是过了一会,螺旋桨船"LIALEH"就拖动明轮船"ALEKTO"以 2.5 节的速度行驶,至此,螺旋桨的优越性能得到了验证。接下来的几年,明轮完全被螺旋桨替代而淘汰了,但是轮船这个名称还是保留了下来。

在此后的数年里,螺旋桨的设计研发得到了长足的发展,工程师通过各种途径来实验螺旋桨的性能,比如,改变螺旋桨桨叶的形状,改变不同半径处的厚度,改变不同半径处的螺距,不同区域的厚度和弦长等。很多工程师还试图去设计可变螺距螺旋桨。1868 年,Young 在吸取他人经验的基础上设计出了第一款螺距可调节的螺旋桨,利用刀片拨动桨叶位置。同年,Griffith 设计出了第一款概念意义上的可调螺距螺旋桨,桨叶根部通过机械联通到桨毂内部,然后通过连杆机构连接到中空的轴上,通过旋转轴和调节螺栓改变桨叶位置,从而达到需要的螺距,或者干脆调节桨叶到达顺桨的位置(见图 1-7)。

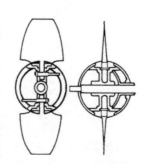

图 1-7　Griffith 式可调距螺旋桨

可变螺距螺旋桨,顾名思义,其螺距是可以变化的,不需要改变转向(见图 1-8)。桨叶的角度是可以调整的,因此正车的时候桨叶就在正车的角度,需要倒车的时候,保持发动机转向不变,将桨叶调整至倒车角度即可。中间过程是连续变化的,通过调整桨叶角度就可以调整船速的快慢,因此这种螺旋桨提高了船舶的操纵性,又延长了发动机的使用寿命。

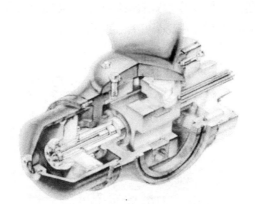

图1-8　现代化的可调距螺旋桨

1.2　螺旋桨基础知识

螺旋桨是目前最为广泛应用的一种推进器,通常装在船的尾部。在尾部中线处只有一个螺旋桨的船为单桨船(见图1-9),左右对称各有一个螺旋桨的船为双桨船(见图1-10),特殊的船如军舰,可能装有3~4个或更多的螺旋桨(见图1-11)。

图1-9　单桨船

图 1‒10 双桨船

图 1‒11 三桨船

商用螺旋桨通常有 4 片桨叶,而军用舰艇的螺旋桨可能有 5 片甚至高达 7 片桨叶。

一般来说,在主机功率相同的条件下,单桨推进往往较双桨推进更好,因为双桨船由于带有轴毂套或支架等附件,总体阻力比单桨船高。单桨船的船身效率也比双桨船的高。双桨船的优点是操纵性能好,要求速度快、操纵灵活的客船、客货船和渡轮等多采用双桨船。部分军舰会配有超过两个螺旋桨。

1.2.1 螺旋桨外形尺寸

图 1‒12 所示为螺旋桨各部分名称。这是一个有 4 片桨叶的固定距螺旋桨。螺旋桨通常由桨叶和桨毂构成,6 为桨毂,用于连接螺旋桨和尾轴。1 为螺旋桨的叶梢。螺旋桨桨叶和桨毂连接部分为叶根。2 为螺旋桨的导边,图示螺旋桨为逆时针旋转,在螺旋桨正车旋转时先切入水的桨叶边缘为导边,而另一边(如图 1‒12 所示的 3)为随边。4 为叶面,是螺旋桨正车旋转时的压力面,而另

一面(如图 1-12 所示的 5)为叶背面,是水压降低的一面,也称吸力面。

1—叶梢;2—导边;3—随边;4—叶面;5—叶背;6—桨毂。

图 1-12　螺旋桨各部分名称

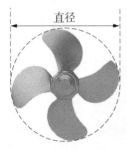

图 1-13　螺旋桨直径

1) 直径

螺旋桨旋转时叶梢的圆形轨迹为梢圆,梢圆的直径为螺旋桨直径(见图 1-13),梢圆的面积为螺旋桨的盘面积,桨毂的直径和螺旋桨的直径比为毂径比,定距桨通常为 18% 左右,调距桨通常为 23% 左右,毂径比太大会影响效率,太小就会影响强度。在其他条件相同的情况下,直径大的螺旋桨效率会比较高一些,因为螺距可以更大,相应扭矩会更大。矛盾的是,如果螺距加大,功率就会上去,因此加大螺旋桨的直径必然要减少螺旋桨的转速。

2) 盘面比

桨叶的展开面积之和与螺旋桨的盘面积之比为盘面比(见图 1-14),桨叶在垂直桨轴的平面上投影面积与盘面积之比称为投射盘面比,两者不同,但相差非常小,常用投射盘面比近似替代盘面比。

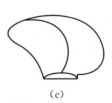

(a)　　　　　　(b)　　　　　　(c)

图 1-14　螺旋桨的盘面比

(a)盘面比为 0.39;(b)盘面比为 0.55;(c)盘面比为 0.69

不同螺旋桨的盘面比是不同的。盘面比较大的螺旋桨,其单位面积上的压力会小一点,空泡性能会好一点,但是效率也可能会稍微低一些。同样,盘面比较小的螺旋桨,其效率可能稍高一些,空泡诱导的脉动压力也会大一些。

3) 螺距

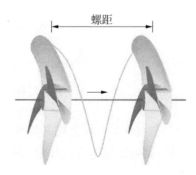

螺旋桨旋转一圈在轴向上前进的距离称为螺距(见图 1-15),记作 P,螺旋桨的直径为 D,螺距 P 与直径 D 的比值 P/D 为螺距比。

桨叶绕轴转一圈,其运动轨迹为螺旋线,图 1-16 为螺距角度示意图。与螺旋桨共轴的圆柱面与叶面的交线为螺旋线的一段,若把该螺旋线展开,其轨迹如图 1-16(b)所示,其长度为图 1-16(c)所示的螺距直角三角形的斜边长度,半径 r 处的螺距三角形底边为 $2\pi r$,

图 1-15　螺旋桨螺距

螺距角为 θ,则螺距 P、螺旋桨半径 r 和螺距角 θ 有如下关系:

$$\tan\theta = \frac{P}{2\pi r} \tag{1-1}$$

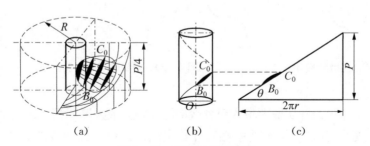

图 1-16　螺距角度示意图

(a)螺距角度;(b)螺旋线展开;(c)螺距角与螺距关系

任意半径处的螺旋线都不同,其螺距也不同,螺旋桨常取 0.75 倍半径处的螺距代表该螺旋桨的螺距。

4) 侧斜度

从桨毂中心到叶梢作一条线,我们称之为参考线。螺旋桨从尾部向前投影,若其外形轮廓相对于参考线是对称的,则该桨叶为对称桨叶(见图 1-17)。船舶侧向推进器大多为对称桨叶,在左旋和右旋的时候能产生大致相同的推力。主推进螺旋桨大多为非对称桨叶(见图 1-18),设计的目的是向前推进船舶,而倒车的时候使用较少。

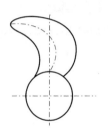

图 1-17　桨叶对称设计

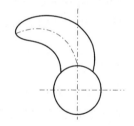

图 1-18　桨叶非对称设计

非对称桨叶称为侧斜桨叶,如图 1-19 所示,侧斜角度不同,桨叶的外形就不同,桨叶旋转的方向通常与桨叶侧斜的方向相反,这样做是为了减少螺旋桨对船体诱导的振动。图 1-20 展示了螺旋桨不同的侧斜角。

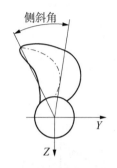

图 1-19　桨叶侧斜角度

图 1-20　螺旋桨不同的侧斜角

螺旋桨各半径叶切面上最大厚度线的连线称为最大厚度线。连接桨毂中心作最大厚度线的切线,从桨毂中心到叶梢尖端的连线与此切线的夹角,称为侧斜角。

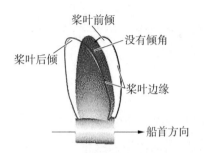

图 1-21　螺旋桨桨叶的纵倾

5) 纵倾

如图 1-21 所示,取螺旋桨叶面中间一根线连接桨毂中心,若该中心线垂直于轴线,则该螺旋桨没有纵倾角;如果该线与轴线不垂直,而是呈某一夹角,则该桨叶为纵倾。

通常桨叶为后纵倾,目的在于增大桨叶与船体之间的间隙,减小螺旋桨诱导的船体振动。如果纵倾过大,会增加叶根处的弯曲应力,对桨叶强度不利。

6) 滑脱比和进速系数

螺旋桨在水中运动，如果转速为 n，进速为 V_A，其旋转一周前进的距离为 h_p，即进程。它们的关系如下：

$$h_p = \frac{V_A}{n}$$

如图 1-22 所示，螺距和进程之差 $(P - h_p)$ 称为滑脱。滑脱与螺距的比值称为滑脱比，用 S 表示，有如下关系：

$$S = \frac{P - h_p}{P} = 1 - \frac{h_p}{P} = 1 - \frac{V_A}{Pn}$$

进程与螺旋桨直径的比值称为进速系数，用 J 来表示，即

$$J = \frac{h_p}{D} = \frac{V_A}{nD} \tag{1-2}$$

在图 1-22 螺旋桨的滑脱中，螺旋桨叶切面在水中运动，由于滑脱的存在，螺距不能全部转化成进程，进程形成的角度要小于螺距角，其差值 α_k 为水流的攻角。

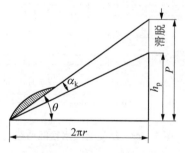

图 1-22 螺旋桨的滑脱

1.2.2 螺旋桨的推力、转矩及效率

螺旋桨的推力和转矩是非常重要的参数，推力可表征其做功能力的大小，转矩则与驱动螺旋桨的原动机息息相关。

这里引入无因次系数，推力系数 K_T 和转矩系数 K_Q。

推力系数：

$$K_T = \frac{T}{\rho n^2 D^4} \tag{1-3}$$

转矩系数：

$$K_Q = \frac{Q}{\rho n^2 D^5} \qquad (1-4)$$

式中：T 为推力；Q 为转矩；ρ 为水的密度；n 为螺旋桨转速；D 为螺旋桨直径；螺旋桨的敞水效率 η_0 为其做的功率和吸收到的功率比值：

$$\eta_0 = \frac{TV_A}{2\pi Q} = \frac{K_T \rho n^2 D^4 V_A}{2\pi n K_Q \rho n^2 D^5} = \frac{K_T V_A}{2\pi n K_Q D} = \frac{J K_T}{2\pi K_Q} \qquad (1-5)$$

J 为进速系数，对于一定形状的螺旋桨而言，推力系数 K_T、转矩系数 K_Q 及效率 η_0 仅与进速系数 J 有关，以 J 为横坐标，以 K_T、K_Q、η_0 为纵坐标的曲线，称为螺旋桨的敞水性能曲线（见图 1-23）。因 K_Q 数值太小，纵坐标常用 10 倍的 K_Q 与 K_T 表示。

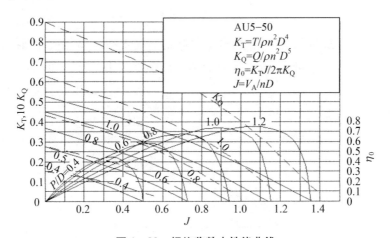

图 1-23　螺旋桨敞水性能曲线

螺旋桨以恒转速运行，当滑脱比很大的时候，比如 J 值为 0，相当于螺旋桨只旋转而不前进。船舶进行系柱试验时，或者拖轮在顶推的瞬间都会发生这种情况，此时的推力和转矩都达到最大值，此时的攻角也最大。

随着船舶的前进，螺旋桨的进速开始增加，推力和转矩开始减小，效率开始上升。螺旋桨在设计的时候，通常以最大效率点为设计目标。随着进速增加到一定的程度，J 值增大，推力、转矩进一步减小，攻角也进一步减小。到某一点时，螺旋桨发出的推力为零，此时桨叶受到的攻角为一负值，进程为零，但转矩不为零，螺旋桨仍然受到旋转阻力。当 J 值进一步增加时，连转矩也为零了，螺旋桨没有了旋转阻力，此时的推力为负值，可以想象是水流在推动螺旋桨旋转。

螺旋桨设计好之后,要做桨模试验来验证其性能。螺旋桨模型单独在均匀的水流中试验称为敞水试验,它是检验和分析螺旋桨性能较为简单的方法,是校验实践和理论不可缺少的手段。

一定几何形状的螺旋桨在敞水中运动产生的水动力与直径、转速、进速、水的密度、水的黏性系数以及重力加速度有关。根据相似理论,如果要满足力学相似,则必须满足几何相似、运动相似和动力相似。几何形状相似的螺旋桨,其水动力性能相似,推力系数、转矩系数、效率相等。

合格的试验要满足以下几点要求:

(1) 两个几何形状相似的螺旋桨,其进速系数 J 值一样,则模型各对应处的流体质点具有相同的方向,形迹相似,满足运动相似。

(2) 如果雷诺数相同,则模型桨和实桨的黏性力相同。雷诺数表征水的紊乱状态,当雷诺数足够大的时候,水的流动才能达到湍流状态;雷诺数较小的时候,水呈现层流状态,和实际的螺旋桨的状态不一致。雷诺数曾经有过不同的表达方式,如 $\dfrac{nD^2}{\nu}$ 或 $\dfrac{V_A D}{\nu}$。

为统一起见,1978 年,国际船模试验池会议(International Town Tank Conference, ITTC)规定,螺旋桨的雷诺数以 0.75 倍处叶面弦长及其速度来表示,即

$$Re = \frac{b_{0.75R}\sqrt{V_A^2 + (0.75\pi nD)^2}}{\nu}$$

式中: V_A 为进速; n 为转速; D 为螺旋桨直径; $b_{0.75R}$ 为叶切面弦长; ν 为运动黏性系数。

(3) 若要重力相似,则模型桨和实桨的兴波阻力要一致,这就与弗劳德数有关。实践证明,当桨轴的沉没深度大于 0.625 倍的桨径时,兴波阻力的影响可以忽略不计。当在水面下足够的深度进行模型试验时,弗劳德数可以不用考虑。

综上所述,当螺旋桨在敞水中运转时,桨轴沉没较深,其水动力性能只与进速系数和雷诺数有关。

实际桨和模型桨的尺度比为

$$\lambda = D_s / D_m$$

式中: D_s 为实际桨的直径; D_m 为模型桨的直径。

由进速系数相等可得

$$\frac{V_{Am}}{n_m D_m} = \frac{V_{As}}{n_s D_s}$$

$$\frac{V_{Am}}{V_{As}} = \frac{n_m}{n_s} \frac{1}{\lambda}$$

由雷诺数相等可得

$$\frac{n_m D_m^2}{\nu_m} = \frac{n_s D_s^2}{\nu_s}$$

设 ν_m 和 ν_s 相等,则可得

$$n_m D_m^2 = n_s D_s^2$$

或

$$\frac{n_m}{n_s} = \frac{D_s^2}{D_m^2} = \lambda^2$$

由此可见,如要保持模型桨和实桨的进速系数相同,则必须满足:

$$\frac{n_m}{n_s} = \lambda^2$$

$$\frac{V_{Am}}{V_{As}} = \frac{n_m}{n_s} \frac{1}{\lambda} = \lambda$$

显然,模型桨转速必须是实桨转速的缩尺比的平方倍数,进速是实桨进速的缩尺比的倍数。因数值太高而难以实现,且推力过大而无法测量,因此在敞水试验时,只需满足进速系数相等,雷诺数则超过临界值即可。实践试验证明,当雷诺数 nD^2/ν 大于 $(4 \sim 5) \times 10^5$ 时,水的流动可以达到湍流状态,螺旋桨的性能就与雷诺数无关了。1978 年,ITTC 同意用 3.0×10^5 为试验时的雷诺数。因雷诺数而引起模型桨和实桨的水动力性能的差异称为尺度效应。

尺度效应对推力的影响较小,对扭矩的影响较大。因尺度效应的影响,通常模型桨的推力系数小于实桨的推力系数,而模型桨的扭矩系数大于实桨的扭矩系数,模型桨的敞水效率小于实桨的敞水效率。

因尺度效应而引起的偏差常会引起争论,有的人主张要进行修正,只修正扭矩系数,而保留推力系数,也有人主张不修正,认为实际螺旋桨要比模型螺旋桨粗糙,而粗糙度不同可以抵消尺度不同带来的效应偏差。1978 年,ITTC 则提出了根据经验进行修正的方法。实际上转矩系数的影响大概为 1% 左右。

拖曳水池通常保持模型桨转速不变而改变进速进行试验,空泡筒则通常保持进速不变而改变转速进行试验。将螺旋桨模型敞水试验中测得的数据进行整理,将计算结果以进速系数 J 为横坐标,以效率、推力系数和转矩系数为纵坐标

绘制曲线,为模型桨的水动力性能曲线。将这一类型的螺旋桨按一定次序变更某些主要参数,比如叶数相同、盘面比相同而螺距比不同的一组桨的性能曲线绘制在同一图内,则形成了一个螺旋桨系列图谱,方便以后螺旋桨设计,如图 1-23 螺旋桨敞水性能曲线所示。

1.2.3　螺旋桨空泡

螺旋桨高速运转时会产生空泡现象,这一现象早在 19 世纪末就引起了人们的注意。1894 年,英国小型驱逐舰"勇敢"号试航时航速只能达到 24 节,与设计航速 27 节相差很多,主机功率也达不到额定功率,后来对螺旋桨进行多次修改设计,试航结果差别不大,其背后的原因在于空泡现象。到第 6 次修改时,在其他参数不改变的情况下把桨叶面积增大 45%,就达到了设计要求。随着其他船舶上发生越来越多的类似现象,空泡问题日趋重要,不少学者致力于这方面的研究,以避免螺旋桨运转时产生空泡。近些年来的研究提高了我们对空泡产生机理的认知,也发现了一些规律和避免空泡产生的方法。

常见的空泡现象其实在生活中就可以观察到,水烧开的时候,我们可以看到有很多气泡从底部翻滚上来,水没烧开之前,在锅的底部就有少量的气泡产生了。在标准大气压下,被烧开的水的温度大约是 100℃,那些沸腾的水其实就是在产生大量的气泡。而当把压力提高到两个标准大气压时,水在 120℃时才会产生大量沸腾的气泡。这就是家用高压锅的温度。而在高原或者在高山上,大概 69℃就可以让水沸腾,产生大量的气泡。也就是说,在不同的压强下,水的沸点是不同的,产生空泡时的压强为饱和蒸汽压力,不同的温度下,饱和蒸汽压力也不同(见表 1-1)。

表 1-1　不同温度下的饱和蒸汽压力

温度/℃	饱和蒸汽压力/Pa
0	611.3
20	2 338.8
40	7 381.4
60	19 932
80	47 373
100	101 320
120	198 480

从表 1-1 可以看到,如果海水温度是 20℃,那么只要气压降至 2 338.8 Pa,水中就会产生空泡。

由此可知,螺旋桨在高速旋转时,其吸力面(叶背面)会产生极低的气压,这极低的气压低于饱和蒸汽压力,因此产生空泡。设桨叶叶背处的压力为 P_b,流速为 V_b,设在同一流线上远处水的压力为 P_0,水的流速为 V_0,饱和蒸汽压力为 P_v。

当桨叶处的压力 P_b 小于饱和蒸汽压力 P_v 时才会有空泡产生,因此,桨叶处产生空泡的条件为 $P_b \leqslant P_v$。

根据伯努利方程

$$P_b + \frac{\rho V_b^2}{2} = P_0 + \frac{\rho V_0^2}{2}$$

则压力降低数为

$$P_0 - P_b = \frac{\rho(V_b^2 - V_0^2)}{2}$$

将上式两边同除以 $\frac{\rho V_0^2}{2}$,令

$$\zeta = \frac{2(P_0 - P_b)}{\rho V_0^2} = \left(\frac{V_b}{V_0}\right)^2 - 1 \qquad (1-6)$$

式中:ξ 为减压系数。当 P_b 降低到饱和蒸汽压力 P_v 时,即开始产生空泡。

令

$$\sigma = \frac{2(P_0 - P_v)}{\rho V_0^2} \qquad (1-7)$$

可知,当 $\xi \geqslant \sigma$ 时,开始产生空泡现象,即桨叶处的压力已经降低至小于或等于饱和蒸汽压力了。

对空泡机理的研究表明,空泡其实非常复杂,并非简单地把压力降至饱和蒸汽压力才会产生空泡。有人发现,事先处理过的水,即纯水,能够抵抗非常低的气压,即使在远低于饱和蒸汽压力下也不会产生空泡。因此,液体产生空泡有可能是因为液体本身存在某种"缺陷"或缺点,我们称这种"缺陷"或缺点为气核,正是因为水中有了气核才产生空泡的。

空泡分为气化空泡、汽化空泡和似是空泡。气化空泡指原溶于水中的气体,由于降压以扩散的方式逸出到气核中,逐渐成长为肉眼能看见的程度。汽化空

泡指液体分子因降压到饱和蒸汽压力之下导致爆发式汽化,水汽进入气核使之膨胀。似是空泡指气核本身在外界压力降低的条件下膨胀到肉眼可见的程度。汽化空泡只有在液体压力降低到低于饱和蒸汽压力时才出现。气化空泡和似是空泡在液体压力大于、等于和小于饱和蒸汽压力时都可能出现。这里我们讨论的空泡特指汽化空泡。

空泡初生阶段是指当桨叶某处的压力降至汽化压力时,水开始汽化,水汽进入气核并膨胀,成长为可见空泡。这类空泡通常发生在最低压力处,当空泡沿流线移至较高的压力区时,被较高的水压压缩而溃灭,水流恢复正常。这类空泡为局部空泡,在桨叶某处生成,在另一处溃灭,对水动力的性能没有什么影响。但这种空泡在压缩溃灭时会产生瞬间时速高达几千千米的射流和爆炸冲击波,并反复在桨叶某区域发生,会对螺旋桨桨叶表面产生剥蚀性损坏。

在空泡发生的第二阶段,空泡区域已经扩大至整个叶背面积的 60%～70%。叶背大部分与空泡相接触,整个叶背被空泡笼罩,叶背相当于在蒸汽和空气的混合气体中运动,螺旋桨无法产生更大的推力,水动力性能恶化。空泡已经不在叶背处溃灭,而是被拖至尾流中,所以对螺旋桨没有剥蚀影响。

接下来讨论几种不同类型的空泡。

1) 涡空泡

在螺旋桨模型试验中,往往能最先观察到在桨叶叶梢形成空泡,在叶梢形成的空泡称为梢涡空泡,在螺旋桨根部产生的空泡称为毂涡空泡。

如图 1-24 所示,梢涡空泡为螺旋形状,在桨叶快速旋转时,桨叶附近的水由于压力迅速降低而汽化形成空泡。梢涡空泡一开始在桨叶附近可以观察到。当桨叶工作负荷加重或者空泡数减少的时候,汽化压力进一步降低,梢涡空泡得以加强,可以明显看到空泡就跟随在桨叶梢部,像是附着在上面一样。梢涡空泡可能会对附近的船体产生剥蚀作用,螺旋桨的噪声可能会增大,有时会产生局部的高脉动压力,但对螺旋桨性能影响较小。

毂涡流由从每个叶片根部脱落的单

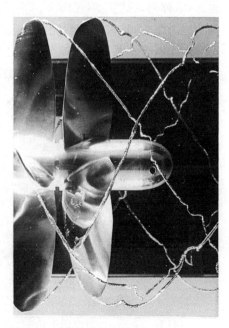

图 1-24　梢涡空泡

个涡流合成而形成。尽管这些涡流单独不太可能空化,但在螺旋桨毂涡的影响下,叶片根部涡流的组合具有很高的汽化敏感性。当这种情况发生时,产生的空化通常非常稳定,看起来像一根"绳子",其股线与螺旋桨的叶片数量相对应(见图1-25)。这种类型的气蚀也可能损坏螺旋桨后面舵,导致它们受到侵蚀,可以通过增加毂帽来解决毂涡空泡问题。

图1-25　毂涡空泡

2) 片状空泡

在桨叶外半径处产生的空泡最先出现在导边处,有时候会延伸到随边处,呈膜片状,称为片状空泡(见图1-26)。这种空泡因导边处负压急剧升高,空泡好像陡然产生的,这种空泡若能在随边之前结束,对螺旋桨有剥蚀影响,但对水动力性能无影响。若能被拖拽至随边之外,则对水动力性能有影响但无剥蚀作用。由于局部压力下降导致液体中形成蒸汽气泡的现象称为面片空泡(见图1-27)。

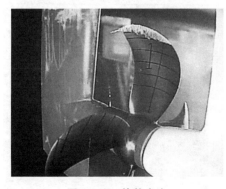

图1-26　片状空泡

图1-27　面片空泡

如图1-27所示,当攻角为负时,在桨叶面部也可能发生片状空泡,面片空泡比较少见。在进行螺旋桨的空泡试验时,一旦发现有面片空泡,应当重新设计桨叶。

3) 云雾空泡

螺旋桨在不均匀的流场工作。当伴流大的时候,产生空泡,在伴流小的时候,空泡流向随边并破裂消失,这种周期性地产生和消失的空泡,时隐时现,形成云雾状,称为云雾空泡(见图 1-28)。这种空泡对螺旋桨产生严重的剥蚀作用。

图 1-28 云雾空泡

4) 泡状空泡

泡状空泡通常发生在叶片背部弦长方向最大厚度处,由于攻角较小,汽化敏感,导边还没有出现负压峰,压力最低处大致在最大厚度处,很容易发生泡状空泡(见图 1-29)。单个空泡成长清晰可见,这种空泡生长至溃灭很迅速,对螺旋桨材料有剥蚀作用(见图 1-30),产生噪声和振动,对水动力性能影响不是很大。

图 1-29 泡状空泡　　　图 1-30 泡状空泡对桨叶的剥蚀

在船舶及螺旋桨设计之初就需要考虑空泡发生情况。要想不发生空泡,就需要抑制空泡发生的条件,这可以从减压系数和空泡数来考虑。

从式(1-6)来看,空泡与该桨叶处的速度和远方来流速度有关。远方来流速度无法控制,而桨叶处的速度与桨叶形状、桨叶位置、入射角等相关,可以从桨叶设计的角度来考虑。

从式(1-7)来看,空泡与来流速度、静压力和汽化压力有关。这是客观的环境条件,与桨叶的设计和形状无关,可以从桨轴的沉没深度和螺旋桨转速等处着手,改善螺旋桨的运行环境。

螺旋桨设计好后,需要进行空泡校核来检查初步的空泡情况。空泡校核有很多种方法,此处介绍最常用的柏利尔限界线法。柏利尔根据各类型船舶的螺旋桨统计资料提出该方法,以 0.7 倍处的桨叶直径的空泡数为横坐标,以单位投射面积平均推力系数为纵坐标。算出 0.7 倍桨叶半径处的空泡数后查找纵坐标,根据纵坐标处的值再算出需要的盘面比,然后比较桨叶设计的盘面比,设计的盘面比大于需要的盘面比,即合格。

其中,0.7 倍桨叶处的空泡数为

$$\sigma_{0.7R} = 2(P_0 - P_v)/\rho V_{0.75R}^2$$

单位投射面积平均推力系数为

$$\tau = \frac{2T}{A_p \rho V_{0.75R}^2}$$

式中:P_0 为桨轴中心处的静压力;ρ 为海水密度;P_v 为汽化压力;$V_{0.7R}$ 为 0.7 倍桨叶半径处与水流的相对速度;T 为螺旋桨推力;A_p 为桨叶投射面积。

螺旋桨的空泡会引起船体尾部的剧烈振动。引起船体尾部振动的原因是多种多样的,但实践调查证明,在各类振源中,螺旋桨是主要原因。螺旋桨的激振力分为两种,一是轴承力,二是表面力,但轴承力不是尾部剧烈振动的主要原因,表面力才是主要原因。而空泡是诱导螺旋桨产生表面力的主要原因,无空泡诱导的螺旋桨表面力要小很多。

船体的尾部流畅度极不均匀。当桨叶进入高伴流区时,就不可避免地出现空泡,有时候是背空泡,有时候是面空泡。当桨叶离开高伴流区时,空泡又消失。一周之中,空泡时生时灭,空泡从初生、增长到溃灭,体积变化幅度很大,在船体表面产生变幅很大的脉动压力。

螺旋桨设计好后,一般会做空泡试验和脉动压力试验。对于空泡试验,通常在空泡筒中进行(见图 1-31),一般用金属网格模拟伴流场,或者用实船模型来产生伴流场(见图 1-32)。对于无空泡的脉动压力试验,两种形式的结果相差较小,但对于空泡诱导的脉动压力试验,两种形式的结果相差甚大。用实船模型伴流场试验的结果与实船测试结果相差甚小。

图 1-31　空泡筒

图 1-32　实船模型空泡试验

常规试验时,在螺旋桨上方和前方的船模上布置 4～5 个传感器。这些传感器连接到电子计算机上,由于现代技术的发展,计算机可当场显示一阶、二阶及三阶的脉动压力。经过多年试验结果,对于民用单桨海船,国际海事组织(International Maritime Organization,IMO)推荐了最大脉动压力的幅值界限:

(1) 对于方形系数小于 0.65 的船舶,在设计吃水状态时,脉动压力为 3 kPa(一阶)和 2 kPa(二阶);在压载吃水状态时,脉动压力为 4 kPa(一阶)和 3 kPa(二阶)。

(2) 对于方形系数大于 0.65 的船舶,在设计吃水状态时,脉动压力为 5 kPa(一阶)和 3 kPa(二阶);在压载吃水状态时,脉动压力为 6 kPa(一阶)和 4 kPa(二阶)。

1.2.4　螺旋桨与船体的相互作用

在设计螺旋桨时,需要考虑螺旋桨与船体的相互作用,相关的参数有伴流系数、推力减额、船体阻力、船体效率等。

1) 伴流系数

船舶在水中以某一速度航行时,由于水是黏性的,在船体周围黏附的水层也会被带动以某一速度运动,这层伴随船体流动的水流称为伴流。这种伴流是由于水的黏性摩擦造成的,因此又称为摩擦伴流(见图1-33)。

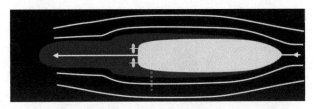

图1-33　摩擦伴流

还有因船舶的兴波造成的伴流,因波峰波谷的不同而形成复杂的水流,此为兴波伴流(见图1-34)。因船体航行带来周围水流的流线运动而造成的伴流为势伴流,其在离开船身后就急剧减小,在不远处即消失。

图1-34　兴波伴流

摩擦伴流在船的尾处带来一股向前运行的水流,其在船舶的尾处却有相当大的厚度,在整个伴流的成分当中占比为$80\%\sim90\%$,对单桨船影响非常大,而对双桨船影响相对较小。螺旋桨处的伴流有轴向伴流、周向伴流和径向伴流,周向伴流和径向伴流是二阶分量,与轴向伴流相比通常较小,我们在这里讨论的伴流如无说明均是指轴向伴流。

伴流是一股非常复杂的水流,在螺旋桨盘面各处的伴流速度和方向各不相同,在螺旋桨设计时常取盘面处的平均轴向伴流。如果船速为V,盘面处的轴向伴流为μ,这时螺旋桨实际相对于水的速度为

$$V_A = V - \mu$$

我们常用伴流分数来表达伴流的大小,即用伴流速度μ与船体速度V的比值w来表示:

$$w = \frac{\mu}{V} = 1 - \frac{V_A}{V}$$

如果已经知道船体的伴流分数,则可以算出螺旋桨的进速:

$$V_A = (1 - w)V$$

伴流的大小通常可以在做船模试验的时候测得。测量伴流有多种方法,可以使用仪器,也可以不使用仪器,这里我们简单介绍不用伴流仪器的实效伴流测定方法。

当船速和螺旋桨的转速一定时,有伴流和无伴流决定了螺旋桨发出的推力和吸收的转矩是不同的,因此可以通过比较敞水螺旋桨和船模后螺旋桨发出的推力和转矩进行验算。

首先,在船模后量出速度 V,螺旋桨转速 n,推力 T,转矩 Q,然后进行敞水试验,保持转速 n 不变,调节进速,直到敞水发出的推力与船模后发出的推力 T 相等的时候,量取进速 V_A,则此时的伴流为

$$\mu = V - V_A$$

这是等推力法,是目前广泛采用的方法。当然也可以用等扭矩方法,两者测得的伴流并不相同,约有 4% 的差异。

伴流分数主要与船型及船体光洁度相关。方形系数为 0.7 的船舶,其伴流分数为 0.3 左右;单桨海洋工程船舶伴流分数为 0.25 左右,单桨船因为螺旋桨在船舶摩擦伴流之外而伴流系数会有所降低;双桨海洋工程船舶的伴流分数为 0.12 左右;大型散货运输船伴流分数为 0.3 左右。船体污底之后伴流会增加,伴流较大通常意味着水流紊乱,会造成螺旋桨的空泡腐蚀增加。

如果在螺旋桨设计的时候不知道伴流分数,可以根据船型大概估计一个伴流分数。

最常用的伴流经验公式是泰洛公式,适用于海上运输船舶。

对于单螺旋桨船,$w = 0.5C_B - 0.05$;对于双螺旋桨船,$w = 0.5C_B - 0.20$。式中,C_B 为方形系数。

汉克歇尔公式($C_B = 0.54 \sim 0.84$):单螺旋桨商船 $w = 0.70C_P - 0.18$;双螺旋桨商船 $w = 0.77C_P - 0.28$。 式中,C_P 为船舶的纵向菱形系数。

还有其他的方法来估算伴流分数,单从实践经验来说,单桨船平均值泰洛公式误差最小。对于双桨船,使用汉克歇尔公式最接近实测结果。表 1-2 给出了常见的船型及伴流系数。

表 1-2 船型及伴流系数

船型	单桨船伴流	双桨船伴流
海工三用拖船	0.25	0.12
一般货船	0.3	0.15
海岸巡逻船	0.28	0.12
散货船	0.33	0.15
集装箱船	0.28	0.12
载人驳船	0.25	0.1
支持船	0.25	0.12
挖泥船	0.33	0.15
渡轮	0.26	0.12
渔船	0.25	0.12
破冰船	0.25	0.12

以上为泰洛伴流,表现为船舶的平均轴向伴流,但在设计螺旋桨的时候,还需要知道船尾螺旋桨处的伴流场(见图 1-35)。

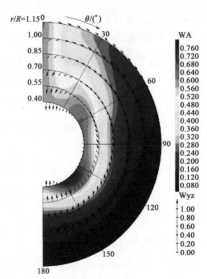

图 1-35　船尾螺旋桨伴流场

(见附录彩图 1)

以上伴流场显示出在螺旋桨不同的半径处各个不同位置处的伴流分布情况。在桨毂处伴流比较大，因为桨毂处是靠近船体的；其次，在上方的伴流要大于下方的伴流，因为上方空间更加靠近船体，伴流也更大。螺旋桨在旋转过程中桨叶在不同伴流区域进进出出，造成桨叶受力剧烈变化，从而带来严重的空泡腐蚀和振动问题，这是桨叶设计时要考虑的问题，在不同的半径处，螺距分配也不应该相同。表1-3给出了某船水池试验伴流场数据。

表1-3 某船水池试验伴流场数据表

伴流测量，设计吃水

平均有效轴向伴流，$1-V_a/V$

$r/mm\ r/R\ \theta/(°)$	42.3 0.40	58.2 0.55	74.1 0.70	90.0 0.85	105.9 1.00	121.7 1.15
0.0	0.591	0.577	0.595	0.592	0.593	0.618
5.0	0.595	0.569	0.558	0.540	0.536	0.525
10.0	0.591	0.546	0.516	0.476	0.453	0.433
15.0	0.585	0.524	0.481	0.424	0.376	0.356
20.0	0.587	0.522	0.467	0.422	0.351	0.315
25.0	0.588	0.532	0.481	0.423	0.334	0.284
30.0	0.588	0.549	0.509	0.409	0.311	0.255
35.0	0.595	0.566	0.497	0.376	0.279	0.239
40.0	0.602	0.579	0.478	0.340	0.250	0.219
45.0	0.609	0.586	0.459	0.309	0.226	0.192
50.0	0.621	0.585	0.431	0.281	0.204	0.173
55.0	0.634	0.576	0.399	0.256	0.185	0.158
60.0	0.646	0.560	0.363	0.234	0.169	0.147
65.0	0.651	0.528	0.323	0.212	0.156	0.136
70.0	0.654	0.494	0.286	0.193	0.146	0.127
75.0	0.654	0.462	0.255	0.176	0.137	0.120
80.0	0.653	0.447	0.239	0.164	0.130	0.114
85.0	0.651	0.439	0.232	0.155	0.124	0.109
90.0	0.649	0.439	0.230	0.149	0.119	0.105
95.0	0.648	0.446	0.235	0.146	0.115	0.101

r/mm　r/R　$\theta/(°)$	42.3 0.40	58.2 0.55	74.1 0.70	90.0 0.85	105.9 1.00	121.7 1.15
100.0	0.648	0.459	0.243	0.146	0.112	0.097
105.0	0.651	0.477	0.252	0.147	0.109	0.094
110.0	0.657	0.501	0.258	0.147	0.106	0.091
115.0	0.667	0.526	0.264	0.147	0.105	0.089
120.0	0.680	0.551	0.269	0.146	0.104	0.087
125.0	0.707	0.573	0.273	0.145	0.104	0.085
130.0	0.733	0.590	0.275	0.143	0.104	0.084
135.0	0.754	0.597	0.271	0.143	0.104	0.083
140.0	0.762	0.592	0.258	0.146	0.101	0.083
145.0	0.760	0.575	0.247	0.146	0.102	0.082
150.0	0.749	0.546	0.238	0.144	0.105	0.081
155.0	0.747	0.503	0.234	0.137	0.102	0.081
160.0	0.719	0.466	0.222	0.137	0.101	0.082
165.0	0.670	0.438	0.205	0.143	0.103	0.084
170.0	0.638	0.411	0.201	0.143	0.104	0.084
175.0	0.614	0.391	0.200	0.141	0.103	0.083
180.0	0.603	0.384	0.200	0.139	0.102	0.082

2) 推力减额

螺旋桨在船后工作时,由于抽吸作用在螺旋桨前面形成一个压力降,改变了船的尾部压力分布状况。

由于压力降的存在,船体好像多了一部分额外的阻力,这种因为螺旋桨在船后工作引起的船体附加阻力,称为阻力增额。原本螺旋桨的推力可以克服船体的阻力,但由于这部分阻力增额的存在,好像螺旋桨的推力降低了,因此部分需要额外克服的阻力又称为螺旋桨的推力减额(见图1-36),实际上是船体的阻力增额。

和伴流分数一样,我们通常用推力减额分数来表征推力减额的大小。以 ΔT 表示推力减,以 T 表示推力,以 t 表示推力减额分数,则

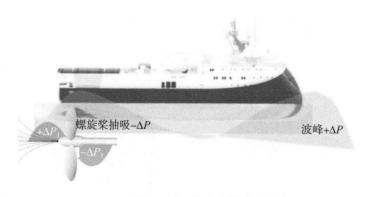

螺旋桨抽吸$-\Delta P$　　波峰$+\Delta P$

$+\Delta P_1$

$-\Delta P$

图 1‑36　推力减额

$$t = \Delta T / T$$

推力减分数通常与船型、螺旋桨尺度及负荷、螺旋桨和船体的相对位置有关系,通常通过自航实验来决定,也可以通过经验值和经验公式来决定。通常来说,单桨船推力减额分数为 0.6 倍的伴流分数,双桨船推力减分数和伴流分数大致一样,邮轮的推力减额为 0.06～0.15,肥大型船的推力减额分数为 0.17～0.25。商船的推力减额分数为 0.08～0.22。

3) 船体阻力

船舶要达到要求的航速,螺旋桨必须克服船舶航行的阻力,船体阻力即阻止船舶前进的力。计算阻力对螺旋桨及发动机选型至关重要。船舶阻力主要受航速、排水量及船型的影响。总阻力由许多细分阻力组成,总的来说,阻力可分为三大类:摩擦阻力 R_F、剩余阻力 R_R 和空气阻力 R_A。剩余阻力又分为兴波阻力 R_W 和涡流阻力 R_E(见图 1‑37)。

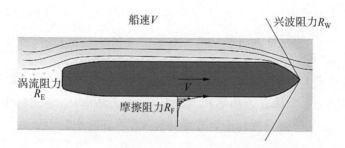

船速V　　　　　兴波阻力R_W

涡流阻力 R_E

V

摩擦阻力R_F

图 1‑37　总阻力＝摩擦阻力＋兴波阻力＋涡流阻力＋空气阻力

摩擦阻力取决于船体浸湿面积的大小和摩擦阻力系数。摩擦阻力随着船体污底的增加而增加,船舶在水中前进时,摩擦阻力几乎与船速平方成正比。对于低速航行的货船比如散货船与油轮,摩擦阻力占总阻力的 70%～90%;对于高速船比如客轮,摩擦阻力占比降低。图 1 - 38 展示了船体阻力成分占比。

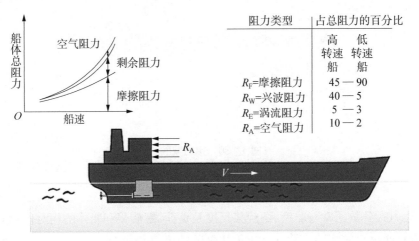

阻力类型	占总阻力的百分比	
	高转速船	低转速船
R_F=摩擦阻力	45	90
R_W=兴波阻力	40	5
R_E=涡流阻力	5	3
R_A=空气阻力	10	2

图 1 - 38　船体阻力成分占比

剩余阻力由兴波阻力和涡流阻力组成。兴波阻力指船舶在水中推进时所产生的波浪引起的能量损失,涡流阻力指水流分离产生的涡流引起的能量损失,尤其是船尾涡流阻力。船舶低速航行时兴波阻力与船速平方成正比,高速航行时兴波阻力迅速增加,即使增加推进功率也不会提高航速,因为所有的动力都将转化为兴波能量。低速船舶,剩余阻力通常占总阻力的 8%～25%;高速船舶,占总阻力的 40%～60%。水的深度也会对剩余阻力产生重大影响,水浅时船舶向后排水难度增加,当水深达到船舶吃水 10 倍以上时,水深不产生影响。

空气阻力与船舶吃水线以上船体横截面积成正比。在无风天气下,空气阻力与航速的平方成正比。空气阻力通常占总阻力的 2%。空气阻力对集装箱船影响比较大,顶风航行时空气阻力能增加 10% 之多。

4) 船体效率

船舶以速度 V 航行,船体总阻力为 R,船体的拖曳功率 $P_E = VR$,P_E 又称为船体有效功率。船体有效功率 P_E 和螺旋桨推力功率 P_T 之比称为船体效率 η_H,船体效率因为伴流分数和推力减额分数的存在而改变。

$$\eta_H = \frac{P_E}{P_T} = \frac{RV}{TV_A} = \frac{T(1-t)V}{TV(1-w)} = \frac{1-t}{1-w} \tag{1-8}$$

式中:V 为船的速度;R 为船体阻力;T 为螺旋桨推力;V_A 为螺旋桨进速。

方形系数大的船舶,船体效率也较大。单桨船的船体效率为 0.99～1.25,

双桨船的船体效率要小一些,为 $0.98\sim1.05$。

5) 敞水效率

螺旋桨的敞水效率 η_0 与敞水工况有关,即螺旋桨工作在均匀的流场内,并且前方没有船体,螺旋桨的敞水效率取决于进速 V_A、推力、转速、直径以及螺旋桨的设计情况,比如桨叶数目、盘面比、螺距比等。通常螺旋桨的敞水效率如图 $1-39$ 所示。

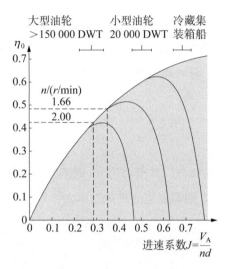

图 $1-39$　螺旋桨敞水效率

当螺旋桨在敞水运转且以推力 T 和速度 V 工作时,其做功功率为 TV,而其吸收到的功率为转速和扭矩的乘积,表示为 $2\pi nQ$,其中,n 为螺旋桨转速;Q 螺旋桨扭矩;螺旋桨敞水效率为

$$\eta_0=\frac{TV}{2\pi nQ}$$

6) 相对旋转效率

螺旋桨在敞水中收到的功率和在船后收到的功率也不同,这是船体对螺旋桨的影响造成的,称为相对旋转效率 η_R。水流流向船体后侧的速率非常不稳定,且是一种旋流,水流的旋转起到了有利的作用,那么相对旋转效率会大于 1。对于单桨船,相对旋转效率为 $1.0\sim1.01$,有时候甚至高达 1.07;对于双桨船,相对旋转效率为 0.98,有时候取 0.99,也有取 1 的;对于双桨双尾鳍船,相对旋转效率几乎不变。

7) 船后效率

螺旋桨对水的推进功率 P_T 与螺旋桨获得的功率 P_D 的比值为螺旋桨在船后侧工作时的效率 η_B：

$$\eta_B = \frac{P_T}{P_D} = \eta_0 \eta_R$$

8) 轴效率

螺旋桨由于轴系传递损失一些功率，螺旋桨收到的功率 P_D 与原动机发出的功率 P_B 之比称为轴系传递效率 η_S，轴系传递效率通常取 0.99，当有减速齿轮箱的时候，一般选取 0.97。此效率纯粹是机械传递损失，与船体无关。

$$\eta_S = \frac{P_D}{P_B}$$

9) 推进效率

船舶以速度 V 航行的时候，其阻力为 R，则船舶的有效功率 $P_E = RV$，螺旋桨船后收到的功率为 P_D，则螺旋桨的推进效率为

$$\eta_D = \frac{P_E}{P_D}$$

至此，主机发出的功率到船体所需的有效功率传递路径如下：主机功率 P_B 经过轴系传递效率 η_S 到达螺旋桨时，螺旋桨法兰收到的功率为 P_D，再经过船后螺旋桨相对旋转效率 η_R，则螺旋桨收到的敞水功率为 P_{D0}，再经过螺旋桨敞水效率 η_0，螺旋桨发出的推力功率为 P_T，再经过船体效率 η_H，船体最后做出的有效功率为 P_E。

图 1-40 为推进效率示意图。

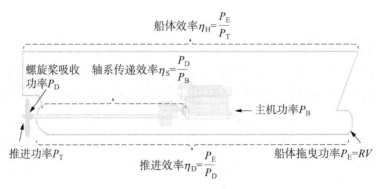

图 1-40　推进效率示意图

$$\eta_B = \eta_0 \eta_R$$

$$\eta_D = \frac{P_E}{P_D} = \frac{P_E}{P_T} \frac{P_T}{P_D} = \eta_H \eta_B = \eta_H \eta_0 \eta_R$$

10) 总体效率

总体效率 η_T 等于有效功率 P_E 与主发动机的功率 P_B 的比值

$$\eta_T = \frac{P_E}{P_B} = \frac{P_E}{P_D} \frac{P_D}{P_B} = \frac{P_E}{P_T} \frac{P_T}{P_D} \frac{P_D}{P_B} = \eta_H \eta_0 \eta_R \eta_S$$

不同类型的船舶适用于不同的场景:用于货物运输的船有集装箱船、油船、化学品船、LNG 运输船、干散货船、杂货船等;用于军事的船有快艇、驱逐舰、航空母舰等;另外还有诸多的工程船、科考船和拖船等。船型不同,航速也不同,船体阻力不同,因此螺旋桨的推力也不同,那么该如何选择螺旋桨来满足船舶推力呢?

经前面的分析可知,螺旋桨不是孤立的系统,而是和船体、主机互相联系的,通过船模试验,我们可以大概知道船舶在设计航速 V 时需要的有效功率,也知道船舶需要克服的阻力 R,那么如果知道了伴流分数 w 和推力减额 t,我们就知道了螺旋桨工作的进速 V_A:

$$V_A = (1 - w)V$$

螺旋桨发出的推力为 T:

$$T = R/(1 - t)$$

我们可以根据经验大概给出一个螺旋桨的敞水效率。根据相对旋转效率、船体效率和机械轴系传递效率,可以大概得出主机需要的功率 P_B。在求主机功率时要注意螺旋桨存在着两种变量——直径和转速,要根据实际情况去优化匹配螺旋桨直径和转速,求得主机的推进功率,这就是螺旋桨的初步设计。

在主机功率确定后,此时所选定的主机往往与初步设计时有所不同,因为各设备厂家生产的主机功率和转速各不相同,设计需求也不相同。设计所需是理论上的,要从现实存在的主机当中选取必定会有差异,因此应从功率储备和节省成本的角度选取和设计相近的主机。主机确定后,主机的功率和转速便确定下来,此时要依据主机的功率和转速来重新设计螺旋桨的直径和转速。而螺旋桨的直径往往受制于船体线型。某些二冲程主机有时候会限制螺旋桨的转速,这就需要去匹配螺旋桨转速和直径。

匹配螺旋桨的转速和直径是一个不断去尝试的过程,其中存在着两个变量,这就需要运用螺旋桨的图谱曲线组去匹配,寻找最佳的螺旋桨。然后设计出螺旋桨的螺距、倾角、弦长、厚度、盘面积等参数,此即螺旋桨的详细设计。

1.3 螺旋桨材料

历史上用过多种材料来制造螺旋桨,如铸铁、铸钢、铝合金、高分子材料和碳纤维等,但目前基本上已经看不到用这些材料生产的螺旋桨了。现在用来生产铸造螺旋桨的材料可以分为青铜和不锈钢两种。

青铜和黄铜都可以用来制造螺旋桨,其中以锰元素为合金的黄铜曾盛极一时。在 20 世纪 60 年代,64%的螺旋桨是用锰黄铜制造的。那时候的锰铝青铜和镍铝青铜的份额分别是 12%和 19%,但到 80 年代中后期,镍铝青铜逐渐成为市场主流,市场份额高达 82%,锰黄铜的份额却下降到不足 7%,锰铝青铜不足 8%。用不锈钢材料生产的螺旋桨在 70 年代也曾被普遍使用,之后逐渐被弃用,现今的市场份额不足 3%,主要用于一些特殊的冰区船舶。

具有面心立方结构体的纯铜具有非常好的抗腐蚀性能和延展性能,但抗拉强度仅为 215 N/mm²,不足以适应螺旋桨恶劣的工作环境。如果在纯铜中加入其他材料,比如加入锌和其他少量的元素形成铜合金,我们称之为黄铜。锌具有六方体结构,当锌含量为 30%时,锌合金黄铜具有很好的延展性,当锌含量达到 40%~45%时,锌合金黄铜具有双相性能,展现出硬脆性能。

镍具有和铜一样的面心立方结构,两者具有相似的原子尺寸和化学性能,铜镍合金形成的材料具有很好的延展性能、高抗拉强度和很好的耐腐蚀性能。

螺旋桨恶劣的工作环境要求其具有不同一般材料的特殊性能,至少要满足下列要求:①耐海水腐蚀;②耐空泡剥蚀;③抗冲击性;④耐裂缝腐蚀;⑤高抗拉强度;⑥良好的铸造性能;⑦具有可焊接性能,不易产生裂缝。

绝大多数螺旋桨是铸造的,大型螺旋桨铸造时其各部位冷却速度并不相同,因此会造成各部位的金属性能不同,桨叶处的厚度可能只有 15 mm,而桨毂处可能厚度高达 1 000 mm,冷却的速度越快,形成的结晶颗粒的尺寸就越小;冷却速度越慢,金属各部位的材料性能越相近。桨毂中心处的金属材料性能更接近于理论的要求,而桨叶叶梢与桨毂处的性能差异取决于实际生产的控制水平,最大应力则发生在叶根处。

螺旋桨各部位的金属性能不同不仅在于各处的厚度不同,在桨叶叶切面各处的金属性能也不同。这是因为桨叶处靠近模具的金属表面先冷却,中心处最后冷却,表面处的晶体颗粒较小,而中心处的晶体颗粒较大,因此桨叶表面和桨叶叶切面中心处的金属性能是不同的。较为复杂的是在金属还处于液态时,那些不被融化的熔渣和杂质会流向处于最后冷却阶段的金属中心处,而且该中心处由于铸造过程中可能存在不够量的液态金属,因此可能具有最差的金属性能。

螺旋桨各处材料的机械性能不一样,因此在设计的时候要考虑其机械材料的疲劳曲线和应力应变曲线,至少要达到 10^8 次循环。比如,一条船螺旋桨的转速为 120 r/min,每年工作 250 天,那么每片桨叶在 20 年的时间里将会有 8.6×10^8 次应力循环(见表 1-4)。这样的计算只是一个原则性的示例,采取这样的计算至少可以估算,在螺旋桨正常的时候,大概率不会有桨叶发生疲劳性损坏。

表 1-4　螺旋桨疲劳循环次数

时间	1 分钟	1 小时	1 天	1 月	1 年	2 年	10 年	20 年
循环次数	120	7.2×10^3	1.7×10^5	3.6×10^6	4.3×10^7	8.6×10^7	4.3×10^8	8.6×10^8

前面讨论了纯铜的性质以及铜基材料的性能,现在讨论更常见的螺旋桨材料的性能。

1) 高强度黄铜

黄铜合金通常被称为"锰青铜"。但这是一个错误的说法,尽管合金中通常含有少量的锰,但这并不是合金的主要成分。它们实际上是铜和锌的合金,因此是黄铜而不是青铜。高强度黄铜的优点是很容易被熔化和铸造,在熔化时必须小心,氢气会导致螺旋桨铸件有脆裂的缺陷。黄铜合金的主要成分是约 60% 的铜和约 40% 的锌,以及少量铝、锡、锰等,有时候还有镍。

铝能提高强度,增强耐腐蚀性能,其含量为 0.5%~2%。如果需要更高的强度,有时候其含量会提高到 3%。如果缺少锡的成分,黄铜合金会因快速脱锌而腐蚀。在快速流动的海水中会发生脱锌反应。有裂缝的黄铜合金在海水不流动的情况下也容易发生脱锌反应而快速腐蚀。因此黄铜合金必须含有至少 0.2% 的锡成分。锡含量越高,越不容易腐蚀。但是锡含量越高,铸造越困难,且容易因为应力而产生裂纹,因此锡含量不一般不超过 0.8%,绝对不能超过 1.5%。

黄铜合金的性能很大程度上取决于结晶颗粒的大小,晶体的颗粒越小则强度越高。铁是形成细小晶体颗粒的关键元素。如果合金中没有铝或者镍,则铁的含量为 0.7%~1.2%。如果合金中含有较多的铝或者镍,则应该含有更多的镍以便于细化晶体颗粒,但是把铁含量提高到超过 1.2% 没有多少好处。

黄铜合金中的锰元素对金属性能有益处,但没有决定性的影响,其含量通常为 1%。

通过调节铜锌的成分含量,可以得到不同的金属性能,比如延展性能、拉伸强度等。如果锌含量过高,在海水中更容易受到应力腐蚀,产生裂纹。

黄铜合金机械强度高,延伸率大,抗冲击性能好,但是抗空泡剥蚀性能较差。

2) 铝青铜

出于讨论的目的,铝青铜可以分为三类:①含有 4% 的镍和少量的锰;②含有超过 8% 的锰;③含有非常少的镍和锰。大多数螺旋桨的材料是前两种,即我们所熟知的镍铝青铜和锰铝青铜。第三种材料冲击强度低且耐腐蚀性比较差。

锰铝青铜是在 1950 年获得专利的,其含有 12% 的锰、8% 的铝和 2% 的镍,人们发现锰元素的含量提高到 10% 以上时可以显著提高其机械性能,防止在重型材料铸造时出现冷脆共析混合物。实际上,有些合金中锰的含量高达 15%。

所有的锰铝合金都有相似的微观结构,因此它们有着相似的特点。它们的结构与高强度黄铜相似,但锰铝青铜的结构更加细化,它们对温度范围没有严苛的要求,焊接之后建议和高强度黄铜一样采取措施来消除内部应力,尽管未采取同样的措施也不大会出现裂纹风险。

镍铝青铜通常含有 9%～9.5% 的镍成分,主要是为了提高抗腐蚀性。铅的含量应当维持在 0.05% 以内,需要焊接的话尽量维持在 0.01%,但制造过程很难把铅含量降低至 0.01% 以内。目前对镍铝青铜的焊接性能研究较少,经验表明如果铅含量低于 0.03% 对焊接性能没有太大的影响。

镍铝青铜的微观组织结构与高强度黄铜有很大不同,分布了很多球状和板状体,在环境温度下镍铝合金有刚性和韧性。当温度升高时,镍铝青铜的延展性和刚性都会降低,温度在 400℃ 时,其延展性只有室温时的四分之一。当温度再升高时,其延展性能会恢复。当温度超过 700℃ 时,弯曲的桨叶可以修直。当超过 800℃ 时,镍铝青铜具有很好的延伸和延展性能,修理工作会变得更加容易。

相比较高强度黄铜,镍铝青铜具有更高的冲击强度和抗应力性能,在海水中有更好的耐腐蚀性能,因而具有更高的允许设计应力,这可以减少桨叶的设计厚度。镍铝青铜还比高强度黄铜具有更好的抗空泡腐蚀性能和抗冲击腐蚀性能,能减少桨叶叶梢和导边的材料损耗,缺点是熔炼浇铸技术要求较高,成本较高。

3) 不锈钢

制造螺旋桨材料的不锈钢有两种,分别是有 13% 铬含量的马氏体不锈钢和 18% 铬含量、8% 镍含量、3% 钼含量的奥氏体不锈钢。前者应用最为广泛,通常应用于小的螺旋桨和可调距螺旋桨。奥氏体不锈钢的好处在于它的硬度高、抗

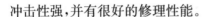

冲击性强,并有很好的修理性能。

上述两种不锈钢材料都有很好的抗冲击、抗腐蚀性能,却不那么耐裂缝腐蚀。在海水中的抗空泡腐蚀和抗疲劳腐蚀性能赶不上铝青铜材料。最近发展的不锈钢材料含有 20％的铬和 5％的镍元素,它们的微观组织结构接近于奥氏体不锈钢,但铁氧体不相同。这种材料比奥氏体不锈钢和马氏体不锈钢具有更好的抗疲劳、抗腐蚀性能。

不锈钢作为螺旋桨材料的优点如下:①可以高强度化,在相同的设计条件下,螺旋桨的重量与铜合金相比可大幅度减少,防止尾轴承负荷过大,减少尾轴承磨损;②由于强度高,有利于大侧斜桨的设计,叶片厚度可以减薄,效率会稍有提高;③腐蚀疲劳强度和抗空泡剥蚀性能是铜合金的数倍,桨的寿命得以提高,通常更适合于多泥沙航行或作业的船舶,如挖泥船等水域环境比较恶劣的船。

不锈钢材料的缺点如下:①制造困难,不锈钢熔点比铜合金高得多,铸造时必须采用更高耐火度的材料;②铸造时需要固溶热处理,容易导致螺旋桨变形;③市场用量较少,生产商较少,价格昂贵;④不锈钢比铜脆,生产经验不足,断桨的事故时有发生。

目前由于强度要求和上述优点,冰区船舶和挖泥船较多采用不锈钢材料的螺旋桨。

4) 铸铁

铸铁材料在过去曾经用来生产在紧急的时候使用的备用螺旋桨。这种材料的耐腐蚀性、耐冲击性很差,寿命很短,叶片也需要额外的厚度,所以螺旋桨的效率较差。当然这种铸铁也很脆,以至于很容易破碎。

奥氏体球墨铸铁也曾被用来铸造螺旋桨,它含有 20％～22％的镍和 2.5％的铬,显微结构下呈现球墨状,它的抗冲击性和抗腐蚀性接近高强度黄铜,但抗空泡腐蚀性能较差。

5) 碳基复合材料

碳基复合材料已经在军船使用很多年,近些年来开始进入小型商船和游艇市场。相比于传统材料的螺旋桨,碳基复合材料螺旋桨具有噪声小、重量轻的优点,是未来螺旋桨的理想材料。

碳纤维指的是含碳量超过 90％以上的高强度、高模量纤维,由石墨制成。尽管石墨和碳都是由一个碳原子组成的,但它们还是有显著的区别。石墨是由碳原子构成的多层面六角形立方结构,而无定形碳虽然是微晶结构,但属于无序排列。而现实中的石墨却是由晶体构成的非均匀团聚体,它的显著缺点是机械强度差,多晶体石墨在室温下的抗拉强度是 35 MPa,而镍铝青铜的抗拉强度为 670 MPa。但由于碳纤维中的石墨微晶结构沿纤维轴择优取向,因此纤维轴方向有很高的强度和模量。碳纤维的直径只有 5 μm,但强度是铝合金的 4 倍以上,拉伸强度可达 5 500 MPa,模量可达 600 GPa。

第 *2* 章

螺旋桨设计

螺旋桨能将推进主柴油机的运转功率转化为推动船舶航行的功率,因此船舶航行的快速性和操纵性需要螺旋桨来完成,螺旋桨设计的优劣又关乎船舶航行的经济性,因此在船舶设计和建造过程中,螺旋桨的设计非常重要。

如何选择螺旋桨与所需要的船舶航行速度有直接的关系,如果知道了船舶的航行速度和船体阻力,则螺旋桨所需要发出的功率一目了然,然后就可以选择推进主机的功率,再根据推进主机的功率反过来做螺旋桨的最终设计,这就需要把我们常见的螺旋桨的性能曲线转化为专门的以设计为目的的 B_P-δ 图谱。

本章除了讲述螺旋桨的设计以及校核之外,还略述了一些常见的旨在降低船舶能耗的节能装置,有些设备确实能回收浪费的能量,达到再利用的目的,有些设备还处于早期发展阶段,对于是否真能起到节约能量、回收能量的效果,还处于观察阶段,本书不做定论,由读者去做判断。

2.1　螺旋桨设计 B_P-δ 图谱

船用螺旋桨的设计目前有两种方法:图谱设计法和环流理论法。

环流理论是根据流体力学原理中的升力线理论及各种桨叶叶切面的试验或理论数据进行螺旋桨设计。此种方法计算烦琐、工艺复杂,我国应用较少,在这里不属于我们的讨论范围。

图谱设计是根据螺旋桨模型的敞水系列试验绘制成专用的各类图谱来进行设计的方法,该方法是目前应用最广的一种设计方法。由于计算机的普及和应用,图谱设计已经数字化并开发出专门的设计软件。该方法计算简单,易于掌握,资料日益丰富,其结果偏差不大,通常较为准确。

目前已有很多公开发表的图谱,主要有荷兰的 B 型、C 型、D 型,英国的高恩系列,日本的 AU 型,我国亦有公开发表的螺旋桨系列图谱。

在敞水性能曲线 K_T-K_Q-J 图谱中,横坐标进速系数 $J = V_A/nD$,V_A 为螺旋桨的进速,n 为螺旋桨转速,D 为螺旋桨直径。此式包含了两个未知变量,即螺旋桨转速和直径。而在螺旋桨详细设计的问题上,螺旋桨的直径和转速是未知数(当然在选用低速机的时候,主机的转速是已知数,而螺旋桨的直径是未知数),这给设计螺旋桨带来了不便,无法通过该曲线组来设计螺旋桨,为此需要把敞水性能曲线转绘成专用图谱。

根据公式

$$Q = K_Q \rho n^2 D^5 = \frac{75 P_D}{2\pi n}$$

和

$$D = V_A/nJ$$

通过消除 D 和转换单位,得到功率系数 B_P 的表达式:

$$B_P = 1.158 \frac{N P_D^{0.5}}{V_A^{2.5}} \tag{2-1}$$

直径系数 δ 的表达式:

$$\delta = \frac{ND}{V_A} \tag{2-2}$$

式中:N 的单位为转/分钟,简写 r/min;P_D 的单位为千瓦,简写 kW;V_A 的单位为节,简写 kn;D 的单位为米,简写 m。B_P 因为含有计算所需的功率,称为功率系数。δ 因为含有计算所需的直径,称为直径系数。在做螺旋桨选型的时候要注意 B_P-δ 图谱上的单位,比如功率有可能是以马力为单位,螺旋桨直径有可能是以英尺为单位。

至此我们可以把 K_T-K_Q-J 图谱转化为螺旋桨设计用的 B_P-δ 图谱,图 2-1 是荷兰 B4-70 系列的图谱。

把等直径系数值 δ 曲线和等效率值 η_0 曲线标注于图谱上。将 B_P 值相同的效率最高点连成光滑曲线,即得最佳效率曲线,图 2-1 中的虚线即最佳效率曲线。从设计螺旋桨的目的来看,主机功率是已知的,螺旋桨直径也是已知的,航速是有需求的,也是已知的,那么只要调节转速 N 找到最高效率,即螺旋桨的设计转速。

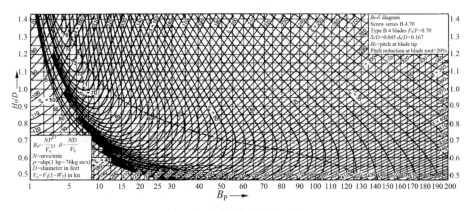

图 2 - 1　荷兰 B4 - 70 图谱

2.2　初步设计

螺旋桨初步设计主要是获得螺旋桨的初步尺寸及性能参数,比如获得螺旋桨直径和转速。我们将以 Aranui V 客滚船为例讲解初步设计过程。

Aranui V 客滚船由我国北方某船厂于 2013 年开始建造。船东要求船速不得小于 15 kn。由船模实验报告可获取表 2 - 1。

表 2 - 1　Aranui V 船体阻力

船舶工况:试航							
V_S/kn	R_{TS}/kn	P_{FS}/kW	$C_{TS}/\times 10^{-3}$	$Rn_S/\times 10^{8}$	$C_{FS}/\times 10^{-3}$	$C_{TVS}/\times 10^{-3}$	Fn_V
14.00	249.5	1 797	2.932	7.22	1.594	19.929	0.493 8
15.00	300.9	2 322	3.081	7.73	1.581	20.943	0.529 1
16.00	363.0	2 987	3.266	8.25	1.568	22.200	0.564 4
16.50	389.4	3 306	3.295	8.51	1.562	22.398	0.582 0
17.00	420.9	3 681	3.355	8.76	1.556	22.803	0.599 7
18.00	544.3	5 041	3.870	9.28	1.545	26.307	0.634 9
19.00	807.2	7 890	5.150	9.80	1.535	35.012	0.670 2
20.00	1 206.1	12 410	6.946	10.31	1.525	47.214	0.705 5

从表 2 - 1 中我们可看到航速在 15 kn 时,船体阻力功率为 2 322 kW,该船是双机双桨,所以单桨发出的功率应不小于 1 161 kW。同时查得推力减额 $t =$

0.22,伴流系数 $w=0.23$,算出船体效率 $\eta_H = \dfrac{1-t}{1-w} = 1.01$。估算 $\eta_R = 0.99$,

$\eta_S = 0.98$。

我们首先选定螺旋桨的型式,决定采用荷兰水池 B4-70 图谱来做初步选型,根据船体设计,该船所能容纳的最佳螺旋桨直径为 3.4 m。接下来我们还有两个参数需要确定——螺旋桨转速 N 和主机功率 P_B。由 B_P-δ 公式可见,我们无法确定其中任何一个参数,因此需要假定一组转速 N 来进行计算,由不同的 N 值来确定不同的主机功率,找出最佳的一组作为选型方案。具体步骤按表 2-2 进行。

表 2-2 螺旋桨转速的选择

航速 V_S/kn	15					
伴流系数	0.23					
桨径/m	3.4					
进速 $V_A = V_s(1-\omega)$	11.55					
船模报告 PE	1161					
转速/(r/min)	160	165	170	175	180	185
δ(由公式计算)	155.43	160.29	165.14	170.00	174.86	179.71
B_P(查表所得)	15.8	16.6	18	19.1	20	21.25
效率 η_0(查表所得)	0.642	0.635	0.628	0.620	0.613	0.605
P_D(由公式计算)/kW	1494.75	1551.46	1718.46	1825.93	1892.38	2022.40
主机功率 P_B/kW $P_B = P_D/\eta_R\eta_S$	1540.656	1599.115	1771.245	1882.011	1950.500	2084.520
螺旋桨需要克服的有效功率 P_{TE}/kW $P_{TE} = P_D\eta_H\eta_0$	959.53	985.08	1079.09	1131.96	1159.91	1223.43

将表 2-2 的计算结果作图,以转速 N 为横坐标,以 P_D、P_S、P_{TE} 为纵坐标,并以航速为 15 kn 时的有效功率 1161 kW 作水平线与 P_{TE} 曲线相交,此交点即所求螺旋桨设计数据。作一通过此交点的垂直线,此垂直线与横坐标的交点即我们所求的螺旋桨的转速,与 P_B 的交点即我们所求的主机功率。通过图 2-2,我们可以看到所求螺旋桨的转速为 178 r/min,主机功率为 1925 kW。

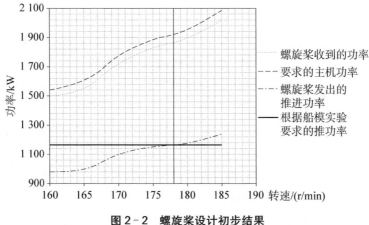

图 2-2　螺旋桨设计初步结果

2.3　最终设计

在初步设计结束后,我们可以根据计算结果选出主机。此时的主机往往与初步设计的结果有所不同,主机的选择标准多种多样,各有考量,在这里不属于我们考虑的范畴。在螺旋桨的最终设计上,我们要根据主机的参数,从图谱中找出最佳螺旋桨。计算步骤如下:

(1)由主机的功率及轴系传递效率和相对旋转效率可算出螺旋桨收到的功率,$P_D = P_B \eta_S \eta_R$;

(2)根据航速 V_S 和伴流系数 w 算出螺旋桨的进速 V_A;

(3)根据式(2-1)求得功率系数 B_P,并假设一组转速 N,可算出 B_P 值;

(4)在 B_P-δ 图谱上找出 B_P 所对应的最佳效率;

(5)由最佳效率线和 B_P 交点找出 δ 值和螺距比 P/D;

(6)由式(2-2)求得直径系数 δ,并算出一组最佳直径 D_{opt};

(7)根据实船的直径 D 和最佳直径 D_{opt} 比值算出 D/D_{opt},调整转速,使此值为 0.95~0.99,得出一组转速;

(8)根据实际的减速齿轮箱能做到的减速比,选择最佳转速。

这里的 D/D_{opt} 是我们人为设置的一个指标,用来检验螺旋桨的转速是否合适,当然我们也可以用 rpm/rpm_{opt} 这样的指标来选择螺旋桨的转速。D_{opt} 是理想状态下的优化直径,同样也有一个理想状态下的优化转速。在实践工作中,船舶的线型确定后,总有一个比较确定的螺旋桨直径。相对来说,比较大的螺旋桨直径效率会比较高,在综合考虑振动和船体线型影响后,螺旋桨直径是能较先确定下来的值。

确定螺旋桨直径后,接下来就要确定螺旋桨转速,如何选到一个比较好的转速能,这就需要用 P_B-n 图去检验。P_B 代表主机发出的功率,在图上表现为纵坐标。n 代表螺旋桨转速,在图上表现为横坐标。P_B-n 图可以很直观地表现出螺旋桨转速、螺距和主机功率的关系。

图 2-3 为典型的螺旋桨设计 P_B-n 图,可以看到在额定工况下,螺旋桨转速为 150 r/min。如果设计的转速高于 150 r/min,那么优化后的螺旋桨直径应该会小一点,也即 D_{opt} 会变小,实际直径不变,则 D/D_{opt} 的值会增加。在额定效率之外,如方框所示的区域,螺旋桨的效率会变差。如果 D/D_{opt} 或者 rpm/rpm_{opt} 保持小于 1,那么在额定工况之下运行的螺旋桨效率不会迅速下降。

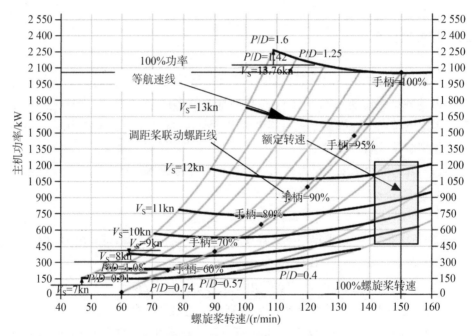

图 2-3 螺旋桨设计 P_B-n 图

D/D_{opt} 或者 rpm/rpm_{opt} 只是我们在设计螺旋桨的时候一个人为创造的小指标工具,用以方便快捷地确定螺旋桨合适的转速区域。定距桨和联动运行的调距桨可适当地放大这个数值,因为在低速工况下它们可以进行适当的螺距运行,不必一直以额定的转速运行。

Aranui V 客滚船最终的主机选择中速机(4 000 kW, 600 r/min),船东要求

螺旋桨运行在 $2\,200\,kW$ 下航速不小于 $15\,kn$。

我们把 $2\,200\,kW$ 和 $15\,kn$ 作为螺旋桨的水动力优化点,依据前述步骤做出表 2-3,比较不同转速下的螺旋桨的指标,选取最佳转速范围。根据初步计算的转速 $178\,r/min$,选取 $170\sim195\,r/min$ 为计算范围,发现转速在 $195\,r/min$ 时,D/D_{opt} 已经超过了1,所以螺旋桨的转速最高值不可超过 $195\,r/min$。再依据减速齿轮箱的转速比,我们最终把转速定在 $179\,r/min$,以此作为螺旋桨设计运行的转速。

表 2-3 螺旋桨最终设计转速选择

主机功率 P_B/kW	2 200							
传送效率 η_S	0.98							
相对旋转效率 η_R	0.99							
桨收到功率 P_D/kW $P_D=P_B\eta_S\eta_R$	2 134.44							
桨径/m	3.4							
航速 V_S/kn	15							
伴流系数 w	0.23							
桨转速/(r/min)	195	188	185	182	179	176	173	170
进速 V_A/kn $V_A=V_S(1-w)$	11.55	11.55	11.55	11.55	11.55	11.55	11.55	11.55
B_P 由式(2-1)计算	19.87	19.16	18.85	18.55	18.24	17.93	17.62	17.32
直径系数 δ	188	185	182.50	180	177.5	175	172.5	170
敞水效率 η_0	0.62	0.62	0.62	0.62	0.63	0.63	0.64	0.64
螺距比	0.84	0.85	0.85	0.86	0.86	0.88	0.90	0.91
最佳直径 D_{opt}/m	3.39	3.47	3.47	3.48	3.49	3.50	3.51	3.52
最佳桨径比 D/D_{opt}	1.00	0.98	0.98	0.98	0.97	0.97	0.97	0.97

2.4 空泡校核

螺旋桨设计好之后,要检验其空泡的可能性,我们用柏利尔空泡限界线法来校核空泡(见图 2-4)。

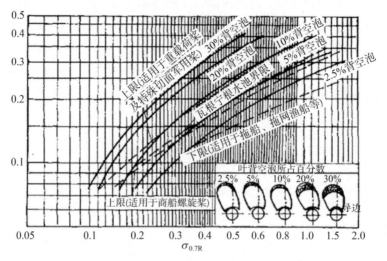

图 2-4 柏利尔空泡限界线

首先要求出桨叶的空泡数：

$$空泡数\ \sigma = 静态压头\ /\ 动态压头$$

静态压头为 $P_a + P_h - P_v$，其中，P_a 为大气压。P_h 为桨轴的沉深水压，P_v 为水的汽化压力。

动态压头为螺旋桨的 0.7 倍桨叶处由于水运动产生的动态压力，动态压头 $\rho V_0^2/2$，其中，ρ 为水的重力密度，V_0 为 0.7 倍桨叶表面的运动合成速度，由桨叶在水中的进速和自身的旋转速度合成而得。假设螺旋桨以进速 V_A 航行，以转速 n 旋转，桨径为 D，则螺旋桨的叶切面某点的合成速度为

$$V_0 = \sqrt{(0.7\pi nD)^2 + V_A^2}$$

空泡数

$$\sigma = \frac{P_a + P_h - P_v}{\dfrac{1}{2}\rho\left[(0.7\pi Dn)^2 + V_A^2\right]}$$

算出空泡数后，在柏利尔图谱上查出纵坐标上所允许的平均压力系数 τ，根据公式

$$\tau = \frac{2T}{A_p \rho V_0^2}$$

算出桨叶的投射面积 A_p：

$$A_p \approx A_e(1.067 - 0.229P/D)$$

其中，P/D 为螺距比，算出桨叶伸张面积 A_e，自此可算出盘面比 EAR：

$$\text{EAR} = \frac{A_e}{A_0}$$

$$A_0 = \frac{\pi D^2}{4}$$

如果所选螺旋桨盘面比不能满足此要求，则需增加桨叶面积来满足要求。

举例，客滚船 Aranui V 设计的螺旋桨的优化主机功率为 2 200 kW，航速为 15.5 kn，轴系效率为 0.97，螺旋桨效率为 0.64，桨轴沉深为 3.375 m，转速为 179 r/min，伴流系数为 0.23，螺旋桨直径为 3.4 m，由功率为推力与航速乘积可得出船的推力为 22 676 kgf，转速为 2.983 3 r/s。计算过程如表 2-4 所示，可得出需要的盘面比为 0.599，而所选的螺旋桨的盘面比为 0.7，满足要求。

表 2-4　螺旋桨空泡校核

	大气压 P_a/(kgf/m^2)	10 330
	水的质量密度 Υ/(kgf/m^3)	1 025
	水的重力密度 ρ/(kgfs^{2}m^{-4})	104.6
	桨轴沉深 h_s	3.38
	水的汽化压力 P_v/15 度，kgf/m^2	174
输入参数	螺旋桨转速 n/(r/s)	2.98
	桨叶直径 D/m	3.4
	伴流系数 w	0.23
	航速 V_0/(m/s)	7.97
	螺旋桨推力 T/kgf	22 676
	螺距比 P/D	0.94
	桨轴静压 $P_h = h_s\Upsilon$	3 459.38
	$P_h + P_a$	13 789.38
计算结果	$P_h + P_a - P_v$	13 615.38
	螺旋桨进速 $V_A = (1-w)V_0$	6.14
	V_A^2	37.69

$V_{0.7R}^2 = (0.7\pi nD)^2$	497.56
$V_0^2 = V_A^2 + V_{0.7R}^2$	535.25
$0.5\rho V_0^2$	27 993.79
$\sigma_{0.7R}$	0.49
τ（查表可得）	0.175
$A_p = T/0.5\rho V_0^2 \tau$	4.63
$A_e = A_p/(1.067 - 0.229P/D)$	5.44
A_0（盘面积）	9.08
盘面比 EAR($=A_e/A_0$)	0.60

2.5　强度校核

螺旋桨工作时，桨叶不仅受到水流体的轴向推力，还受到与旋向相反的阻力。不均匀的伴流场使桨叶不同位置处的水流攻角不同，使桨叶产生复杂多变的弯曲应力，同时桨叶旋转产生的离心力使桨叶受到拉伸，还有意外的漂浮物会突然产生附加的负荷。上述诸多的力会使桨叶产生扭曲应力和周期性变化的弯矩，为了航行安全，必须保证螺旋桨有足够的强度使其在正常的航行状态下不致破损断裂。

螺旋桨在不均匀的流体中受到的力是复杂多变的，不同桨叶位置在不同时刻受到的力也是不同的，因此很难精确地算出作用在桨叶上的外力。不同船级社对于强度计算的要求也不尽相同。螺旋桨和定距桨的要求也不一样。对于定距桨，要求在 0.25 半径处和 0.6 半径处的叶切面厚度不得小于船级社要求的厚度。对于调距桨，要求在 0.35 半径处和 0.6 半径处的叶切面厚度不得小于船级社要求的厚度。对于要去冰区的船舶，应按船级社要求的方法加强桨叶厚度。对于桨叶倾角大于 25°的，应按规范要求的加强系数予以再加强。

CCS 船级社要求的桨叶厚度计算公式如下：

$$t = \sqrt{\frac{Y}{K - X}}$$

式中：t 为桨叶厚度，单位为毫米（mm）；Y 为功率系数，由螺距值、桨叶弦长、材料、主机功率、叶数、桨径等共同决定,可查 CCS 规范求得;X 为转速系数,由螺旋桨的倾角、材料系数、密度、盘面比、主机功率、转速等共同决定,可查 CCS 规范求得;K 为材料系数,不同的螺旋桨材料,其抗拉强度和材料密度是不一样的,所以其 K 值也是不同的,比如,锰青铜的 K 值为 1,而合金钢的 K 值为 0.57,相差还是很大的,不同材料的螺旋桨其厚度要求是不一样的,这些可查表求得。

其他船级社要求可查相应规范,不再赘述。

在桨叶厚度计算完成后,要分析桨叶和桨毂的许用应力。推力和旋转阻力产生的弯矩会使桨叶在刚度最小的平面内弯曲,根据叶切面面积和抗弯模数可分析出其引起的强度极限应力,这一般是在计算机软件中模拟计算的。不同材料的许用应力系数不同,从前很多设计者把材料的极限拉应力除以 10 作为许用应力,比如,锰青铜的极限拉应力为 $4\,500\,\mathrm{kgf/cm^2}$,则许用应力为 $450\,\mathrm{kgf/cm^2}$,也有设计者把内河船舶的安全系数取 8。需要注意的是,桨毂的安全系数要比桨叶的大一些,保障桨毂的强度大于桨叶的强度。即使在桨叶损坏的情况下,桨毂还是能工作的,但是桨毂损坏了,船舶主推进系统就不能工作了,船舶会处于危险的状态。

螺旋桨基本设计完成后,所设计螺旋桨的参数和标准系列螺旋桨往往有所不同:按最佳直径方法选择的螺旋桨,其毂径比和标准系列桨的毂径比往往是不同的,其螺距比也不应该和标准系列桨的螺距比相同,因此螺距需要修正。由于强度校核引起的桨叶厚度系数和标准系列螺旋桨不同,也要求对螺距进行修正。

因毂径比不同所要进行的螺距修正比较简单,可以简单地按下式进行:

$$螺距修正量 = 毂径比变化量 \times 0.1 \tag{2-3}$$

对于因叶厚引起的角度变化可按下式进行修正:

$$螺距角变化量 = 46.58 \times 叶厚系数差异量 \tag{2-4}$$

通常是叶厚系数增加才增加螺距角的。这里的螺距角是指 0.7 倍处的桨角。进行螺距修正时要把式(2-3)和式(2-4)引起的螺距变化进行叠加,要注意单位的变化,具体不再赘述。

有时候在螺旋桨运转过程中会听到清脆的尖叫声,这是由于桨叶的随边产生了涡旋,当涡旋的频率和桨叶的频率接近时,叶片发生了弹性共振从而导致谐鸣。两个同样的螺旋桨,有可能一个发生谐鸣而另外一个不发生谐鸣。在设计阶段,我们通常通过改变桨叶的固有频率来防止谐鸣,一般是在桨叶 0.6 倍外径

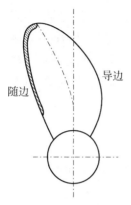

导边

随边

图2-5 螺旋桨随边修改防谐鸣

下方加厚或减小随边的厚度(见图2-5)。运行中的螺旋桨发现谐鸣现象后一般要通过打磨削减随边厚度来改变桨叶的固有频率,防止谐鸣再发生。

2.6 船机桨的匹配问题

至此阶段,螺旋桨的设计基本可以告一段落,但从船体和主机以及螺旋桨的匹配上,我们还要从头来审视螺旋桨的设计点。

假设船舶等速直线航行,航速为 V,此时,螺旋桨以设计转速运行,主机以设计工况功率运行,船机桨匹配良好。在某一时刻,由于风浪增加,或者船体污底导致船体的阻力增加了,航速必然下降,螺旋桨进速系数 J 减小。从敞水图谱可看到,螺旋桨的推力系数 K_T 会增加,扭矩系数 K_Q 会增加,假设在航速 V_1 时达到新的平衡,此时,$V_1 < V$,$K_{T1} > K_T$,$K_{Q1} > K_Q$。

螺旋桨的推力等于船体阻力,但螺旋桨的扭矩要大于设计点的扭矩,这就要求主机供给的扭矩 Q_1 要大于原设计时的扭矩 Q。如果主机的扭矩不能增加,螺旋桨就显得过重,处于重载状态,就必然要减小螺旋桨的转速,或者减小螺旋桨的螺距。主机的运行功率小于设计的工作功率。

假设船舶吃水减小,处于轻载状态,船体阻力减小引起船舶航速增加,$V_2 > V$,螺旋桨的进速系数 J 增加,则推力系数 K_{T2} 和扭矩系数 K_{Q2} 减小,主机的运行扭矩小于设计时的扭矩。如果主机不能增加转速,则螺旋桨处于轻载状态,主机运行功率小于设计功率。

船舶的运行状态是多变的,只有刚造好的新船在试航时处于运行的设计点,在绝大多数情况下,船是处于非设计工况点运行的,所以在设计螺旋桨时就要考虑实际运行情况以消除偏差。从以上分析可发现,船舶无论以何种工况运行,螺旋桨都不能把设计点放在主机的 100% MCR 功率上。因为,如果以航速作为考核目标,那么当船体阻力增加时,螺旋桨扭矩增加,会引起主机平均热负荷增加,导致汽缸盖、排气阀、气缸等损裂,严重时会导致活塞环磨损严重而漏气。如果主机无法增加额外的扭矩以克服螺旋桨增加的扭矩,主机只能降速运行,主机的功率无法全部发挥。当船舶轻载航行时,螺旋桨扭矩减小,主机无法增加转速来提高扭矩,主机的功率也不能全部发挥,造成主机功率的浪费。

考虑到主机的燃油经济性和螺旋桨的效率,通常会把螺旋桨的设计点放在主机 80%～90% MCR 功率处,因为在此区域,主机的燃烧和燃油消耗处于最佳状态。当船体的阻力增加时,主机有功率储备增加扭矩。当然,在船舶轻载状态下,主机还是要浪费功率的。

近年来出现了越来越多的电力推进船舶,原动机是电机,原动机由变频器驱动,优点是具有恒扭矩运行的能力,这就提供原动机超速运行的可能,不像柴油机那样受热负荷的影响,此时可以把设计点放在电机的额定功率上,如图 2-6 所示。

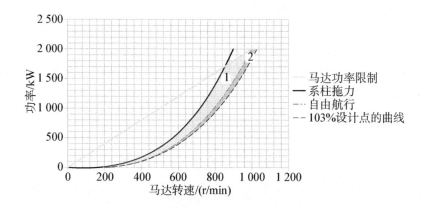

图 2-6　电力推进机桨功率曲线图

从图 2-6 可以看出,在额定设计工况时,马达超速运行,变频器以恒功率运行的方式驱动螺旋桨。当由于船体污底或风浪天时,航速下降,螺旋桨扭矩增加,马达运行点以恒功率的模式向左平移至 100% 功率和 100% 转速的额定功率点,转速略有下降。我们可以看到,此时马达依然可以保持额定的功率运行,没有因为船体阻力的增加而浪费马达的功率。当船体阻力进一步增加时,马达由于扭矩的限制不能保持 100% 功率运行,但可以保持恒扭矩降低转速,降功率运行,直至转速降至系柱拖力的运行曲线上。经分析可知,当螺旋桨的设计点放在 100% 功率、100% 转速时,螺旋桨只能运行在如图 2-6 所示的系柱拖力曲线上,马达功率限制曲线和自由航行所包围的一个封闭区间 1 内,在大部分的时间内,马达只能降功率运行。而如果把螺旋桨的设计点放在 100% 功率、103% 转速时,马达可多出一个运行区间,即如图 2-6 所示的由 103% 转速和 100% 转速所包围的恒功率的运行区间 2,马达充分发挥了功率,没有浪费功率。

对于柴油机,则通常会把设计点放在 85% 额定功率上。在实际运行时由于船舶污底的影响,螺旋桨扭矩增加,主机依旧有一定的功率储备来克服增加的扭矩。这也要求在选择主机的阶段必须提高主机的初选功率,在设计阶段才能有功率储备。比如,在终结设计阶段求得主机需要提供 850 kW,那么主机选型时,主机的额定功率需要在 1000 kW 左右。

从以上分析可知,螺旋桨的设计点不能放在原动机的额定工况点,要么要有一定的功率裕度,要么要有一定的转速裕度。

在决定螺旋桨的直径时,一定要考虑螺旋桨和船体间的间隙。直径越大,螺旋桨的效率就越高,但与船体的间隙就越小。螺旋桨如果与船体的间隙过小会引起严重的振动,同时螺旋桨的水动力效果也会下降。以图 2-7 为例,Y 值为叶梢与船体的最近距离,此数值建议为桨径值的 15%~25%。X 值代表螺旋桨毂帽与舵的距离,建议为桨径值的 5%~10%。Z 值表示螺旋桨与基线的距离,建议不超过 5% 的桨径值。桨轴中心与吃水线至少保持 80% 桨径的距离,否则会造成空泡腐蚀并影响水动力效率。

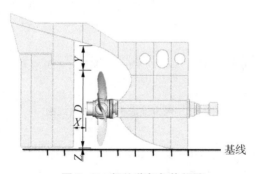

图 2-7　螺旋桨与船体间隙

2.7　螺旋桨旋向

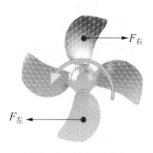

图 2-8　螺旋桨旋向

船舶上的螺旋桨的选型在设计之初就应该定下来,旋向一般是从船尾向船首方向看去,如果是逆时针旋向,习惯上称为左旋(见图 2-8),如果是顺时针旋向,习惯上称为右旋。左旋与右旋对船舶的影响实质上比较小,但在靠离码头的时候对船舶产生的力不太一样。

这个力不太一样,主要是由螺旋桨各部分的沉深不同造成的。螺旋桨下部沉深较大,而上部沉深较小,沉深较大部分在旋转时受到的力比沉深较小部分受到的力要大。特别是在吃水较小的时候,上部桨叶在水的表面,有时候还要露出水的表面,下部接近地面,水流摩擦力就更大,因此下部桨叶受到的力就会比上部桨叶受到的力大。如图 2-8 所示,螺旋桨左旋,下面桨叶受到向左的力,与旋向相反。上部桨叶受到水流向右的力,$F_{左}$ 要大于 $F_{右}$。

由于 $F_{左}$ 大于 $F_{右}$,综合来看,螺旋桨会受到一个向左的力,船尾会向左运动,而船首则会向右运动,因此船舶在码头靠泊的时候,转动螺旋桨会使船首向右运动,而船尾向左运动。右旋螺旋桨刚好相反。当船舶航速较高的时候,因旋向引起的力的偏差则比较小。

目前定距螺旋桨多为顺时针旋转,而调距桨由于正倒车的时候旋向不会发生变化,为了获得与定距桨一样的效果,调距桨多设为逆时针旋向。

以上的默认旋向并没有特别大的差异,就像默认电流的方向与电子运动的方向相反一样,这只是相对而言的。但从机械的角度看,定距桨逆时针旋转、调距桨顺时针旋转会更为有利一些。因为定距桨与轴的连接通常是液压连接,桨毂后面有一个防松毂帽,是螺纹连接,逆时针旋转的时候,毂帽会有相对紧固的趋势。而调距桨因为有液压机构,液压管路的紧固螺纹通常是右旋的,当调距桨右旋的时候,内部液压管会有紧固的趋势。反之,当旋向相反的时候,它们会有松弛的趋势,时间久了,会有脱落的风险。

对于双机双桨船,通常默认的都是外旋(见图 2-9)。

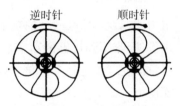

图 2-9 双桨船默认是外旋

2.8 拖力试验

螺旋桨设计好后,如果要对其考核,通常是通过做拖力试验来完成的。螺旋桨的效率很重要,但很难去考核,当然也可以通过敞水试验或者船模自航试验来考核,这些都是在理想状态下去做的试验。而船舶建造好后,受因于船体的状态与试航的海况,很难去考核效率,在航速为零的情况下做拖力试验则是一个可行的方法,特别是对拖轮来说,拖力是一个很重要的指标,很多拖轮需要做拖力试验。

在进行拖力试验的时候,所选择的位置与船舶姿态非常重要。因为螺旋桨所引起的水流会向远方扩散,如果码头较近或附近有阻碍物,则不利于水波的扩散,水波遇障碍物后的反射水波会与螺旋桨第一阶次的水波相遇,这部分返回的能量会阻碍螺旋桨能量的发挥,引起扭矩增加。而推力并不会增加,即在相同的功率下推力并没有增加,进而影响螺旋桨推力的精确读数(见图2-10)。

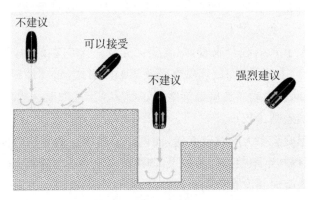

图2-10 拖力试验时船舶位置

同样地,水的深度也会影响螺旋桨推力的大小。当水足够深的时候,螺旋桨引致的水波会自由地扩散,但水深不够的时候,水流会遇阻力,螺旋桨要克服此阻力才能发挥所吸收到的功率。螺旋桨距离水面较近的时候也不能把能量传递出去,吸收不到足够的功率来做功,因此在做拖力试验的时候,螺旋桨中心处的浸没深度应该达到1.5倍的螺旋桨直径距离。而螺旋桨下方也应该有足够的深度。

水的深度可依据如下公式来计算:

$$d = K_1(K_2 P^a - K_3 P^b) + 3$$

式中:d 为螺旋桨要求的最低水深,单位为 m;$K_1 = 0.06$;$K_2 = 52$;$K_3 = 46.26$;P 为功率;$a = 0.6$;$b = 0.61$。

此公式比较复杂,为了方便应用,可以简化成如下公式:

$$d = 13.5(P/1\,000)^{1/4}$$

这两个公式的计算结果差别不大,差不多只有1 m的水深影响,因此可以忽略不计。图2-11为功率和水深的关系曲线图,可作为试验时的参考。

同样的道理,试验对于缆绳也有一定的要求,绳长达到一定程度,才能减少水波阻力对螺旋桨的影响,绳长计算公式如下:

$$L = K_1 P^a - K_2 P^b$$

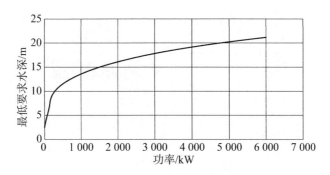

图 2‑11　功率和水深的关系

式中:L 为船尾到岸边最低缆绳距离,单位为 m;$K_1=52$;$K_2=46.26$;P 为功率;$a=0.6$;$b=0.61$。

此公式也由于相当复杂不太容易被记忆应用,公式可以简化如下:

$$L=155(P/1\,000)^{1/3}$$

简化后的公式计算出的缆绳长度要比原公式大概短了 5~6 m,对拖力影响较小。图 2‑12 为功率和缆绳长度的关系曲线图,可作为试验时的参考。

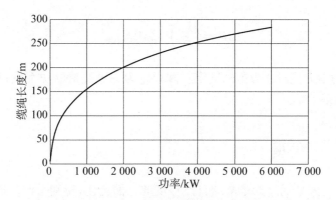

图 2‑12　功率和缆绳长度的关系

从图 2‑12 可以看到,缆绳有比较短的一段区域,但在实际做拖力试验的时候,无论功率如何,缆绳长度不得短于 200 m。

拖力试验中的水深与绳长简化计算公式如图 2‑13 所示。

做拖力试验时还要调平船舶吃水,不要使船舶吃水前后不均匀,当然尾部吃水稍微深一点会比较好。天气应当风平浪静,风速不要大于 5 m/s,水流速度不要大于 1 kn,如果首部有 1 kn 的水流,拖力值会下降约 4%左右。

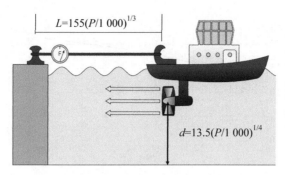

$$L=155(P/1\ 000)^{1/3}$$

$$d=13.5(P/1\ 000)^{1/4}$$

图2-13 拖力试验水深与绳长计算公式

试验前,主机要启动至少半小时,螺旋桨也要旋转一定时间以使齿轮达到一定温度。做拖力试验时,应尽量使船舶方向与拖缆方向一致,少用舵,至少要保持5分钟的平稳读数时间,每30秒记一次读数。读数期间的最大值为最大拖力数值,5分钟内平均读数为拖力平均值。读数期间主机的功率要达到额定值,可以从油门齿条位置、排烟温度、增压压力以及负荷传感器等综合来判断。有时候主机并不能达到额定的功率,这时拖力值需要校正,校正公式如下:

$$BP = \left(\frac{P_0}{P_1}\right)^{2/3} BP_{\text{measure}}$$

式中:BP为拖力值;P_0为主机额定功率;P_1为主机测量的功率值;BP_{measure}为测量的拖力值。

2.9 推进节能装置

伴随经济发展而来的是全球自然环境的负面变化,特别是传统能源的使用带来了前所未有的温室气体的排放,而这又造成了气候变暖、冰川融化、生态失衡。而船舶运输领域的碳排放占据了全球碳排放2%~3%的份额。为了顺应减少碳排放的倡议,国际海事组织(IMO)也制定了船舶运输领域的碳减排计划,到2030年碳减排20%~30%;到2040年,碳减排70%~80%。

碳减排计划催生了能源转型的需求,同时也催生了一批船舶推进领域的节能装置。下面我们介绍一些船舶推进装置方面的节能设备。

1) 舵球

舵球是最常见的节能装置,在螺旋桨桨毂后方的舵上设计出螺旋桨直径

30％～40％的凸起,看上去像是一个球形凸台,习惯上称之为舵球(见图 2-14)。螺旋桨在运行的时候,通常在桨毂尾部会产生一股压力较低的尾流,它是由毂涡空泡转化而来的,会对船舶产生一个拖拽效应,阻碍船舶前进,减少螺旋桨的推力。而舵球能消除该低压的毂涡,从而增加螺旋桨的推力,使推力提升约 0.5％。

图 2-14　舵　球

2) 毂帽

如图 2-15 所示,毂帽是在螺旋桨桨毂后面再加装一个形似帽子的凸台,用以与舵球配合,从而减少螺旋桨的毂涡分离,使毂涡更顺畅旋流到舵球上,减少能量损失,提高螺旋桨的推力。毂帽与舵球一起配合使用能减少高达 3％的燃油消耗。其应用于方形系数较大的单桨船时效益比较明显。

图 2-15　舵球与毂帽

3) 消涡鳍

如图 2-16 所示,消涡鳍是装在螺旋桨桨毂后面的几个薄片平板。鳍的直径大概是螺旋桨直径的 10％,鳍的数量与螺旋桨的桨叶数量一样,鳍板的安装方向与桨叶的螺旋方向一样。消涡鳍,顾名思义就是用来消除桨毂涡流的,其作用原理则是利用了螺旋桨旋转产生的旋转涡流能量。当这些旋转的水流经过消涡鳍的时候,能使消涡鳍产生额外的推力,从而减弱了毂涡流的能量,增加了螺旋桨的推力,提升了推进效率,最多可节省 3％的推进燃油消耗。

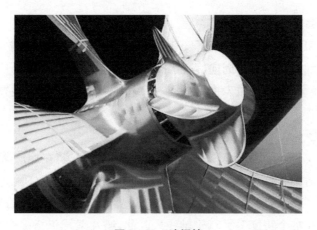

图 2-16　消涡鳍

与消涡鳍相似的还有 Grim 叶轮,由 Grim 教授发明。该叶轮也装在螺旋桨后面,但直径比螺旋桨的大,能自由旋转。利用螺旋桨旋转所遗失的滑流推动 Grim 叶轮旋转,能增强螺旋桨的推力。其作用原理类似于涡轮增压器,把损失的能量回收并重新利用。

4) 预旋导轮

如图 2-17(a)所示,预旋导轮装在船体上,在螺旋桨前方。导轮直径要覆盖螺旋桨整个直径范围,主要用来改变尾流场,使尾流在经过螺旋桨之前有一个相反的预旋转,这样预旋的水流在经过螺旋桨盘面时能提高攻角的效果,相当于提高了螺旋桨的效率。如图 2-17(b)所示,有时候导轮上也会加装导管,用来加强结构、提高水流效率。但要注意,在高速船和低方形系数的船型上不要加装导管,因为导管产生的阻力会大于产生的推力。预旋导轮能降低 2%～6% 的推进燃油消耗。

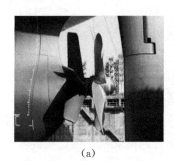 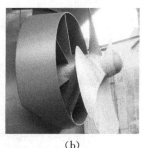

(a)　　　　　　　　　　　　(b)

图 2-17　预旋导轮

(a)预旋导轮;(b)带导管预旋导轮

5) 尾流稳定管

如图 2-18 所示,尾流稳定管安装在螺旋桨盘面上半部分的船体上,用来稳定流向螺旋桨的流场,减少周向旋转水流、抑制横流、减少流场的分离程度,使流体更加稳定和集中,从而减少推力减额,提高螺旋桨的效率。该装置也适用于低速航行的船舶。

6) 扰流板

如图 2-19 所示,扰流板是一种流体动力鳍片,安装在螺旋桨正前方的船尾,因此它仅适用于单螺旋桨推进系统。这些鳍片能抑制船体附近的横流。每个鳍片都是弯曲的,目的是使鳍片的前缘与边界层内的局部流动方向对齐,流经船尾,而后缘在整个跨度上平行于轴线。因此,鳍片系统包括多个扰流板,这些扰流板能够将船体表面向下的横流转移到通过螺旋桨的水平流动。一般来说,扰流板会因抑制船底涡流而降低船体阻力,从而提高螺旋桨效率。在 U 形船体上扰流板表现最佳。

图 2 - 18　尾流稳定管

图 2 - 19　扰流板

7) 扭曲舵

如图 2 - 20 所示,螺旋桨后面的水流旋转流向舵叶,而扭曲舵可以将这些旋转的水流转化为轴向水流,提高舵效,同时扭曲的舵面可以提高螺旋桨的推力,预计扭曲舵可节省燃油消耗 1% 左右。

8) 旋筒风帆

近年来,越来越多的船舶安装旋筒风帆。如图 2 - 21 所示,旋筒风帆其实就是一个能够旋转的风筒,如果有横风吹过旋筒,再利用马达驱动旋筒旋转,那么在旋筒的前后方向上就有一股被旋筒带动的气流,

图 2 - 20　扭曲舵

该气流与风向叠加,导致与风向一致的地方总体气流速度加快,与风向相逆的地方气流速度减慢。气流慢的地方压力就比气流快的地方压力大,这样就会形成压差,有压差就会有压力,这就形成了额外辅助推进的动力。

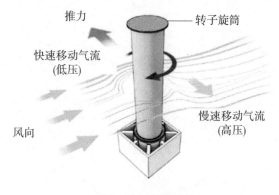
图 2 - 21　旋筒风帆

9) 其他设备

（1）光滑喷涂。

近年来，有些公司宣称，可以在船体上喷涂一些特殊的油漆或者其他材料来达到光滑船身的效果，减少船体阻力。也有公司宣称，可以通过在螺旋桨上喷涂石墨等材料来增加螺旋桨的效率。

（2）空气润滑。

如图 2-22 所示，有些公司宣称，可以在船体周围布置压缩空气管路，利用压缩空气在船体周围形成空气分布的气体层面，以减少船体与水的摩擦。但是利用压缩空气同样会消耗能源。只有消耗的能源小于节省能源的时候，才能说是减少了碳排放。目前这个平衡点如何衡量还不知道。

图 2-22　船身空气润滑

第 3 章

推进器的型式

推进器从基本的明轮发展到螺旋桨,后又深度演化成今天种类繁多的型式,满足了不同类型船舶的不同推进需求,这一章我们就简单地介绍一下各类船舶推进器。

推进器按照不同的标准可以分为不同的类型:按照螺距是否可以调节,可以分为定距螺旋桨和可调距螺旋桨;按照推进功能及安装位置不同,可分为主推进螺旋桨和辅助侧向推进螺旋桨;按照外观及功能表现形式,又可分为全回转推进器(舵桨)、侧向推进器、喷水推进器、伸缩桨推进器、轮缘推进器和直叶桨推进器等。

3.1 定距螺旋桨

前面章节所表述的推进器是基于定距桨的型式。定距桨,顾名思义,螺旋桨一旦铸造完成,其螺距是固定的,螺距不可调节(见图3-1)。相较于调距桨,因为没有液压调距机构,定距桨的毂径比可以做得比较小,效率稍高一点。

图3-1　定距桨

3.2 调距桨

调距桨,全称为可调距螺旋桨,顾名思义,其螺距是可调节的。而船舶上最常用的螺旋桨为固定距螺旋桨,定距桨是整体浇铸出来的,桨叶和桨毂是固定的,不能活动。特大型定距桨桨叶和桨毂也可能是分开的,用螺栓固定,其桨叶一旦固定也是不能活动的。

图 3-2 博格型调距桨内部结构

而调距桨则有复杂的内部机构,包含了液压活塞、液压油管、滑块、偏心转盘等。目前调距桨的型式多种多样,有的油缸活塞液压机构在桨毂内,有的油缸活塞液压机构在轴上,有的桨毂润滑油来自尾管,有的则来自专门的润滑管道。图 3-2 为博格型的调距桨的桨毂,调节螺距的油缸活塞液压机构在桨毂内,并且有专门的管道去润滑桨毂内的机械部件,从而避免了海水泄漏进入桨毂带来的腐蚀风险。

调距桨的生产制造和设计都相当复杂,有造价昂贵、维修频繁等缺点,但因其操纵性能优越,有相当多的船配备调距桨,配备调距桨的船舶大约占所有船舶的 35%。

图 3-3 为调距桨的两种不同类型的调节原理,其中,图 3-3(a)为油缸活塞液压机构在轴上,桨毂内只有机械转盘,螺旋桨轴内有推拉杆来推动桨叶转盘转动。图 3-3(b)为油缸活塞液压机构在桨毂内,油缸活塞通过带动转盘旋转而带动桨叶旋转。中空的螺旋桨轴提供液压油给活塞动力。

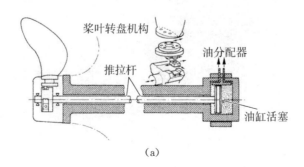

(a)

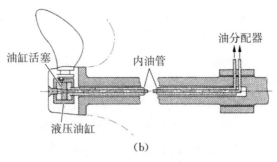

（b）

图3-3　调距桨原理

（a）推拉杆；（b）液压油缸

　　相比于定距桨，调距桨的桨叶是可以活动的，并因此而改变螺距，这就带来诸多的好处。定距桨只有一个设计点，如图3-4所示，假设主推进柴油机转速在1000 r/min的时候，设计点功率达到100％。那么当运行一段时间后，由于船舶污底、螺旋桨长了海生物、货物重载、大风大浪等因素，导致船舶的阻力增加、航速降低，那么由螺旋桨的性能曲线可知，其进速必然降低，因而推力增加、扭矩增加，主推进柴油机的扭矩势必会增加，那么必然会带来主机超负荷运转，这会降低主机的运行寿命，或者降低主机转速。如此，柴油机的功率将得不到发挥，只能部分负荷运行，柴油机的运行区间变得很窄。

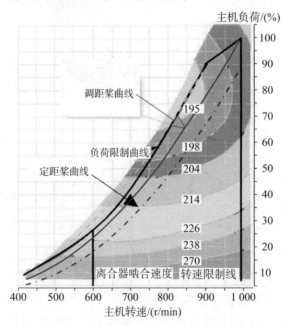

图3-4　调距桨和定距桨的设计功率线

同理,当螺旋桨轻载运行的时候,其扭矩会降低,主机同样的转速将发挥不出 100%负荷,主机也必将欠功率运行。

而调距桨可以很好地解决这个问题。如图 3-5 所示,当船舶阻力增加的时候,保持主机转速不变,通过减小螺距而减小主机的扭矩,虽然船舶运行在重工况下,但主机依然能发挥 100%的功率。当船舶轻载的时候,可以通过预设的联合曲线降低主机转速来减轻主机的油耗。主机的工作区间则会宽泛很多。调距桨对拖轮特别适用,拖轮在顶推工况的时候,极端的时候相当于系柱工况,螺旋桨进速为零,推力达到最大值,扭矩也达到极大值。如果螺旋桨的设计点在自由航行工况,则在顶推的时候,主机将会过载,不得不通过降低转速来降低负荷,那么顶推力就达不到要求的值。如果螺旋桨的设计点放在顶推工况,那么在自由航行的时候,主机的扭矩将会下降而功率达不到 100%。调距桨则可以把设计工况定在自由航行的时候,而在顶推的时候通过减小螺距来使主机运行在 100%负荷工况,从而使拖力达到最佳值。因此调距桨有两个最佳工作点。

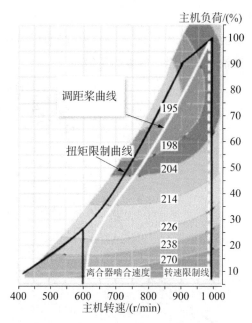

图 3-5　调距桨联动工作曲线

综上所述,定距桨适合于工况变化不大、航线相对固定的商船,在设计条件运行时能充分利用主机的功率达到预期的航速。而调距桨虽然结构复杂,造价昂贵,但适用于某些对操纵性能有较高需求的特殊船舶,如军舰、工程船、拖轮、渔船、破冰船等。

随着船舶节能减排要求的提高,越来越多的船安装轴带发电机,如果采用调距桨,主机可以运行在额定转速下,从而使轴带发电机的运行频率比较平稳。如果采用定距桨,主机转速变化时,轴带发电机的频率将会波动,必须使用比较昂贵的稳频装置才能稳定运行,即使如此,轴带发电机的功率也得不到100%的发挥。

3.3　导管螺旋桨

导管螺旋桨是在普通开放式螺旋桨外围加一个环形的导管(见图3-6)。环形导管可以减小螺旋桨的尾流面积,进而增加螺旋桨推水的压力。这部分水的涡流会附着在导管上,形成环绕导管的水流,且对导管形成推力。这对于船舶来说等于减少了涡流损失的能量,增加了导管的附加推力,相应地提高了推进效率。在航速为零的时候,导管承担的推力可高达总推力的50%。但随着航

图 3-6　导管螺旋桨

速的提高,导管增加的阻力会大于其产生的推力。到一定程度后,导管反而会阻碍推进效率。一般船舶的航速经验值是14 kn,一旦超过14 kn,导管会产生明显的阻力,建议就不要安装导管了。

一般来说,一条船要不要安装导管螺旋桨可以根据功率系数来做一个简单的判断。根据前文所述,功率系数 $B_P = 1.158 \dfrac{N P_D^{0.5}}{V_A^{2.5}}$。当 B_P 小于20的时候,不建议用导管螺旋桨,B_P 值在25时导管螺旋桨开始显出效果,B_P 值在40的时候效果非常明显。

以海工拖轮为例,最常用的功率为1920 kW,在拖带工况下,其航速为6 kn,可调距螺旋桨恒转速为235 r/min,则算出 B_P 值为135。很明显,非常推荐在此类船只上用导管螺旋桨。假设用定距桨,在拖带工况下其转速下降为115 r/min,B_P 值约为66,也非常推荐用导管螺旋桨。

如果一条货船,设计航速为14 kn,螺旋桨转速为190 r/min,主机功率为2350 kW,则算出 B_P 值为14.54。所以非常不推荐用导管螺旋桨。

导管螺旋桨有多种型式,其中使用最广泛的是荷兰船模水池19A型导管。

长径比 $L/D=0.5$，切面形状如图 3-7 所示。L 是大导管的长度，D 是螺旋桨的直径。

19A 型导管螺旋桨具有非常好的操纵性能，但在后退的时候操纵性能会受到影响。一般的拖网渔船和货船很少使用倒车工况，而对于像拖轮这样的船型，由于经常使用倒车工况，19A 型导管桨就不太适用。荷兰船模水池又开发出 37 型导管螺旋桨，其横截面如图 3-8 所示。

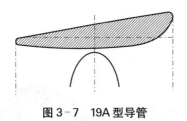

图 3-7　19A 型导管

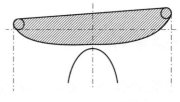

图 3-8　37 型导管

37 型导管在倒车的时候随边变成了导边，可以说是 19A 型导管的一个改进，提高了倒车时的操纵性和效率。

为了增加倒车时的操纵性和效率，工程师们还想了很多其他方法。图 3-9 所示为另一种微型创新导管，在导管随边处开了几个小孔，方便在倒车时水能从后方进入导管内。

上述的各种导管因水流在导管内的流动速度呈现加速状态，又称为加速型导管。还有一种导管如图 3-10 所示，水流在导管内呈减速状态，这种导管称为减速型导管。

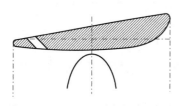

图 3-9　随边处开小孔的加速型导管

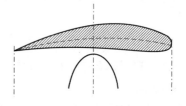

图 3-10　减速型导管

减速型导管能降低水流的速度，从而增加压力，能延缓空泡的发生、减少噪声、降低振动，故可用于军用舰艇。

导管通常固定在船体上。近年来这种安装方式又得到了改进和发展，其与船体连接部分可以通过操纵机构旋转，这样导管相对于螺旋桨就可以转动了（见图 3-11），带来一个显著的改变就是螺旋桨的推力可以改变方向。可旋转导管改变了螺旋桨的推力方向,使得船舶的操纵性能得到极大的提高(见图 3 - 12)。

 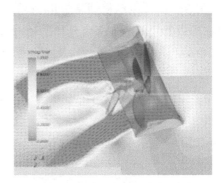

图 3 - 11 可转向导管　　　　　图 3 - 12 转向导管提高操纵性

(见附录彩图 2)

3.4 舵桨

可操纵导管提高了船舶的操纵性能,但其可旋转角度有限制,所以舵还是必备的操纵机构。近年来发展的可 360°回转的舵桨系统可以任意改变螺旋桨的推力方向,因此舵就成为不必要的机构而被取消了。

舵桨可分为两部分。上部分通过井筒法兰与船体焊接或者通过螺栓连接。下部分为转动部分,可通过转向机构实现 360°转角旋转,加上螺旋桨的推力,就能对船体产生不同方位的推动力。在港口拖轮上以及海工三用工作船上,使用舵桨尤其能带来非常高的操纵性能。

舵桨通过法兰与船体相连接,可分为吊舱式推进器和全回转方位推进器(简称全回转)。吊舱推进器和方位推进器的一个重要区别是看其原动机的安装位置在哪里。如果原动机是装在船体内部,则是方位推进器(见图 3 - 13)。方位推进器根据轴系的安装形式不同又分为 L 形和 Z 形。原动机水平放置,在方位推进器和原动机之间有一段水平轴,整个布置像是 Z 形的,这种布置称为 Z 形(见图 3 - 14),原动机通常是柴油机或者马达。当原动

图 3 - 13 方位推进器

机竖直安装时,原动机和方位推进器之间是直接相连的,这种称为 L 形推进布置(见图 3 - 15),原动机通常是电力马达,用于电力推进。当然,有时候可能原动机和推进器之间会有竖直延伸的轴,但非常少见。

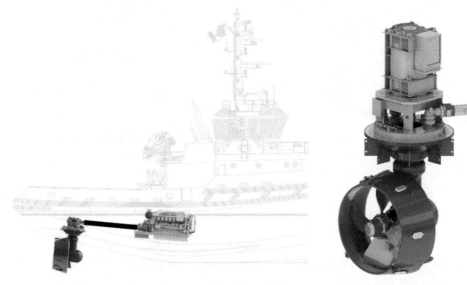

图 3 - 14 Z 形方位推进器   图 3 - 15 L 形方位推进器

如果原动机不是装在船体内部,而是装在推进装置本体内部,这种形式的推进器称为吊舱式推进器(见图 3 - 16)。吊舱式推进器的原动机是马达,电动机直接驱动螺旋桨。电动机转子轴前后有两个轴承,靠近螺旋桨的轴承为径向支撑轴承,后端为推力轴承。流线型壳体通过法兰连接船体,电力电缆通过滑环连接电机的接线柱,外设冷却风机。

吊舱式推进器的概念最早于 1878 年被提出,因技术迟滞,直到 1990 年后才开始快速发展。从最初的 1500 kW 发展到现在的 30 000 kW,广泛应用于破冰船和邮船等需要大扭矩低振动的船型。吊舱的内部结构如图 3 - 17 所示。

舵桨的螺旋桨根据其位置前后又分为推式和拉式(见图 3 - 18)。螺旋桨在推进壳体后面形成推力,这种形式为推式桨。螺旋桨在壳体前方,对壳体形成拉力,这种桨称为拉式桨。拉式桨由于在其来流前方没有轴和支架的阻挡,水动力性能相对来说更优一些,再加上没有湍流场,产生的振动也相对会低一些。舵桨又分为带导管和不带导管的螺旋桨。

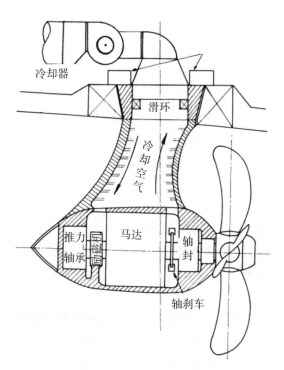

图 3‑16　吊舱式推进器

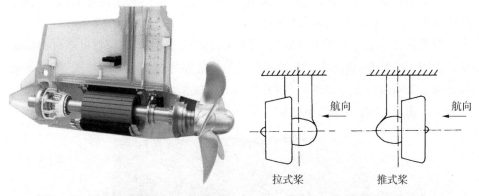

图 3‑17　吊舱推进器内部示意图　　图 3‑18　推式桨和拉式桨

　　舵桨可以 360°回转,起到舵的作用,从而显著改善船舶的操纵性能和紧急机动性。有很高动态定位需求的船舶越来越多地装备舵桨,因其安装简单,省去了尾管和轴支架,与传统的螺旋桨相比节省了不少舱容。如果船舶尾部安装有多个舵桨,在操作时应注意它们的相互影响,比如两个舵桨相对 90°操作,会对船体产生撕裂的力量,导致水流场紊乱,会产生很高的船体振动。

3.5 对转桨

图 3-19 对转桨

对转桨是两个共轴螺旋桨,它们的转向是相反的(见图 3-19)。其通常应用于飞机上,但在某些场景下也应用于船舶推进上。对转螺旋桨能回收利用一些滑流损失的能量,还能平衡螺旋桨旋转时带来的扭矩反应。通常后面的螺旋桨比前面的螺旋桨直径要小一些。螺旋桨的叶片数目有时候也不相同,前面 4片桨叶,后面通常 5片桨叶。对转螺旋桨是实践和理论研究的课题,在小型高速船舶上有一些应用,转速高达 1500~2000 r/min,如此高的转速在大型商船上会带来一些机械问题。

对转桨推进系统前后螺旋桨的转向相反,后面的螺旋桨可以利用前面螺旋桨的尾流能量,将其转化为有效的推力,理论上可以提高推进效率。此外,对转桨由于平均负载降低,可以避免空泡的产生。

对转桨对解决浅吃水船舶问题的推进有一定意义,但其结构复杂,造价和维修费用较贵,因此未能得到广泛的应用。

舵桨和船体交互作用十分复杂,对安装位置敏感,不同的位置可能对功率需求产生较大的影响,如图 3-20 所示的吊舱推进器与船体安装的角度,纵倾角指的是螺旋桨轴线与水平面的夹角,方位角为螺旋桨轴线与船中轴线在水平面上的夹角。表 3-1 为不同的角度对功率的变化影响。

图 3-20 吊舱推进器

表 3-1　方位推进器角度对功率的影响

纵倾角度/(°)	2	4	6
螺旋桨吸收功率变化/(%)	0	1.3	1.7
方位角度/(°)	−2	0	+2
螺旋桨吸收功率变化/(%)	0.8	0	1.6

　　舵桨良好的操纵性能也带来另外一个问题,即在转弯的时候航速一定要慢下来。高航速转弯,特别是转弯的方位角度很大时,可能会造成船舶倾覆。在航速慢且螺旋桨转速保持不变的时候,转弯会带来很大的扭矩和推力,相应地会让推进器内部产生很大的载荷。如果使用的是吊舱推进器,有可能损坏其轴承和导致电机过载运行,这也是导致吊舱推进器维修成本很大的一个原因。

　　某些类型的船舶,比如破冰船,就经常在低航速大扭矩下工作,舵桨经常需要维修,因为低转速大扭矩很容易造成螺旋桨轴大推力、大扭矩和大弯矩,轴承经常会损坏,舵桨维修成本又非常高,于是近些年来鳍形推进器被研发出来以代替舵桨。

　　鳍形推进器,顾名思义,其外形像鱼的两鳍。如图 3-21 所示,把推进系统放在这个鳍形内部,把推进电机、减速齿轮箱和桨轴等一个完整的系统放入推进舱。为了提高操纵性能,还可以在推进舱安装侧向推进器,或者在船的中部另外放置侧向推进器,再加上传统的操舵装置。相比较而言,鳍形推进器明显提高了舵桨推进系统的安全性和传统螺旋桨推进器的操纵性能。近年来,低速永磁电机的快速发展也许会加快鳍形推进器的推广。永磁电机直接驱动螺旋桨,节省

图 3-21　鳍形推进器

了减速齿轮箱,效率得以提高,既节省了舱容,又方便人员维修,提高了燃油经济性,完全可以替代吊舱推进器或者方位推进器。图 3-22 展示了双鳍推进器实船应用。

图 3-22　双鳍推进器实船应用

3.6　可伸缩推进器

由于船型和吃水的限制,有些工程船舶需要额外的推进器。但船上位置有限,且吃水浅,就需要可伸缩式的推进器。在吃水浅的时候使用常规推进器,在水深足够的时候,可伸缩推进器就伸出来,为船舶提供额外的推进动力。方位推进器(见图 3-23)和侧向管道推进器(见图 3-24)均可做成伸缩式。

图 3-23　可伸缩方位推进器　　　图 3-24　可伸缩管道推进器

3.7 侧向推进器

为了增加船舶的操纵性能,船舶通常会配备侧向推进器。侧向推进器通常是指横向装在船体上的、带有筒体的螺旋桨推进器。如果是装在船舶的首部,称其为首侧推;如果装在船舶的尾部,称其为尾侧推。根据需要,一条船可能装备有一个首侧推,也可能有多个侧推。对于需要动态定位的船,可能会装有两个首侧推和一个尾侧推。

侧向推进器根据螺旋桨的型式不同分为可调距螺旋桨侧向推进器和定距螺旋桨侧向推进器。可调距螺旋桨需要一套复杂的液压机构,定距螺旋桨则相对简单一点。但是定距螺旋桨需要比较复杂的马达调速设备,通常需要变频器来调节驱动马达的转速,而调距螺旋桨马达只要能启动即可,在马达恒转速时调节螺距,可平稳实现推力的改变。变频启动器设备投资成本较高。

调距桨的马达启动器可以用软启动器启动,也可以用自耦变压器来启动,启动扭矩与电压平方成比例,因此不能降低太多电压,以防止扭矩不足。调距桨的马达启动器也可以用低容量的变频器来启动,启动完毕后把变频器设为旁通。

对于定距桨侧向推进器,可以用绕线式马达来调速,也可以用变频器来调速。有些时候,马达可能要带电磁刹车来解决定距桨在非工作时的空转问题。

根据侧向推进器的安装形式,侧向推进器可以用马达立式驱动(见图 3 - 25),也可以用内燃机卧式驱动(见图 3 - 26)。

图 3 - 25 立式安装侧向推进器

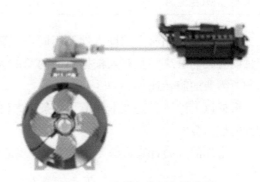

图 3 - 26 卧式安装侧向推进器

如何选择侧推呢？对某类船型来说，需要算出船体迎风面积，并估算在不同条件下迎风面积所受的力，这可视为最大的阻力。此外，水下面积所受的力同样重要，可视为船舶在侧向力作用下水的阻力，可根据需要船旋转的速率来计算水对船体的阻力。船体的中点可视为船体旋转扭矩的力点。图3-27为船舶迎风面积和湿水面积示意图，A_A为迎风面积，A_U为湿水面积。

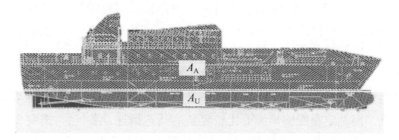

图3-27　船体迎风面积和湿水面积

不同类型的船舶需要不同的侧向推力，设计时一般考虑船体水面以上的迎风面积和船体水面以下的湿水面积的受力情况。表3-2是根据不同的船型分类估算单位面积上的压力进而计算所需推力。

表3-2　不同船型的阻力估算

船型	湿水面积受力/(kN/m²)	迎风面积受力/(kN/m²)
滚装船、渡轮	10～14	4～7
一般货船、拖轮	6～10	4～8
散货船、油轮	4～7	14～16
特殊船型(挖泥船等)	10～12	5～8

不同类型船舶所需的操纵性能不同，一条船需要多快的旋转速率不是某个定量的答案能解决的。有人根据不同的船舶大小做了一些调研，不同排水量的船舶所需要的旋转速率如图3-28所示。

根据以上论述我们基本知道了一条船大概需要的侧向推力。那么如何评估侧推的推力呢？

通常用的推力计算方法是根据DNV规范推荐的公式：

$$T_{\text{effective}} = T_{\text{Nominal}} \beta_T$$

式中：$T_{\text{effective}}$为有效推力；T_{Nominal}为名义推力；β_T为推力损失系数，考虑到推力

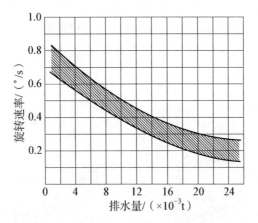

图 3‑28　不同排水量的船舶所需要的旋转速率

减额、筒体长度、保护网格阻力等因素,通常为 0.9。

$$T_{\text{Nominal}} = (PD)^{2/3}$$

式中:T 为推力,单位为千牛(kN);P 为功率,单位为千瓦(kW);D 为螺旋桨直径,单位为米(m)。

　　这是理想状态下船舶静止时候的推力,这不是一个保守的估算公式,没有考虑机械损失、传递效率等因素。当船舶开始移动的时候,推力随即开始下降。船舶在静止状态下是侧推力效果最好的时候,当船舶向前或者向后移动时,特别是移动速度达到 2~3 kn 的时候,侧推效果明显开始下降。如图 3‑29 所示,船舶在高速行驶的时候,侧向推进器的效果会明显下降,推进器喷出的水流快速向后方移动,叠加船身伴流造成的水流,会导致船身两侧的水压不同,吸水侧的压力反而比喷水侧的压力大,两侧合力与侧向推进器的推力方向相反。因此不建议在高速的时候使用侧向推进器,会造成侧向推力效果明显下降,甚至反向,同时增加船体阻力。通常 5 kn 以上航速时不建议使用侧向推进器。船舶在倒车时比正车时使用侧向推进器的效果要明显,因为倒车时水流的作用力点在船身约 75% 处,力矩大,效果显著。

　　侧向推进器刚开始工作时,在喷水侧会出

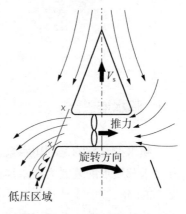

图 3‑29　船舶受侧向推力示意图

现高压,在吸水侧出现低压,因此船舶得以向低压侧以一定的角速度移动。当船舶前行的时候,喷水侧的压力在水流的作用下降低,减少了船舷两侧的压力差值,船舶受力减少,侧推的效果下降。为减少水流阻力,侧推与船体的连接部分可以呈倒圆形(见图3-30)。

标准导管连接　　　　　　　　　倒圆导管连接

图3-30　侧推导管与船体连接

为了保护侧推,在导管两端还应加装保护隔离栅(见图3-31)。制作隔离栅的材料最好是圆滑形状,且顺着船舶前进方向倾斜,尽量减小对船体产生额外的阻力。

图3-31　侧推两端保护隔离栅

3.8　喷水推进器

喷水推进指的是利用水泵向船后喷水获得水的反作用力,从而推船前进,这种吸水和喷水的装置为喷水推进器(见图3-32)。喷水推进的概念最早可追溯至1661年,当时主要应用于小型高速快艇,以及吃水受到限制却又需要高操纵性能的特殊船舶。近些年来,随着工业化的深入发展,喷水推进器开始向大型化方向发展,应用的船舶也相应地向大型化方向发展。

图 3 - 32　喷水推进器

喷水推进器和螺旋桨推进器相比较,螺旋桨推进器更加简单,重量更轻,效率更高。然而随着水泵效率的提高和高速艇的商业需求增加,喷水推进器也开始快速发展。一个典型的喷水推进器包含如图 3 - 33 所示的三个最基本的部件:进口管道、水泵和出口管道(或喷嘴)。

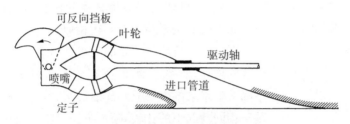

图 3 - 33　喷水推进结构

进口管道由船体改造而来,与船体融合在一起,水流通过水泵叶轮进入出口。

喷水推进器的水泵有多种型式,图 3 - 34 所示为三种常用的型式。水流在水平方向经过叶轮流动的为轴流式;水流经过叶轮后垂直远离其叶轮为离心式;轴流和离心混合在一起的型式为混合式,此种型式最常用。

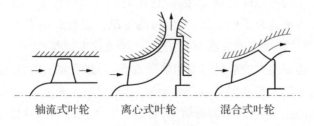

轴流式叶轮　　　离心式叶轮　　　混合式叶轮

图 3 - 34　叶轮型式

叶轮有多个叶片,叶片数目从 4 个到 8 个不等。出口喷嘴有时候会设计成可操纵式,用以改变喷嘴水流方向,从而改变船舶航行方向。不同设计的喷嘴活动范围可达 30°。

有的喷嘴后方会配备一个方向挡板,这是一个机械或者液压操纵的装置,可以升降并改变喷嘴水流方向,以产生一个相反方向的动力,其作用相当于刹车。方向挡板的位置不同,产生的水流方向也不同,可以做到全速前进、部分航速前进,或者后退(见图 3-35)。

全速前进　　　　　半速前进　　　　　后退

图 3-35　不同位置的喷嘴方向挡板

设计喷水泵要选取合适的型式。叶轮是一种流体涡轮机械,如果忽略雷诺数和空化因数的影响,其效率和水流的关系与螺旋桨很相似。

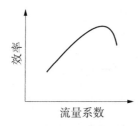

图 3-36　喷水泵的流量系数与效率关系

图 3-36 所示是典型的喷水泵的效率图,随着流量系数的增加,效率也增加,并在效率达到最大点后迅速下降。喷水泵的效率显然比螺旋桨大,但这种比较不是基于相同情况下的比较,喷水泵和船体的相互作用与螺旋桨和船体的相互作用是不同的。喷水推进器的吸水口就是船体的一部分,并且喷水推进器工作时船体的起伏较大,会改变船体吃水状况,船体阻力也会变化较大。而螺旋桨在商船上的吃水一般比较稳定,不会因为螺旋桨的工况而导致吃水有较大变化。

我们可以根据不同的工况来相应地设计喷水推进器。航速越高,选择轴流式的喷水推进器的可能性就越大,因为它比离心式的喷水推进器尺寸更小。离心式喷水推进器更适合于低流量、大压力的工况。混合式则集中了轴流式和离心式的优点,尺寸比离心推进器小,动能又比轴流式推进器大。

喷水推进器需要大的喷射推力和推进效率,因此需要一定的过流能力,常规喷水推进器的叶轮工作原理类似于螺旋桨,如图 3-37 所示。过大的推力通常意味着吸入侧的压力会较低,因而带来汽蚀问题,因此加入诱导轮可以有效防止汽蚀,又可以综合利用涡流能量而提高效率。

而诱导式推进器是从火箭推进器概念而来,它能推动更大的流体。图 3-38 为诱导式喷水推进器的泵,叶轮有 4 片大叶子,4 片小叶子,这种型式的泵可以缩短吸管,4 片小叶可以增加 60% 的压头。

图 3-37　喷水推进叶轮

图 3-38　诱导式喷水推进叶轮

　　进水管道出于保护的目的,有时候会安装有格栅以防止大的物体进入管道而损坏叶轮。格栅数目间隔要大,才可以防止效率降低,但同时也要小防止海草和其他物体进入而堵塞管道。在另外一些时候,设计时也要考虑水流的平稳流动,从而避免流体的断流分离和空泡产生。管道在弯道处可能还要设置倒流叶片,而泵的驱动轴在管道处的支撑还要考虑振动的影响。此外,泵的叶轮可能遭遇高伴流而产生空泡,叶根处需要考虑强度和倒角,设计时要综合考虑这些因素。

　　自 20 世纪 70 年代以来,对喷水推进的研制取得了相当大的进步,大大提高了喷水推进的效率,在高速艇上其效率可与螺旋桨相匹敌,高达 55%。因而喷水推进在高速艇和低噪声推进船上日益得到广泛应用。

3.9　轮缘推进器

　　近些年来出现了一类新型推进器——轮缘推进器(见图 3-39)。它其实就是把推进电机与推进螺旋叶片组合在一起的推进型式。因为没有轴系,也称无轴推进器。

　　轮缘推进器最早是由美国水下作战中心提出来的一种概念。20 世纪 90 年代,通用公司研究梢叶推进器,发现其比吊舱推进器效率高 $5\%\sim10\%$。2002 年,通用公司开始进行试验性改造小船。2005 年,美国和欧洲的公司相继开发出商用轮缘推进器,桨叶数可高达 $7\sim9$ 叶。图 3-40 为实船

图 3-39　轮缘推进器

商用轮缘推进器,从外观看,因为需要较大的空间,功率受到了限制,目前普遍只能做到 200~900 kW。

图 3-40　实船商用轮缘推进器

轮缘推进器目前尚处于发展阶段。由于没有轴系电机推进,轮缘推进器具有噪声低、振动小、重量轻等优点,而被广泛应用于潜艇、鱼雷、军船等舰艇船舶。目前主要是欧美公司做相关的开发和应用,我国研发起步较晚,开始于 20 世纪 90 年代,最早开发出 20 kW 的样机。国内院校也在进行理论研究,把永磁电机与水动力设计结合在一起进行设计。

轮缘推进器目前还有如下难题需要克服:

(1) 电机及控制技术。

轮缘推进器电机与常规电机不同,必须注意与导管及螺旋桨的配合,避免增加导管厚度,减少定子外径及转子内径的厚度,减少涡流损耗。特别是定子和转子之间的间隙配合与密封屏蔽问题会导致涡流产生。

(2) 流体分析技术。

轮缘推进器把电机与螺旋桨整合在一起,电机气隙暴露于水中,或多或少会产生湍流,影响推进效率。况且,如果轮缘推进器作为主推进器,导管在高速下会产生阻力,当阻力大于增进推力时就得不偿失了。

(3) 水密封技术。

轮缘推进器轴承暴露于海水中,轴承材料、轴承结构、润滑水路都是不小的挑战,特别是海水中的颗粒很容易划伤轴承表面。

轮缘推进器目前处于发展早期,有时候会用于船舶侧推,用于主推进的方案非常少。

3.10　重叠螺旋桨

　　重叠螺旋桨又是一个双螺旋桨的概念。这种型式的螺旋桨并不是同轴安装的,而是安装在不同的轴系之上。两轴之间的距离要小于螺旋桨0.8倍的直径(见图3-41)。这并不是最近才发展出来的概念,在100多年前就有了。

　　与对转桨一样,这一型式的螺旋桨主要限于研究和开发,在实际应用中非常少见。研究的主题主要是在某一特定船型下,轴距与螺旋桨直径的比值对整体推进效率的影响。这种推进装置的主要目的是从尾流场低速部分获得尽可能多的能量,进而提高推进效率。一个螺旋

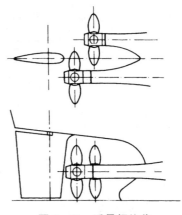

图3-41　重叠螺旋桨

桨是在另一个螺旋桨的尾流场中工作的,空泡并不是设计的主要问题。与单螺旋桨相比,脉动推力和扭矩水平有了明显的提高;与双螺旋桨相比,其建造成本可能会降低。

　　在设计这种类型的推进器时,设计者要考虑很多变量,比如轴间距选择多少比较合适,螺旋桨的转向、螺旋桨之间的纵向间隙,以及螺旋桨与船尾之间的间隙如何考量,目前还没有全部的答案。研究表明,螺旋桨的转向最好是外旋,轴之间的间距最好在0.8倍的螺旋桨直径。此外,有迹象表明,螺旋桨之间的纵向间隙主要影响振动的激励,推进效率对此并不是那么敏感。

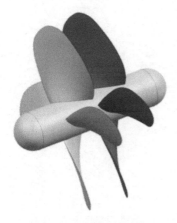

图3-42　串列螺旋桨

3.11　串列螺旋桨

　　两只普通螺旋桨安装在同一根轴上称为串列螺旋桨(见图3-42)。串列桨也不是一个新的概念,之前就有把三个螺旋桨安装在一起的例子,主要目的是克服空泡腐蚀所引起的推力故障。使用串列桨的目的是减轻螺旋桨的加载困难问题,在直径受限制的水域,采用串列桨比普通螺旋桨的效率要高,螺旋桨的加载困难问题现在已经很少见了。

　　串列桨的缺点是,螺旋桨重量在轴向分布产生不均匀的弯矩,进而影响到尾管轴承的反应负荷。在舵桨和吊舱式推进器的装置上,有时候会在两端各安装一个螺旋桨,此时的重量分布均匀,轴弯矩可控,影响非常小。图 3-43 展示了串列桨在实际船舶上的使用。

图 3-43　实船串列桨

3.12　直叶桨

　　直叶桨的概念最早可追溯至 1920 年,当时的推进形式和水车明轮有点类似,后来逐步发展出目前的直叶桨的形状(见图 3-44)。目前有两类直叶桨:Christen-Boeing 直叶桨和 Voith-Schneider 直叶桨(见图 3-45),两者大同小异,都是水平面安装。直叶桨旋转时在水平面的参考点不同,每旋转一周时桨叶的旋转也不同。我们在设计时要依据桨叶相对于参考点的位置,以及自身的姿态不同来决定推力方向和推力大小。

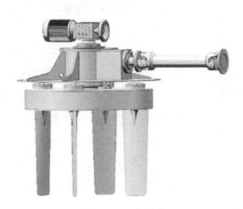

图 3-44　直叶桨

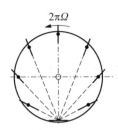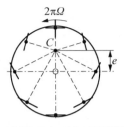

图 3-45　Christen-Boeing 和 Voith-Schneider 直叶桨

　　直叶桨由于可以横向推进,所以不需要安装舵,这让它可以和全回转舵桨相媲美。但直叶桨的推力和效率不如螺旋桨高,在倒车时比常规螺旋桨的推力要大,但比不上舵桨,因为舵桨在倒车时可以旋转 180°。

　　直叶桨由于在一个圆周上有 6~8 片桨叶,桨叶之间的间距较大,容易有其他物体进出,进而造成损坏。直叶桨如果较长,还可能需要比较大的船舶吃水。另外,在底部也要加保护底板以免触底时碰撞桨叶(见图 3-46)。

图 3-46　直叶桨保护底板

第4章

船舶推进轴系及附件

4.1 轴系的布置形式

随着船舶工业的发展，各种各样的推进器广泛地应用于船舶推进系统，随之而来的是船舶推进轴系的复杂化和多样化。推进轴系的结构种类也越来越多，有常规螺旋桨推进轴系、可调距螺旋桨推进轴系、全回转螺旋桨推进轴系，以及喷水推进轴系。从主机类型来看，又有四冲程柴油机推进轴系和二冲程柴油机推进轴系，四冲程柴油机因为转速较高，通常带有减速齿轮箱，而二冲程柴油机转速较低，不需要齿轮箱就可以直接和轴系相连接。近年来，随着电力推进的发展，又有驱动电机直接和轴相连接的推进轴系。

推进轴系是将主机发出的功率转变为推进动力的传递设备，一方面把主机的功率传递给螺旋桨，另一方面把螺旋桨的推力通过推力轴承传递给船体，实现船舶前进和倒车的目的。由此可以看出，轴系上有扭转的力，用来传递主机的扭矩，同时也有推力，用来传递螺旋桨的推力，交变的扭力和推力使轴系工作的条件十分恶劣，轴系的工作好坏将直接影响船舶推进特性，并对船舶主机的正常工作也有直接的影响。因此轴系的设计、加工制造、安装和调整均有较严格的技术要求，并且要符合相关船舶技术标准和船舶规范。

船舶推进原动机与传动轴系及其与推进器的连接和布置称为推进系统的布置，除去原动机，其余部分称为轴系布置。船舶推进轴系布置形式可归纳为以下几种。

4.1.1 二冲程机驱动的直接传动

二冲程机轴系布置如图4-1所示。直接传动指原动机和推进器除了传动轴系和支撑轴承外，没有其他的传动连接设备。该装置的特点是螺旋桨和原动机具有相同的转速，传动效率高，结构简单，维修保养方便，效率高，经济性好。缺点是尺寸质量大，机动性差，非设计工况经济性差，低速时受到限制，当然如果低速机用可调距螺旋桨可以弥补机动性差的缺点。

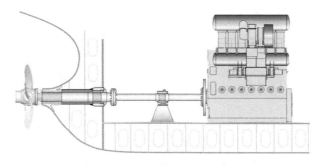

图 4-1　二冲程机轴系布置

4.1.2　电力推进直接驱动传动

目前随着船舶电气化和电力电子的发展,电力推进显示出诸多优点。电力推进也有直接驱动连接的,这也可能是未来的一种趋势。电机直接驱动有两种形式,一是穿轴式低速电机直接连接传动轴,二是电机直接连接。前一种布置传动轴穿过电机,和低速电机的转子相连接后,再和推力轴承相连接。图 4-2 所示为第一种形式,该电机为低速永磁电机,电机内没有轴承,轴承布置于电机外面两侧。后面一种电机驱动端和推力轴承通过高弹性联轴器相连接,推力轴承再和传动轴相连接。这两种布置大同小异,各有千秋。

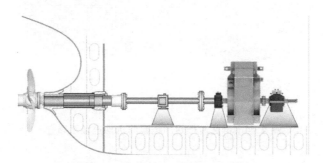

图 4-2　电力推进直接驱动轴系布置

4.1.3　中高速柴油机通过减速齿轮箱传动

对于采用中高速柴油机的推进系统,为了获得最佳螺旋桨效率,减少螺旋桨空泡腐蚀,必须采用减速齿轮箱,柴油机和齿轮箱通过高弹性联轴器连接,齿轮箱和推力传动轴连接,一般推力轴承内置在齿轮箱体内,也有推力轴承放置在齿轮箱体外部的,比较少见。四冲程柴油机减速推进布置如图 4-3 所示。

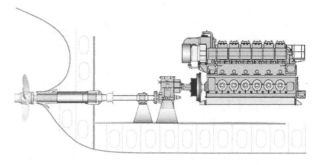

图 4-3　四冲程柴油机减速推进布置

还有一种情况,因为船型的原因,主机必须远离齿轮箱,此时连接柴油机和齿轮箱的除了弹性联轴器外还有一段高速轴。之所以叫高速轴,是因为这段轴与主机转速一样,低转速也有 400 r/min,有时候高达 1 800 r/min。而齿轮箱后面与螺旋桨相连接的轴转速通常较低,大型油轮和货船通常在 90~120 r/min,驱逐舰可能在 200~400 r/min,高速艇可能大于 400 r/min。这就需要一段高速轴用来连接主机和减速齿轮箱,这种布置常见于工程类船舶。带高速轴四冲程柴油机推进轴系布置如图 4-4 所示。

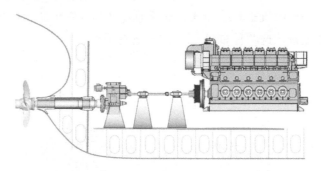

图 4-4　带高速轴四冲程柴油机推进轴系布置

4.1.4　电力推进通过减速齿轮箱传动

此种形式和四冲程机推进轴系布置差不多,只是原动机变成了推进马达,优点是马达可用常规的异步电机(见图 4-5),一次性投资成本较低,所占空间较小。

4.1.5　带有万向节的轴系传动

有些船型诸如拖轮,通常会采用全回转推进器,因机舱空间受限的原因,主

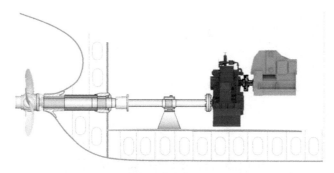

图 4-5　异步电机带齿轮箱推进轴系布置

机输出轴线和推进器输入轴线不在一条水平线上,而是有一定的垂直落差,这就需要万向节来改变轴线,从主机到推进器之间的这段轴的转速与主机转速一样,所以也称为高速轴。带万向联轴器的高速轴系布置如图 4-6 所示。

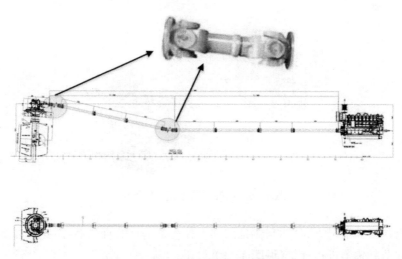

图 4-6　带万向联轴器的高速轴系布置

4.1.6　不带万向节的高速轴系传动

有些采用全回转推进器的船型,主机输出轴线和推进器的输入轴线垂直落差不大,此时不需要万向节来改变轴线,主机与方位推进器直接连接(见图 4-7),只要主机和推进器有一个倾角,就可以吸收这种垂直落差。倾角通常不大于 5°。

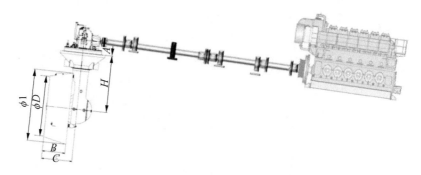

图4‑7　主机与方位推进器直接连接

4.1.7　侧推的推进组成形式

船舶侧向推进器通常是马达驱动的。最常见的是垂直安装，马达垂直与侧向推进器相连接。马达与推进器之间用联轴器连接，如图4‑8所示。

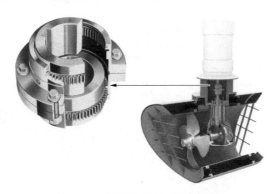

图4‑8　侧推与马达直接相连接

有些特殊情况下，马达与侧推的轴不在一条垂直的直线上，需要用可变角度的万向节联轴器进行连接（见图4‑9）。

此外，由于船型不同要求不同，还有其他形式的推进轴系布置。特殊形式的轴系布置比较少见，上述几种形式的轴系布置几乎覆盖了大部分的船型的需求，其他的本书就不再深入介绍了。

4.2　轴系的组成及附件

主推进轴系起到传递主机的扭转功率和螺旋桨推力的作用，而把螺旋桨推力传递给船体实现推力的是推力轴承，因此轴系的组成最起码包含螺旋桨和推

图 4-9　侧推与电机通过万向联轴器连接

力轴承这样的部件。另外,为了隔绝外部的海水和船舶内部舱室,轴系上还含有尾轴管、尾轴后密封、尾轴前密封、尾管轴承、中间轴承等,它们共同组成了最基本的推进轴系。

4.2.1　轴段

1) 尾轴

螺旋桨轴位于轴系的最末端,其尾部安装螺旋桨,前端穿过尾管与中间轴相连接。螺旋桨工作在不均匀的流场中,螺旋桨轴也会因为螺旋桨而受到交变的负荷影响,工作条件十分恶劣,除了承受巨大的螺旋桨的质量外,还要承受由螺旋桨引起的不均匀的动负荷和尾部振动产生的附加应力。设计的时候必须考虑采用合适的材料,强度计算必须满足有关技术标准和船级社规范要求。

螺旋桨轴的材料通常选择 30 号钢、35 号钢、40 号钢或者 45 号钢等优质碳钢,常为锻造。舰艇为了减轻轴系质量常采用合金钢,合金钢对键槽、表面伤痕和轴径的变化很敏感,有较大的应力集中系数。合金钢螺旋桨轴的抗拉强度不得小于 600 MPa,在计算轴径的时候,其抗拉强度取下限值 600 Mpa。

钢制海船的传动轴按照船级社规范要求,轴径计算公式为

$$d = FC \sqrt[3]{\frac{P}{n\left[1-\left(\dfrac{d_i}{d_0}\right)^4\right]}\left(\frac{560}{R_m+100}\right)}$$

式中:F 为推进装置型式系数($F=95$,涡轮推进装置,具有滑动型联轴节的柴油机推进装置和电力推进装置的中间轴;$F=100$,柴油机推进装置和所有的螺旋桨轴);C 为轴系设计系数,不同的系数如表 4-1 所示;P 为轴传递的最大持续功率,单位为 kW;n 为轴的转速,单位为 r/min;R_m 为轴材料标定的抗拉强度下限值,单位为 MPa,对于螺旋桨轴,如果抗拉强度大于 600 MPa,则取值 600,对于碳钢或者锰钢中间轴,如果抗拉强度大于 760 MPa,取值 760,如果采用合金钢,材料抗拉强度大于 800 MPa,则取值 800;d_i 为轴中空孔径;d_0 为轴的实际外径。

表 4-1 轴系设计系数

轴类型	部件	轴系设计系数 C
中间轴	整体连接法兰	1
	液压无键联轴器	1
	键槽	1.1
	径向孔	1.1
	纵向槽	1.2
推力轴	推力轴	1.1
螺旋桨轴	法兰连接螺旋桨轴	1.22
	键连接螺旋桨轴	1.26
	尾管后轴承前端到尾尖舱舱壁处直径	1.15

当有中空轴,且中空直径大于 $0.4d$ 时,可以填入 d_i、d_0 进行修正,如果中空孔径小于 0.4,则无须进行修正,可取 d_i 值为零。

传动轴锻件在制造时应留有样本进行试验,用以分析其化学成分,并作拉力试验和冲击试验。锻件端部不应有管缩和疏松,表面不应有夹层、折叠、裂纹、结疤、夹渣、密集的发纹和过烧现象等缺陷。

2) 中间轴

有些船型的主机距离尾轴比较长,就需要一根或数根中间轴用于连接尾轴和主机或齿轮箱。尾轴两端通常是法兰形式以方便螺栓连接。

3) 转子轴

近年来,越来越多的船舶采用电机直接驱动轴系形式的电力推进。轴系从电机内部穿过,电机习惯性称为穿轴式电机。电机的转子是连接在中间轴上的,该中间轴也叫转子轴(见图 4-10)。当用作轴带发电机的时候,转子轴旋转形成磁场切割电机绕组对外发电；当用作推进电机的时候，电机绕组旋转形成磁场驱动转子带动轴旋转。

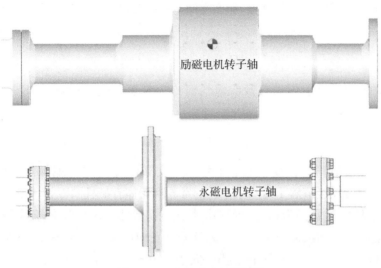

图 4 – 10 穿轴式电机转子轴

4）轴的防腐蚀

两种不同的金属结合在一起会产生电势差，电子会通过中间媒介电解液从活跃的金属流向不活跃的金属，造成活跃金属腐蚀，这就是电化学腐蚀。日常生活中会发生很多电化学现象，比如钢铁生锈，如果沾点水，锈蚀更快。普通的铁锭放在室外很快就会生锈，就是这个道理。

金属表面的这种电化学反应其实是电池腐蚀。由于金属表面吸附了空气中的水分形成水膜，空气中的二氧化碳、二氧化硫、二氧化氮等物质溶解在这层水膜中形成电解质溶液。金属中的杂质如石墨、渗碳体等比较不活泼的物质形成了阴极，金属本身构成了阳极，这样就形成了有阴极、电解液和阳极的微电池。

活性比较强的金属如铁等在电解液中容易失去电子，其化学反应如下：

$$Fe - 2e \longrightarrow Fe^{2+}$$

溶液中如果有氢离子，则氢离子吸收电子，变成氢析出，这个腐蚀过程因为有氢析出，称为析氢腐蚀。其反应如下：

$$2H^+ + 2e^- \longrightarrow H_2$$

在酸性不强的环境中，铁离子与氢氧离子发生化合反应生成氢氧化铁，其反应如下：

$$Fe^{2+} + 2OH^- = Fe(OH)_2$$
$$4Fe(OH)_2 + O_2 + 2H_2O = 4Fe(OH)_3$$

微电池的正极需要氢氧根,那么在微电池的负极则产生氢氧根,其化学反应如下:

$$O_2 + 2H_2O + 4e^- \longrightarrow 4OH^-$$

总的电化学反应因为有吸收氧气而称为吸氧腐蚀,总的化学反应方程式如下:

$$4Fe + 3O_2 + 6H_2O = 4Fe(OH)_3$$

海水中有溶解于水的氧气,会和钢铁发生氧化反应,如果船体没有保护,船体的钢板就会慢慢溶解于海水中。我们常看到船体有牺牲阳极锌块或者铝块来保护船体钢板,这是因为锌块或者铝块是比钢铁活性更强的物质,会先于钢铁而腐蚀。也可以用阴极防护原理来对船体施加反向电流进行保护,船体需要对于参考电极有 $750 \sim 850$ mV 的负压,低于 750 mV 有加快腐蚀的风险,高于 850 mV 可能损坏油漆涂层。

从以上原理我们可以知道,两种不同的金属放在一起也会产生电势差,形成类似微电池腐蚀的机理,电子从活性更强的金属流向活性不强的金属,比如铜与铁在一起就会形成电势差。

螺旋桨是铜质的,轴系是钢质的,这两种金属连接在一起,海水就构成了电解液,因此轴系就很容易被腐蚀。对于油润滑的尾管轴承,轴系运转的时候,从尾管轴承到中间轴承有一层油膜覆盖在轴的表面,轴并不与船体有直接的接触,所以没有防护的传动轴很快就会被腐蚀。

图 4-11　不锈钢螺栓的电化学腐蚀

在配备可调距螺旋桨的船上,螺旋桨的桨叶与桨毂通过螺栓连接。桨叶与桨毂的材料是镍铝青铜,而螺栓通常是不锈钢的,螺栓与镍铝青铜的接触就构成了显著的电偶。不锈钢虽然耐海水腐蚀,但是铜更加不活跃,不锈钢相对铜来说更容易失去电子,海水在不锈钢和铜之间充当电解液,构成电化学反应,其结果就是不锈钢螺栓被腐蚀,如图 4-11 所示,螺栓边缘已经被腐蚀了。

为了防止轴系腐蚀,一般需要轴接地装置(见图 4-12)。

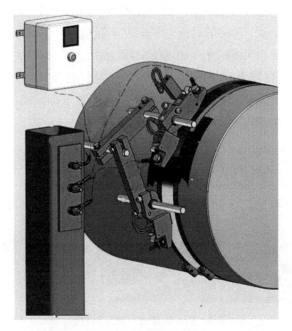

图 4-12　轴接地装置

轴接地装置的原理是把轴与船体相连接,这样轴和船体是等电位的,用船体来弥补轴上流失的电子,以此保护轴,轴就不会产生电化学腐蚀。船体则有牺牲阳极来保护。接地装置通常会用一条银合金的金属环来包裹在轴上,用碳刷和银环接触来释放掉电势差。

由于环保的要求,越来越多的船用水润滑尾管轴承。这样螺旋桨轴就直接与水相接触了,这种情况下要采取特殊的方法来保护螺旋桨轴。通常有以下几种方法。

(1) 包覆硫化橡胶。

首先在轴的非工作表面包裹一层硫化橡胶,在硫化橡胶的表层包一层厚度约为 1 mm 的镀锌钢板并以镀锌钢丝缠绕紧固,涂一层防腐漆。然后在镀锌钢板表面包一层帆布,涂以防腐漆并以镀锌钢丝紧固。最后在其表面上涂一层热态树脂并缠以麻布,用镀锌钢丝紧固,冷却后在表层涂 2~3 层树脂。在轴承位置的地方要用热套的方法安装铜质的轴套,硫化橡胶层与铜套的接触面要可靠地连接,防止海水漏入。

（2）包覆玻璃钢保护层。

玻璃钢的主要材料是环氧树脂和玻璃布的混合物，再配合增塑剂、稀释剂和硬化剂来调配。将它们按照一定的比例在器皿中调配均匀。进行玻璃钢包覆的尾轴如图4-13所示。包覆的时候空气湿度不能超过80%，如果是雨天，则需要把尾轴加热到40~50℃再进行。包覆的时候，先把调配均匀的黏合剂在轴表面涂抹均匀，然后再在轴表面缠绕玻璃布，包裹数层，轴要均匀转动，自然硬化后48小时再做表面光滑处理。使用此种方法包覆的轴承部位同样需要铜套，注意结合处的密封处理，防止海水漏入。

图4-13　尾轴进行玻璃钢包覆

（3）不锈钢轴。

有时候会采用耐海水腐蚀的不锈钢轴来防止海水腐蚀。但此轴价格昂贵，一般商船不会投入大成本做不锈钢轴。

（4）不锈钢镀层轴。

相比于昂贵的不锈钢轴，现在又发展出了不锈钢镀层的轴。在一般碳钢轴的表面用特种设备堆焊一层不锈钢材料（见图4-14），然后再在车床上光车到需要的厚度。此种方法既可以达到耐海水腐蚀的目的，又节省了不锈钢轴的费用，同时还不需要维护。

但要注意的是，不锈钢并不是在海水中不生锈，其耐海水腐蚀的原理是在轴的表面与海水中的氧气发生化学反应，而生成致密的氧化膜层，从而阻止海水进一步地深入发生氧化反应。当船舶长期停航时，轴系长期不运转，包围在螺旋桨轴周围的海水处于不流动状态，氧气消耗殆尽，轴表面不能形成致密的氧化膜层，海水会从不锈钢层的细微裂缝处流入而发生裂缝腐蚀。时间久了，轴的表面会产生一些不易觉察的麻点状的小坑，随着时间的推移就会形成大的坑洞，进而破坏轴的强度。一旦渗透不锈钢层而到碳钢层，腐蚀会迅速扩大，给船舶操作带

图 4-14　不锈钢堆焊

来大的损失。

图 4-15 为我国一艘科学考察船,采用水润滑尾管轴承,尾轴采用不锈钢镀层方式以防止腐蚀。但是该船一年的考察任务比较轻松,在港口停泊时间高达数月之久。出厂几年之后,在一次科学考察途中突然尾轴断裂,后上坞检查,发现轴表面有很多裂缝腐蚀的麻点小坑。

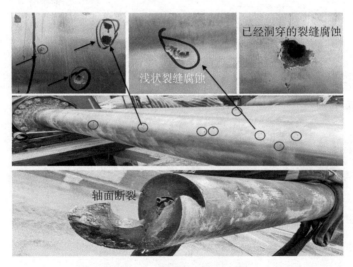

图 4-15　不锈钢镀层的腐蚀

随着裂缝腐蚀的加深,当不锈钢镀层被洞穿后,海水侵入锻钢层会变成电偶腐蚀,腐蚀会加快,当轴材料强度不足时,应力会沿着脆弱面撕裂整个轴形成断面。

　　所以不锈钢轴一定要定期使用,即使船舶停航,也要用海水泵不断地向尾管内泵水,以保持海水的流动性。正确的使用方法能让不锈钢镀层轴随船运转30年。

4.2.2　尾轴管

　　船舶尾部安装的尾轴管(见图 4 - 16)用于支撑螺旋桨轴并保证尾轴孔的密封性,既不让船外的水进入船内,也不让尾轴管内的润滑油外泄。尾轴管一般由尾管、尾轴承、密封装置和润滑冷却系统组成,是推进装置的重要组成部件之一(见图 4 - 17)。

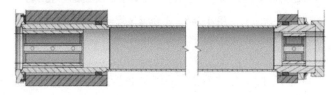

图 4 - 16　尾轴管

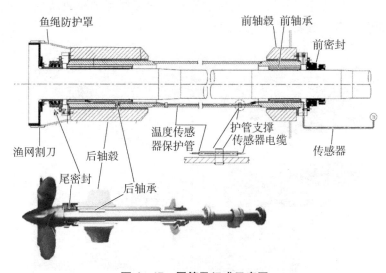

图 4 - 17　尾管及组成示意图

　　根据船舶的型式不同,尾轴管在船舶的位置也不同。一般商船会为了增加货舱的容积而尽量节省机舱空间,因此尾轴比较短,尾管也比较短,只有 3 m 左右(见图 4 - 18);有些船型,比如工程类船舶,可能拥有比较长的尾轴,因此尾管也会比较长,有 7 m 左右,有一部分尾管要裸露在船体之外(见图 4-19);有些船比如客滚船,整个轴系会长达 30 m,尾管也可能长达 20 m,需要三个轴承两段尾管连接(见图 4-20)。

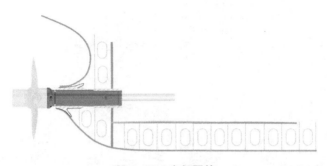

图 4-18　商船尾管

图 4-19　工程船尾管

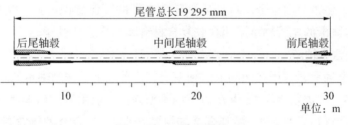

图 4-20　三轴承尾管

尾管两端要放置轴承,放置轴承的支撑被称为轴承座,连接两端轴承座的是一段空心的圆长管。

安装尾管的时候通常从船尾部向前安装,所以尾管前端是可拆卸法兰,后端是固定法兰,尾管与船体用环氧树脂的方式连接。有些货船的尾管在尾尖舱内,比较短。有些船比如工程船和客滚船,尾轴较长,尾管也比较长,有可能伸出船体外,因此在尾处要设有人字架来支撑尾管。

尾管安装的时候要从后往前推送,大体到位之后,用光照的方法进行校中,移动尾管,使其中心与轴系中心重合,然后浇铸环氧使尾管与船体紧密连接(见图4-21)。

图4-21 尾管安装

4.2.3 尾管轴承

尾管轴承用来支撑尾轴,工况非常恶劣。最早的船舶通常用铁犁木做轴承,虽然环保但经常损坏。后来船舶尾管采用工业润滑油进行润滑,采用油润滑的轴承材料大多数为白合金。再到后来随着人们的环保意识增强,尾管开始采用水润滑,水润滑的尾管轴承采用橡胶复合材料和高分子材料等。

1) 白合金轴承

白合金轴承通常用在油润滑的轴系上。这种轴承在铜制轴承的基础上发展而来,很多主推进功率在110 kW以下的小型内河船舶用铜质轴承,耐磨性较差。白合金轴承材料分两大类:锡基合金和铅基合金,锡基合金的锡含量在83%左右,铅基合金的锡含量在16%左右。锡基合金轴承性能优越,但铅基合金轴承价格低廉。白合金的化学成分如表4-2所示。

表4-2 白合金化学成分表

合金种类	化学成分/(%)				轴承负荷/(N/mm²)	
	锑	铜	锡	铅	静负荷	冲击负荷
锡基合金	10~12	5.5~5.5	其余		<9.8	<9.8
铅基合金	15~17	1.5~2.0	15~17	其余	<9.8	

白合金浇铸在铸钢、铸铁或球墨铸铁的轴承衬套上，经机械加工压入尾管中（见图 4-22）。如果衬套是铸铁或球墨铸铁材料，应先将衬套表面进行电化学阳极腐蚀处理（去石墨化），然后再浇铸白合金。

图 4-22　尾管白合金轴承

轴承衬套在轴线方向上开设有油槽与油孔，用以方便油的流动和渣滓的沉淀。尾轴承通常在长度上是两倍的直径，首轴承通常是一倍的轴径长度。

表 4-3 是轴承的安装间隙。

表 4-3　白合金尾轴承各部分尺寸(单位:mm)

螺旋桨轴直径 d	白合金厚度 t	间隙 c	油沟槽 b	油槽 h	油孔直径 D
100～200	2.5	0.4～0.5			
200～300	2.5	0.5～0.6			
300～400	3.0	0.6～0.7			
400～500	3.0	0.7～0.9			
500～600	4.0	0.8～1.0	$(0.05～0.07)d+20$	$(0.20～0.07)b$	$(0.6～0.8)b$
600～700	4.0	0.9～1.1			
700～800	4.0	1.0～1.3			
800～900	4.0	1.1～1.4			
900～1 000	4.0	1.2～1.5			

采用白合金的轴承就不必在轴上安装铜套。白合金质地较软，不会伤轴颈，耐热性好，抗压强度高，散热性好，不易发生摩擦生热烧轴的事故，适合于各类船舶。但是白合金对沙砾敏感，轴承中如果进入砂砾很容易破坏白合金，拉伤轴表面，因此对两端密封与油的清洁度有严格的要求。

2) 水润滑轴承

水润滑轴承所用的材料有铁犁木、桦木层压板、橡胶、高分子材料等。

铁犁木是早期海船中常用的一种水润滑尾轴承材料，它的木质坚硬，有韧性，组织紧密，含有丰富的树脂，耐海水腐蚀，其精汁与海水能形成乳状液体，具有良好的润滑作用。铁犁木与尾轴青铜套构成的摩擦副摩擦系数很小，具有良

图 4-23　铁犁木轴承

好的抗磨性,是理想的轴承材料。图 4-23 所示为铁犁木轴承。

铁犁木制成板条形状排列在轴承衬套内,在板条之间开有凹槽作为海水通道,方便海水流动,以此润滑和冷却。为防止铁犁木转动,在轴承两侧要镶装青铜止动条,厚度约为铁犁木厚度的 60%。铁犁木应用前要先用水浸泡 2~3 周使其膨胀,安装后轴向要留有一定的间隙以够轴承子在海水中膨胀。下水之前应保证其处于湿润状态,防止干裂收缩而松动。

使用铁犁木的时候,螺旋桨轴应安装铜套。铁犁木轴承不适合近海和内河航行的船舶,因为一旦尾管进入沙砾,铁犁木会磨损加速。

铁犁木属于天然生长的木材,生长速度缓慢,我国产量极少,以进口为主,价格昂贵,使用受到限制,桦树层压板是较好的替代材料。把 0.4~0.5 mm 厚度的桦树板浸泡在酚醛树脂中,在 16~20 MPa 压力和 145~160℃ 温度下胶合起来,层压板浸泡过树脂,在加压条件下压缩,具有耐磨耐腐蚀性能,能与青铜配成良好的摩擦副。如果尾轴用锡青铜作铜套,层压板的耐磨性能会更好些。制作板条的时候应注意纤维方向与轴径表面垂直。桦木层压板的许用比压为 0.3 MPa,许用线速度为 5 m/s。

在内河或泥沙较多的区域航行的船舶有时候会采用橡胶材料做轴承,通常有氰丁橡胶和氯丁橡胶,可以做成橡胶金属板条结构或整体结构。条式橡胶用于大型船舶,整体式橡胶用于小型船舶。

条式橡胶类似铁犁木和桦木层板,相邻板条有纵向水槽,两端有止动条。整体橡胶通过模具直接硫化于青铜衬套内,橡胶工作表面呈现凸型。

橡胶轴承弹性好,能吸收轴的回旋振动和冲击,工作平稳无噪声,能在含砂的海水中工作,耐磨,但其传热性差,工作温度不能超过 65℃,在 20℃ 以上会快速老化,在 -40℃ 会变脆,橡胶中的硫会腐蚀轴套,因此在停航的时候要经常转动轴。

近些年来,高分子复合材料非常普遍地应用在了船舶水润滑轴承上,承受比压可高达 30 MPa,使用寿命长达 10 年之久。图 4-24 所示为高分子水润滑轴承。由于其工作时变形小、易于加工、价格适中等显著优点,高分子轴承已经取代了大部分其他类型的水润滑轴承。

水润滑形式的尾轴通常要在与轴承接触的部位加上铜套,由铜套与轴承形成

图 4-24 高分子水润滑轴承

摩擦副。高分子材料对沙砾杂物比较敏感,一旦沙砾进入轴承很容易划伤轴承表面,造成过度磨损,扩大轴与轴承之间的间隙,让轴系振动加大,所以在半开式和封闭式水润滑尾管系统中要设置水处理装置,对水进行过滤处理,净化水质。

4.2.4 中间轴承

中间轴承主要用于支撑轴系,使中间轴有一个确定的横向和垂直方向的位置(见图 4-25)。中间轴承有滑动式和滚动式两种。滑动式中间轴承滑动表面通常是白合金。根据轴表面的线速度不同选择不同的润滑形式,圆盘式滑动轴承适应于线速度 3~10 m/s 的船舶,油环式则适用于线速度在 1.5~3 m/s 的船舶。尽管它们润滑方式不同,但结构基本相似。中间轴承各部分组成如图 4-26 所示。

图 4-25 中间轴承示意图

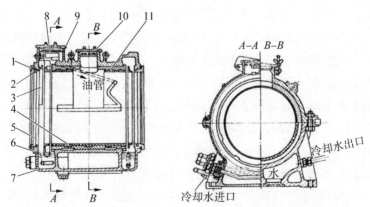

1—填料压盖;2—填料;3—填料座;4—下轴瓦;5—圆盘;6—蛇形冷却管;
7—轴承座;8—受油器;9—轴承盖;10—过滤器;11—上轴瓦。

图 4-26 中间轴承各部分组成示意图

对于转速小于 150 r/min 的滑动式中间轴承,其轴承间隙可参照表 4－4。

表 4－4　转速小于 150 r/min 轴承间隙(单位:mm)

轴径	新造船安装标准		修理更换标准	
	安装间隙	白合金厚度	极限间隙	极限厚度
<100	0.15~0.19	3.00	0.40	1.20
100~120	0.18~0.22	3.00	0.45	1.40
120~150	0.20~0.24	3.50	0.50	1.60
150~180	0.22~0.26	3.50	0.55	1.80
180~220	0.27~0.34	4.00	0.60	2.00
220~260	0.32~0.40	4.00	0.65	2.20
260~310	0.32~0.40	4.00	0.75	2.40
310~360	0.38~0.46	4.50	0.85	2.60
360~440	0.42~0.54	5.00	0.95	2.80
440~500	0.50~0.62	5.00	1.10	3.00
500~600	0.55~0.70	5.50	1.30	3.00
600~700	0.65~0.80	6.00	1.50	3.00

注:① 当转速在 150~350 r/min 时,间隙增加 0.04~0.06 mm;
　② 当转速在 350~750 r/min 时,间隙增加 0.06~0.1 mm。

如图 4－27 所示,滚动式中间轴承常采用铸铁或铸钢铸造而成,通常采用剖分式,内圈用螺钉紧贴在轴表面外圈与轴承座安装在一起。在内外圈之间是滚珠。图 4－28 为滚动式中间轴承组成示意图。滚动式中间轴承具有摩擦力小、传动效率高、滑油消耗少等优点;缺点是工作噪声大、寿命短,因此在选用滚动式中间轴承时,要求其工作寿命在 50 000 小时以上。

滚动式中间轴承目前广泛应用于高速轴系中。在主机到桨传动轴系上,轴的转速有时候高达 1800 r/min,使用滑动轴承会带来显著的润滑不足、振动发热问题,因此在高速轴上都会使用滚动式中间轴承。

船体变形对轴承的负荷会产生较大的影响。船壳由于受到水压、重力、风浪等影响会产生局部变形,刚性较差的地方,轴承变位较大,轴承附加负荷会显著增加;刚性大的地方,因轴承变位而产生的附加负荷会较小。附加负荷有时候会达到正常负荷的好几倍,会使轴承配合面发生剧烈磨损、发热,甚至咬死。为减

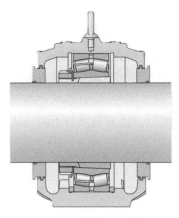

图 4-27　滚动式中间轴承

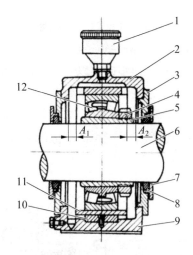

1—油环;2—轴承盖;3—端盖;4—螺母;5—锥形套;
6—中间轴;7—羊毛毡;8—密封盖;9—轴承座;10—滑键;11—导向环;12—滚柱轴承。

图 4-28　滚动式中间轴承组成示意图

少船体变形对轴承负荷的影响,中间轴承应尽量布置在靠近舱壁或肋骨这些刚性比较大的地方。

在安装中间轴承的时候,一般尽可能不把中间轴法兰布置在两个轴承中间,否则法兰会因自重而产生较大的挠度,导致在轴系校中调节法兰相对位置时产生困难,一般中间轴承距离法兰为 0.18~0.22 倍的中间轴长。

轴承间距受到轴承比压负荷与回旋振动的限制,间距过大,轴承负荷比较大,轴系回旋振动固有频率会降低,易产生共振。因挠度较大而造成轴承负荷不均匀,如果间距过小,轴承数目增加,有些轴承可能会吃不上负荷,甚至脱空或承受反向负荷,轴承表面建立不起油膜而出现烧蚀现象。此外,这还会导致共振频率提高,噪声大。轴承的数目与间距成反比,轴段的长短对轴的弯曲变形、柔性和应力有比较大的影响,理论和实践都证明,通过增加轴承数目来改善轴系运行性能的做法是错误的。

一般中间轴长度不应超过 9 m,否则会受到轴系校中和实船安装条件的限制。应尽可能每根中间轴都有一根轴承,各轴承间距相等,从等间距支撑回旋振动固有频率计算来说,推荐轴承间距的上限为

$$轴承间距 < 2\,938.7\sqrt{\dfrac{轴直径}{轴转速}}$$

德国劳氏船级社推荐轴承间距小于 $142\sqrt{轴直径}$，从实践经验来说，推荐轴承间距为 22～25 倍的轴径长度。

在轴系布置初步确认以后，要通过回旋振动计算来检查轴承间距是否合适。

推力轴承是轴系中的重要部件之一，它将螺旋桨所产生的轴向推力可靠地传给船体，其承载能力不应小于螺旋桨推力的 1.2 倍。同时，推力轴承还应具有良好的耐磨性和尽可能小的摩擦因数以减少传递损失。推力轴承分为滑动式和滚动式。图 4-29 为推力轴承组成示意图。

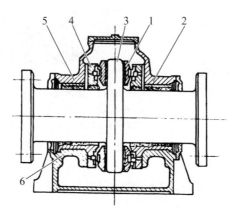

1—推力块；2—端支持轴承；3—推力轴上推力环；4—销子；5—轴承盖；6—轴承座。

图 4-29　推力轴承组成示意图

推力块与推力环接触面浇铸有轴承合金，运转时在推力块和推力环之间的摩擦表面形成一层油膜以减小摩擦阻力，延长轴承使用寿命。

4.2.5　尾轴密封

图 4-30　尾轴后密封

为防止外部海水进入船舱和尾管滑油内泄，尾管两端均设密封装置（见图 4-30）。以前船舶密封装置用填料函形式，这种密封已经被淘汰，现在绝大多数船舶用径向唇形密封。密封安装后要检查衬套的跳动量以及衬套到外壳的距离在各个方向上是否均匀，这关乎在日后的操作中能否确保密封不泄漏。同时在船舶下水前要测量轴承的下沉量。因为随着尾管尾轴承的磨损，密封衬套会跟随着下沉，导致上密封条与衬套的接触松弛而造成泄漏。

唇形密封(见图4-31)在轴向不是很敏感,当轴前后有运动的时候不会影响密封效果。但是它对轴系振动比较敏感,特别是回转振动比较大的时候,轴在径向上的位移比较大,密封条容易与衬套脱离从而有可能造成泄漏。另一种面型密封(见图4-32)可以满足对径向跳动量需求比较大的场所。

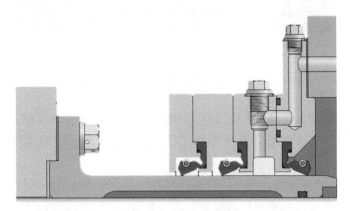

图4-31 唇形密封

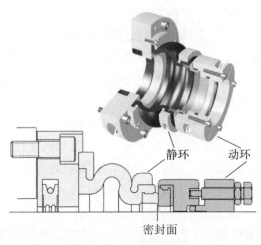

图4-32 面型密封

为降低润滑油泄漏对海洋环境的影响,美国环保署(V. S. Environmental Protection Agency, EPA)于2013年发布"国家污染排放消减船舶通用许可"(简称VGP2013)。其中第2.2.9条规定,所有进入美国水域(沿海3 km)高度超过79英尺(24.08 m)的商船在油水界面上必须使用环保润滑油(environmentally acceptable lubricants, EAL),除非技术不可行(见图4-33)。

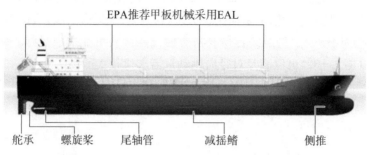

EPA推荐甲板机械采用EAL

舵承　螺旋桨　尾轴管　　　减摇鳍　　　　侧推

图4‑33　VGP2013对使用EAL油品的设备要求

显然,尾管如果要满足VGP2013的通用要求,必须使用环保油品,环保油品一旦泄漏,对海水环境不会构成污染,但价格昂贵,且油膜较薄,容易使尾轴承发热。

如果要使用环保油,则密封的材料要替换,一般矿物油的密封材料是丁腈橡胶(NBR),而环保油的密封材料是氟橡胶(FKM),它们的区别如下。

(1) NBR一般适用于−35～120℃的油和润滑脂。而FKM一般适用于−20～200℃。可见FKM比NBR更耐高温,适用于温度较高(通常也意味着允许的转速更高)的地方。但NBR的耐低温性能更好,FKM在温度低于−20℃时材料会变硬、性能表现变差,而标准的NBR在−35℃时依然工作良好(特殊的甚至可到−50℃)。环保油黏度较低,在轴承与轴之间不容易建立油膜,因此容易发热,所以环保油比较适合FKM。

(2) 耐受性表现不同。FKM具有广泛的耐化学性,使其成为油、燃料和无机酸等大多数应用的理想选择,另外还具有出色的抗氧化性、耐臭氧性、抗紫外线辐射性、耐候性和耐真菌性。尽管NBR也有类似的耐化学性,但它的普遍耐受性远不如FKM,并且易受到天气和臭氧暴露的影响。但NBR具有优异的耐磨性和抗撕裂性,因此更适合较重的工业应用。

替代环保油方案的另一个选项是使用空气密封。在尾密封内部,水密封条和油密封条的空腔通入一定压力的空气,这样油与外面的海水就没有直接接触,就不存在油水界面,满足环保要求。因此空气密封越来越多地装配在船舶尾管上。图4‑34是空气密封的简单示意图。

空气控制单元调节气压,一路气体对滑油柜加压,使润滑油进入尾管起到润滑作用。另一路气体进入后密封空气腔,隔开海水腔和滑油腔,形成不了油水界面。且由于空气压力大于海水压力,空气一直持续不断排放到海水中,润滑油就不会泄漏到海水中污染环境。

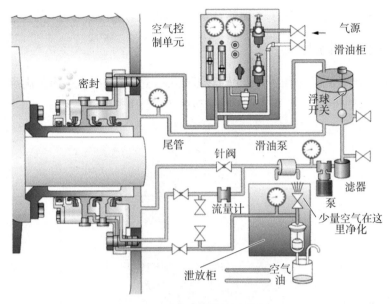

图 4-34　空气密封系统(类型一)

空气密封还有另一种技术路线如图 4-35 所示。空气控制单元的气压直接进入 2 号空气腔,隔开 1 号海水密封腔和 3 号滑油腔密封腔,气体压力比海水小,系统检测到海水压力的变化后会自动调节气压,海水压力较大就压紧密封条,滑油腔气压较小,不会逃逸到海水中,这样系统就消耗比较少的空气,能耗较小。

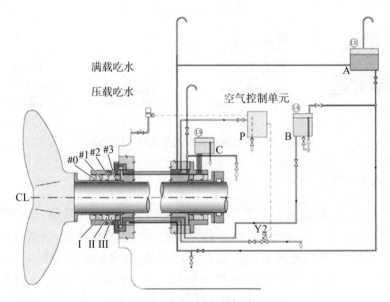

图 4-35　空气密封系统(类型二)

这两种空气密封代表了不同的技术路线,都能符合 VGP2013 的要求。

4.2.6　隔舱填料密封

在轴系比较长的船舶上,传动轴有可能要穿过不同的舱室,为了满足不同舱室隔开的需求,在轴上就要安装隔舱填料密封(见图 4 - 36)。

图 4 - 36　隔舱填料密封

隔舱填料密封一般是剖分式方便安装。正常运转时,密封件松松地与轴接触。当舱室进水时,靠水压对填料产生挤压力,使填料紧紧靠在舱壁上产生密封效果(见图 4 - 37)。

剖分式安装　　　　安装完毕　　　　正常工作　　　进水时起密封作用

图 4 - 37　隔舱填料密封的安装和工作状态

4.2.7　刹车装置

有些时候,需要在轴上安装刹车装置以使转动的轴停止转动,这样的装置叫轴刹车;有时候可能仅仅在轴静止的时候把轴锁住避免轴转动,这样的装置叫轴锁(见图 4 - 38);还有的时候需要能够盘动轴,使轴能低速转动,这样的装置叫轴盘车,起到类似于盘动主机的效果。这三样东西有时候又能合在一起使用。

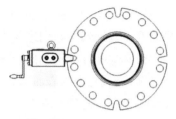

图4-38　轴　锁

　　轴锁是最简单的应用,只要在轴法兰上开几个槽口,盘动轴,使槽口与轴锁在同一位置,摇动轴锁卡进法兰槽口即可阻止轴系转动。轴锁一般用在轴系维护的时候,以防止轴无意转动。

　　而轴刹车功能更强大一些,在轴转动的时候就可以使轴停住。轴刹车需要一个刹车盘,刹车盘安装在轴上,刹车装置在液压驱动下抱紧刹车盘,摩擦力迫使轴的转动能量减小而逐渐停止转动。刹车装置注意要与原动机及轴转速做连锁,当原动机停止工作且轴转速低于某一定值的时候才能起抱紧动作,否则会因动能太大而损坏机械装置。轴锁与轴刹车的组合装置如图4-39所示。

图4-39　轴锁＋轴刹车

　　轴盘车机构工作原理同轴刹车差不多,也需要在轴上装一个类似刹车盘的带齿轮的盘片。盘轴机构要带电机,在轴静止的时候,电机通过机械连接齿轮盘低速转动从而驱动轴系运转,起到盘轴的目的。轴锁和刹车机构同样可以利用这个齿轮盘工作,它们可以组合在一起,这样的装置通常在电力驱动的轴上用得较多(见图4-40)。

图4-40　轴锁＋轴刹车＋盘轴机构

4.2.8　联轴器

　　船舶传动轴系如果比较长,会分为多个轴

段,轴与轴之间的连接,有时候是法兰形式的。如果法兰不方便,比如两段轴之间没有法兰,则需要用联轴器把它们连起来。如图4-41所示的联轴器,轴两端没有法兰,就需要滑套式联轴器把轴连起来。轴是圆柱式的,联轴器需要有锥形衬套,衬套内部是圆柱形,与轴的表面贴紧,衬套外部是锥形,在联轴器滑动时产生胀力抱住两段轴,使它们连接起来。

图4-41　滑套联轴器

有时候只有一段轴有法兰,另一段轴没有法兰,则需要一个带法兰的联轴器把它们连起来。如图4-42所示,衬套也是内部圆柱形,外部锥形。带法兰的联轴器在衬套上滑动,与锥形衬套形成胀紧力而抱住轴段,两端轴通过法兰相连。

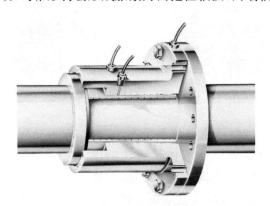

图4-42　法兰联轴器

上述两种联轴器都有用来连接圆柱形的轴,因此都要带锥形衬套。衬套的材料要求很高,不能有很高的硬度,因为太硬就不能把联轴器产生的压紧力传递给轴,衬套要保持一定的变形能力以便在外力的作用下抱紧轴。但衬套也不能太软,太软在外力挤压下容易永久变形,成为一次性用品,无法重复利用。由于对材料要求很高,这种联轴器价格昂贵。

另一种廉价的联轴器不需要衬套,而是把轴做成锥形,联轴器内部也是锥形,这样两个锥面相接触,在液压外力的迫使下,联轴器胀大,在轴上移动一定的位移,卸去液压压力,联轴器就紧紧地抱在了轴上。

图4-43所示为尾轴与中间轴的联轴器,因为是调距桨轴,所以尾轴不带法兰。

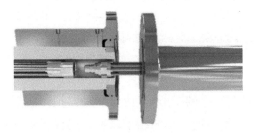

图4-43　无衬套法兰联轴器

某些船型需要高速轴的联轴器,比如从推进主机到齿轮箱的这一段轴是高速轴,从推进主机到舵桨的轴系也是高速轴,在某些轴段可能要用到特殊的联轴器,如图4-44所示的空心联轴器。

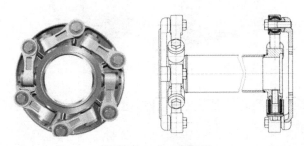

图4-44　空心联轴器

空心联轴器可以用在高速旋转的地方而不增加重量,因为轴系高速旋转会产生比较强烈的回旋振动,回旋振动的共振转速通常较高,如果用比较重的联轴器,可能使共振转速降低,落入轴系的运转范围,振动将会变得恶劣。但如果用空心联轴器,共振转速就会远远高于轴系的运转转速,避免了共振的产生。

4.2.9　轴功率仪

轴功率仪通常安装在轴上用来检测轴上的功率和推力。这为校准主机发出的功率和螺旋桨吸收的功率带来了方便,它还能用来监测船舶性能数据。

当轴旋转做功时,轴会产生一定的变形量。一定的变形量会产生一定的扭矩和推力,或者反过来,轴上的扭矩和推力会让轴产生一定的变形量(见图4-

45)，通过检测这个变形量就能算出轴上产生的扭矩和推力，功率则为扭矩与轴转速的简单乘积。

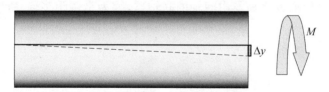

图4‑45　轴上的扭矩使轴产生变形

轴功率仪通过检测轴上的变形量，信号变送器把传感器的检测数据发送到计算芯片上进行运算，然后把算出的结果以一定的模拟形式或者数字通信形式送到船舶其他设备上。光学检测轴功率仪如图4‑46所示。

图4‑46　光学检测轴功率仪

轴功率仪根据检测的原理不同有三种类型，分别是光学检测、磁感应检测和应变电阻片检测。

光学检测轴功率仪如图4‑47所示，光源和光学检测仪器装在同一杆筒内，用两个转环固定住，一起安装于轴上，当轴因做功产生变形时，光学检测仪检测到这种变形，通过信号传送并计算，发送到船舶设备上。

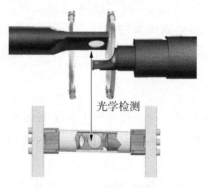

图4‑47　光学检测轴功率仪

在磁感应检测功率仪中,磁条沿轴的表面绑扎(见图 4 - 48)。当轴因做功产生变形时,轴内的磁矩会重新定向,导致磁通量围绕轴的圆周方向重新排列。磁场的强度与轴上的应力成线性比例,磁场的极性指示扭矩的方向。位于轴周围的磁场传感器根据该磁通量确定扭矩的大小和方向。该类系统往往相对便宜且易于设置。但是磁条如何与轴进行绑扎,以及磁场容易受外界干扰是很大的挑战。

图 4 - 48　磁感应检测轴功率仪

应变电阻片轴功率仪基于应变计的传感器,该传感器直接黏合到轴上的金属箔网格,变送器连接到量具(见图 4 - 49)。当轴因做功产生扭曲变形时,网格或元件被拉伸或压缩并改变电阻,从而改变变送器测量的电压。应变计非常精确,但在安装过程中需要非常小心,以确保应变计的粘附和环境保护。由于其准确性,应变片类通常被认为是推进轴扭矩测量的标准,应用也最广泛。

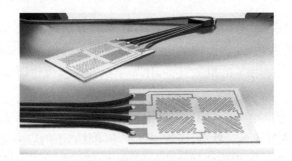

图 4 - 49　应变电阻片轴功率仪

在以上三种轴功率仪中,应变电阻片式应因所需要的空间小、检测精度高而被普遍应用,但把应变片安装在轴上需要一定的化学黏合剂,可能会遭到环境保护者的反对。光学检测式需要稍大一点的安装空间,因光源离轴有点距离而精度不如应变电阻片式高,轴振动较大就会导致失真。磁感应式因不能检测推力且容易受外界磁场干扰,应用越来越少。

第5章

轴系校中

5.1　轴系的作用及工作条件

船舶轴系是船舶动力装置中的重要组成部分。轴系把柴油机的曲轴动力矩传给螺旋桨,以克服螺旋桨在水中转动的阻力矩,再将螺旋桨产生的轴向推力传递给推力轴承,以克服船舶航行中的阻力,实现推动船舶航行的目的。

轴系承受扭矩和推力。航速低时,推力增加,扭矩产生扭应力,推力产生压应力,轴系和螺旋桨本身的重量及其他附件的作用使轴系产生弯曲应力,安装误差、船体变形、轴系扭转振动、横向振动、纵向振动及螺旋桨的不均匀水动力作用都会在轴系中产生附加应力,风浪天螺旋桨上下运动惯性力使尾轴产生额外的弯曲应力,周期变化增加危险性(频率趋于共振)。因此,轴系校中工作就显得尤其重要,好的校中能保证轴系长期在恶劣的条件下工作,保障船舶财产和人员的生命安全。

所谓轴系校中,就是按照校中计算的要求和方法,桨轴系装成某种状态。处于这种状态的轴系,各轴段内的应力和各轴承上的负荷均应处在允许范围内,保证轴系及与之相连的机械设备,比如主机曲轴或齿轮箱等能持续正常地运转。

做轴系校中的时候,应使螺旋桨处于完全浸没状态,船舶各重要设备均已安装完毕,船舶吃水处于设计状态,因为船体在不同状态下的应力变化对轴系有相当大的影响。有些船舶因为船体结构的原因,为使螺旋桨在运转的时候达到完全浸没状态,轴线在纵剖面有一个倾斜角度,该角度通常不超过5°。轴线布置要在船舶的中纵剖面上。有些船舶配备有双螺旋桨轴系,双轴系应对称布置于船舶的中纵剖面上,双轴系布置在水平方向上的倾斜角度不应超过3°。

中间轴承是用来支承中间轴并给予径向定位的,中间轴承的位置数量和间距对轴系的可靠性有很大影响,我们在前面的章节中已经有所描述。当某个轴承升高或降低时,会引起该轴承及其他轴承的负荷和该轴承中心处的弯矩变化,这称为轴承影响系数。轴承影响系数小,说明该轴承对其他轴承影响较小,轴系布置就比较合理。当轴承影响系数大的时候,该轴承对其他轴承的影响较大,轴系布置就相对不合理。

船体变形,若轴承位于刚性较差位置,负荷附加较大,发热磨损咬死的可能性就较大。轴承位置间距太小,轴承数目较多,对轴牵制作用大,轴系刚性较大,附加负荷就会变大。轴承位很小的变化也会引起轴承负荷很大的变化,轴承影响系数较大,不利于轴系校中和运转。

轴承位置间距大,轴承数目较小,挠度会变大。挠度大有利于轴系校中,而轴承上产生的附加负荷与轴承跨距成反比,即轴承跨距越大,轴系校中越会放宽轴系安装误差,轴系运转时即使有较大的弯曲也不会发生事故。但如果跨距太大,会产生回转和横向振动,振动固有频率会随着轴承间距增大而降低,容易在工作转速范围内出现临界转速。

因此轴承的跨距过小和过大都是不合适的。轴承间距和轴径的关系有如下经验公式:

$$395.3\sqrt{D} \leqslant L \leqslant 632.4\sqrt{D}$$

或者

$$D = \begin{cases} 400 \sim 650\,\text{mm}, & L/D \geqslant 12 \\ 230 \sim 400\,\text{mm}, & L/D \approx 14 \sim 25 \\ 80 \sim 230\,\text{mm}, & L/D \approx 16 \sim 40 \end{cases}$$

式中:L 为轴承间距,D 为轴径。

布置轴承位置的时候,尽量不要使法兰处于两轴承中间,轴承位置一般设在 $0.18 \sim 0.22$ 倍的轴长处,即靠近法兰处,这样中间轴因自重产生弹性变形对两法兰的偏移影响最小。中间轴承的中心线应为理论轴系中心线,但考虑到螺旋桨重量和轴法兰重量等影响,轴线常采用曲线安装法,轴承的高低位置要根据计算结果来确定。

轴系校中的实质就是准确地确定船轴及轴承位置,船舶轴系能否可靠地运转不仅取决于轴系的结构设计,更取决于轴系安装质量。各轴段内的应力和各轴承上的负荷在合理范围内,所以校中就是按照一定的方法把轴系安装成一定的状态,此状态下的轴系其各轴段内的应力和所有轴承上的负荷都在允许范围内,或具有合理数值。

5.2 轴系校中方法

校中的方法有三种:平轴法、轴承允许负荷法和合理负荷法。

轴系校中的意义在于使轴内应力和轴承负荷在合理范围内,同时使尾管后轴承磨损减小到最低。而质量较差的校中会使尾后轴承磨损较快,引起轴承间隙迅速增大,以至于引起尾轴强烈振动,整个轴系的横向和纵向振动加大,船舶的振动加大。在极端条件下,这会引起密封漏、中间轴承间隙和负荷变化超差等。

5.2.1 平轴法

平轴法是按直线性原理校中轴系的一种方法,极力将船舶轴系安装成一条直线,调节中间轴承的高低及左右位置,使各法兰的偏移值和曲折值为零或接近于零。

在校中时需要将中间轴放置于两个支撑上。如果没有中间轴承,就需要两个临时支撑;如果只有一个中间轴承,则需要用一个临时支撑;如果有两个中间轴承,则无需临时支撑。中间轴承需设调位螺钉或其他调位工具,以便调节轴承位置。临时支撑与法兰面距离应为中间轴长的 0.18~0.22 倍,通常是从尾部向首部依次调节各法兰面的曲折值和偏移值,如图 5-1 所示。

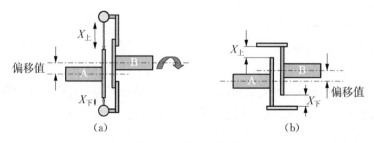

图 5-1 偏移值测量

(a)打表法;(b)直尺法

偏移值是两个相邻轴的中心线的偏离距离,根据测量的方法不同,计算结果也不相同,如果用打表的方法,偏移值为

$$S = \frac{X_{上} - X_{下}}{2}$$

如果用直尺直接测量法,偏移值为

$$S = \frac{X_上 + X_下}{2}$$

曲折值是表征两法兰在空间角度上的偏离物理量,用平轴法校中尽量使曲折值为零,如图 5-2 所示。

曲折值计算公式为

$$G = \frac{Y_上 - Y_下}{D}$$

式中:D 为法兰直径。

校中时尽量使偏移值和曲折值为零。由于轴系在加工制造、安装及测量中均有误差,无法使轴系的中心

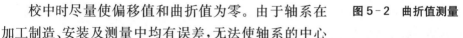

图 5-2　曲折值测量

线为一直线,在轴的实际运转中,轴系的中心线是一条折线式曲线,实践证明这种情况下轴系是能保持正常工作的。因此在轴系的实际校中时,按设计计算或有关船舶标准规范允许轴的法兰有一定的曲折偏移。不同轴径有不同的标准,通常偏移值不得大于 0.1 mm,曲折值不得超过 0.15 mm/m。有关标准可见船舶行业标准 CB/T3420—92。只要总的曲折值和偏移值在标准范围内均可接受。

图 5-3　尾轴承磨损

由于轴系的加工存在误差,安装和测量中也存在误差,再加上船体在不同工况下的变形和轴自身重量引起的下垂,轴系在运转过程中实际上不在一条直线状态,轴承上分配的负荷是极不均匀的。轴系末端的螺旋桨使尾轴在尾管中呈现弯曲状态,不均匀的尾部流场使螺旋桨负荷变化很大,因此尾管后轴承与轴系接触不均匀,后轴承局部接触造成轴承边缘迅速磨损,轴系振动加大,后尾管密封泄漏的风险也加大(见图 5-3)。

主机通过齿轮箱连接的轴系,不均匀的负荷会使大齿轮轴轴心线偏斜,致使大小齿轮啮合不良,齿面磨损,产生齿击,影响齿轮箱正常工作。

平轴法校中不是一种科学合理的方法。理论和实践均证明,将轴系安装成直线,尤其是在短轴系的推进装置轴线布置上,会造成轴系负荷不合理分配,此方法一般用于内河运行的小型船舶。

5.2.2 轴承允许负荷校中法

由于轴系内各轴段中心线不在一条直线上,法兰连接就会出现偏移和曲折,而偏移和曲折在轴系上必然引起附加的拉力和弯矩,继而在各轴承上产生附加作用力,即各轴承的附加负荷。我们可以通过计算额外引起的附加负荷来确定轴系法兰的偏移值和曲折值,使附加负荷在允许范围内。

1) 计算法

计算法是用数学方法将轴承上的允许负荷换算成相应法兰上的允许偏移值和曲折值范围。只要法兰上的偏移值和曲折值在允许范围之内,轴承实际负荷也就在允许范围内了。

对于不同结构尺寸的轴系,其允许的偏移值和曲折值也不同,对于中间轴安装在两个轴承上,其计算公式如下:

$$\mid G \mid + \frac{2\,000}{3l} \mid S \mid \leqslant \frac{2}{3}K$$

中间轴安装在一个轴承上的计算公式如下:

$$\mid G \mid + \frac{2\,000}{3l} \mid S \mid \leqslant \frac{1}{3}K$$

式中:G 为曲折值,单位为 mm/m;S 为偏移值,单位为 mm;l 为轴系中跨距最小的 3 个相邻轴承中的平均间距,单位为 mm,如图 5-4 所示,$l = L_{min}/3$;K 为轴系的挠性系数。

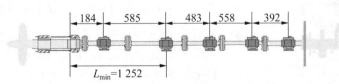

图 5-4 某船轴系排列

$$K = \frac{3.74l^3}{10^5 D^2}$$

式中:D 为中间轴的外径。

K 值越大,表明轴系的挠性越好,校中时允许的曲折值和偏移值范围就越大。轴系设计时减小轴径或增加轴承间距可能提高 K 值。

在上述公式中,当 $S = 0$ 时,G 为最大值;当 $G = 0$ 时,S 为最大值。在得到

G 值和 S 值后，做出曲折值和偏移值的坐标三角形，校中时，逐对调节各中间轴法兰上的曲折值、偏移值，使其落在如图 5-5 所示 S-G-O 所围的三角形坐标中。

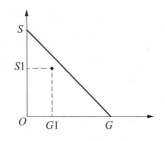

图 5-5　曲折偏移三角形

上述计算法不适用中间轴与主机曲轴的或中间轴与齿轮箱的连接法兰，因为较大的曲折和偏移将使曲轴或大齿轮轴上产生较大的附加力矩，有可能会造成曲轴臂距差增加或影响齿轮箱的齿轮啮合。

此计算方法的出发点是保证校中时各轴承上的负荷不超过允许范围。其缺点是偏移值及曲折值的计算是很近似和不严格的，全轴系每对法兰的偏移值和曲折值允许范围都一样，对尾管轴承、主机曲轴轴承和齿轮箱轴承负荷无法控制，故其仅适用于长轴系，不宜用于短轴系，长轴系韧性好，中间轴的偏中对尾管后轴承及主机轴承影响较小。

2) 测力计法

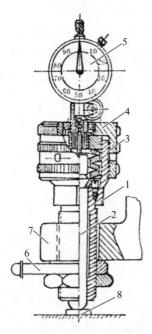

1—壳体；2—顶杆；3—碟状弹簧组；4—盖；5—千分表；6—测力计扳手；7—中间轴承支脚；8—顶杆垫片。

图 5-6　测力计

此方法又称为实际负荷校中法，利用测力计测量和调节各中间轴承的实际负荷使之在允许范围内。图 5-6 为测力计示意图。

轴系螺栓全部连接起来后，在中间轴承对角的两只螺孔中装上两只测力计，另外两对角孔装上两只顶压螺栓。同时调整各中间轴承的位置，使每个中间轴承左右两只测力计所承受的负荷相等。

此时轴承的负荷为两只测力计的值相加再减去轴承自身的重量。此值应大于 0.5 倍的轴承平均负荷，小于 1.5 倍的轴承平均负荷。可以用轴的重量和轴承数目求得轴承的平均负荷。

尾管轴承不能用测力计求得，可以用相关公式近似求得，它们又与中间轴承的实际负荷有关，这里不再介绍。

使用测力计时应注意船体的纵倾和横倾不应过大，横倾应限制在 1° 以内。船上的一切振动作业应停止。测力时应防止轴系各中间轴承全部脱空。

现在船厂多用液压千斤顶的顶举来测得中间轴承的负荷，此方法在下文有相关描述。

测力法是之前生产中使用的方法之一，优点是能确保轴系各中间轴承上的实际负荷都处在允许范围内，长轴系采用此方法校中能获得较好的校中质量，缺点是不能测尾管轴承负荷、主机曲轴和齿轮箱内负荷，因此本方法已经较少使用。

5.2.3 合理负荷法

合理负荷法就是把全轴系轴承安装于合理位置、法兰处于合理偏中值、全轴段轴线处于折线状态，使全轴系轴承具有合理的负荷分配的一种校中方法。

合理负荷法是 20 世纪 70 年代在造船生产中发展并开始应用的一项技术。根据船舶轴系的实际结构，按照规定的约束条件、轴承负荷、应力和转角等允许的范围，考虑热态时轴承负荷允许的范围，齿轮箱的热鼓胀量等因素，从而计算出各轴承的合理位置，找出各连接法兰处的偏中值，以此来把轴系安装成规定的曲线状态，使各轴承负荷要求分配合理，支承截面上的弯矩和转角在允许范围内。

船舶轴系的尾端安装着重且大的螺旋桨，对轴的影响不能忽略不计。螺旋桨轴由于规范的要求，各轴段内的轴径不同，加上螺旋桨的重量影响，在运行时会使尾轴承的负荷大大增加，水动力的影响以及尾流场的不均匀会使船舶轴系产生扭转应力、压应力和拉伸应力，此时轴系会对轴承施加额外的附加负荷（见图 5-7）。

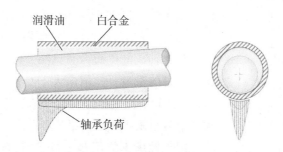

图 5-7 螺旋桨尾轴承负荷

此时直线法或轴承允许负荷法会变得不合适，因为这两种方法没有考虑螺旋桨的影响和轴承的附加负荷，这两种方法的原理是有缺陷的，校中质量一定不高。

合理法校中计算时，把轴系视为在多个刚性铰链支座上的连续梁，采用求解平面杆系的工程力学的理论求出各支座上的反力和指定截面上的弯矩、剪力、挠度和转角等参数，从而计算确定各轴承的合理位移和负荷，使轴系安装成规定的曲线状态。

这里假设轴承是刚性的,因此对轴承基座的刚度是有要求的。在实践中,船厂容易忽视这一刚性要求,而轴承座在设计的时候容易偏软,致使轴系产生振动。一般来说,尾管轴承处的船体基座刚度应达到 2.0×10^9 N/m,中间轴承的硬度应达到 1.0×10^9 N/m。

1) 建模

校中计算的第一步要根据轴系布置图建立物理模型。轴系的结构要素主要有轴自重、外载荷、轴系上的载荷、支反力和齿轮箱的输出轴等。为了建立轴系校中计算的物理模型,对计算中涉及的轴系结构要素的着力点进行如下处理:

(1) 将轴的自重作为均布载荷;

(2) 将螺旋桨、法兰、大齿轮等作为集中载荷;

(3) 不同直径的轴段作为不等截面的梁段;

(4) 中间轴承上的支点位置在轴承的有效长度的中点;

(5) 尾管后轴承支点位置在后端 0.14～0.33 倍轴承长度位置处;

(6) 如果中间轴只有一个轴承,则还需要设置一个临时支撑;

(7) 在计算过程中还要考虑轴承的附加负荷,当轴系安装成曲线状态后,由于偏移值和曲折值的存在,必然会在法兰上存在拉力 T 和弯矩 M,在各轴承上产生额外的附加负荷,如图 5-8 所示。

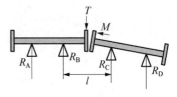

图 5-8　轴承附加负荷

轴承负荷 R 计算公式如下:

$$R = \frac{2EI}{5l^3}(3lG + 20S)$$

式中: E 为轴材料的弹性模量; I 为轴的截面惯性矩; l 为轴承间距; G 为曲折值; S 为偏移值。

图 5-9 为某远洋货船轴系布置图。该船轴系总长约 6 390 mm,螺旋桨直径 3 000 mm,含一根尾轴,没有中间轴,由于轴系较短,可知刚性非常强,轴承位移对负荷影响非常大。

根据轴系布置,建立轴系校中的轴系模型(见图 5-10)。由于本船带有齿轮箱,轴系的力传递到齿轮箱就结束了,不需要对主机的曲轴建立模型。主机的校中根据弹性联轴器的要求安装即可。

齿轮箱也要根据要求建立模型。本船减速齿轮箱由主机驱动,经由小齿轮

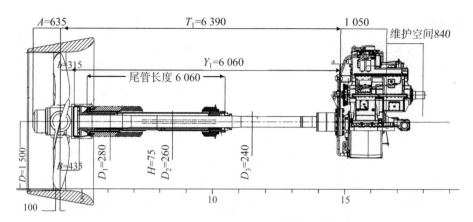

图 5 - 9　某货船轴系布置图

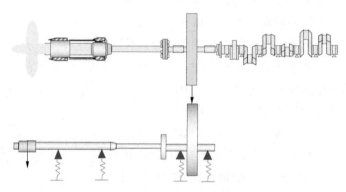

图 5 - 10　轴系校中计算建模

啮合大齿轮,大齿轮再与轴系相连接。如图 5 - 11 所示,F_r 为大齿轮受到的径向力,F_t 为大齿轮受到的周向力,F_a 为大齿轮受到的轴向力。

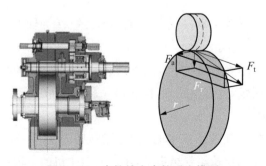

图 5 - 11　齿轮箱大齿轮受力模型

用三弯矩计算方法,建立校中计算的基本计算式,求解校中计算所要求的参

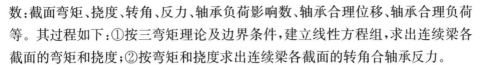

数:截面弯矩、挠度、转角、反力、轴承负荷影响数、轴承合理位移、轴承合理负荷等。其过程如下:①按三弯矩理论及边界条件,建立线性方程组,求出连续梁各截面的弯矩和挠度;②按弯矩和挠度求出连续梁各截面的转角合轴承反力。

2) 计算轴承负荷及影响系数

确定轴承合理位移及轴承合理负荷,轴承负荷是轴承位移的函数:

$$R_i = R_{oi} + \sum_{j=1}^{n} A_{ij} Y_j$$

式中:R_i 为第 i 个轴承的负荷;R_{oi} 为第 i 个轴承无中线位移时的负荷;A_{ij} 为轴承负荷影响系数;Y_j 为第 j 个轴承相对轴系中线的位移;n 为轴承数量。

轴承位移可由如下两种方法确定:

(1) 用试凑法确定轴承合理位移。

所谓试凑法就是给出一组轴承位移后,可求出一组相应的轴承负荷。将这组轴承负荷与限制条件相比,如果全部在允许值内,负荷分配又比较合理,则认为这组轴承位移比较合理,否则再求出另一组轴承负荷,直到试凑合理为止。此方法适合较少的短轴系。

(2) 用优化法确定轴承合理位移。

此方法是给出目标函数,根据约束条件求最优解。比如把尾管后轴承作为目标函数,求出最小值,约束条件是各轴承的负荷限制与轴的应力限制、相邻轴承位移差,以及所需要的油膜厚度等。

求出各轴承位移后,换算出轴系上各法兰连接允许的偏移和曲折值,换算时应计入轴系法兰未连接时的法兰因自重和外载荷引起的下垂量。

随着计算机的应用普及,很多轴系的相关分析计算是通过计算机软件建模分析出来的。软件计算的第一步需要建立轴系模型,把轴系要素(包括螺旋桨的信息等)建立模型,将这些信息要素(螺旋桨的质量、附水惯量、水密度、油密度、轴承刚度、轴承有效长度及受力点等)输入计算机软件,图 5-12 为软件所建立的模型图。

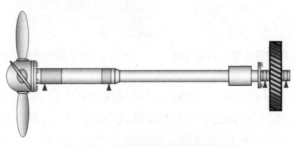

图 5-12 计算机校中软件模型图

计算机软件分析轴系,其过程离不开上述的步骤,总结轴系校中分析过程如图 5-13 所示。

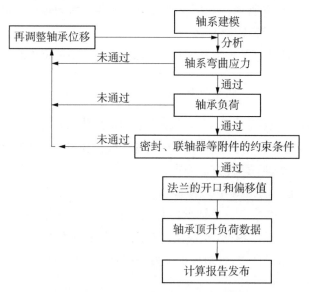

图 5-13　轴系校中计算分析流程

通过计算可以分析轴系的轴线状态,特别是螺旋桨很重,很可能给尾管后轴承造成过大的负荷而无法建立足够的油膜厚度,这就需要把尾管轴承做成有斜坡的形状以建立足够的润滑。图 5-14 为某轮尾轴承经计算需要的斜坡角度。

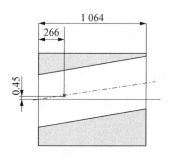

图 5-14　尾轴承需要的斜坡角度

图 5-15　损坏的尾轴承

尾轴承工作条件相当恶劣,尾轴运转时呈现倾斜状态,实践中如果轴承不能建立足够的润滑油膜,则轴会和轴承直接接触发生刮擦,轴很快就会因磨损而损坏(见图 5-15)。为使尾轴承能良好地适应尾轴的工作状态,应根据计算决定其是否需要加工成有倾斜角的斜坡状态,同时也要计算油膜的厚度以保证有足够的润滑。

3) 法兰曲折偏移值

至此,可以根据法兰上的偏中值把轴系安装成一定的曲线状态。图 5-16 为某远洋货轮的轴系状态图。

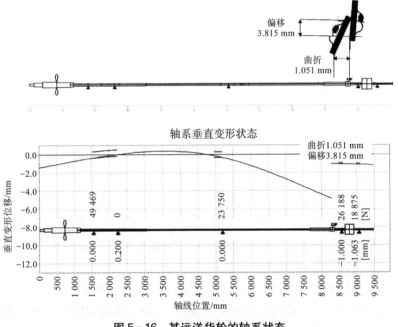

图 5-16　某远洋货轮的轴系状态

船舶轴系校中计算的时候以航行状态为计算标准,即螺旋桨全部浸没,船舶在设计吃水状态,机舱内所有重型机械设备都安装到位。所以船舶建造在轴系实践校中的时候也要满足这个状态(见图 5-17)。

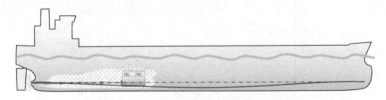

图 5-17　船舶设计吃水下船体变形状态

比如船舶在轻载状态下,由于货舱是空的,船舶中部就是上拱的,如果装满货,船体中部又是下沉的。在船舶建造时,船舶货舱是空的,那么船舶中部会拱上去,长轴系主机比较靠近货舱,那么主机连同轴系都是上拱的。在此时校中轴系,在装满货时轴系肯定会变形,并不能反映出轴系的真实状态。所以轴系校中一定要想办法把船舶调整到尽量与平时航行工况接近的状态。

安装时要从船尾开始。由于尾管轴承在实践中没办法调整,默认的尾管轴承的位移量为0,船舶下水后无须调整尾轴,所以要从后部的中间轴开始调整。依次调节每对法兰前面的中间轴承,必要时也可调节临时支撑。临时支撑一般是不调节的,因为它在最后要被去掉,对轴系的运行没有影响。依次调节每对法兰上的曲折值和偏移值,达到校中计算所需要的值。在实践生产活动中不可能每个偏中值都能精确地达到软件计算所得到的值,因此结果一定会存在误差,给出误差值有利于船厂的实际生产。

如果每对法兰都有误差,那么这些误差累积起来有可能会超过计算要求的结果,为了消除误差带来的影响,我们需要对校中进行第二阶段的调整。

所谓第二阶段的调整,就是在第一段的曲折值和偏移值调整结束后,把轴系的各法兰用螺栓锁紧,拆除中间轴上的临时支撑。如果齿轮箱输出法兰后端有临时支撑,则保留此临时支撑。此时再调整齿轮箱位置,再次调节齿轮箱输出法兰上的曲折值和偏移值,达到第二阶段的偏中值,则偏中值调整结束。第二阶段主要是用来消减第一阶段累积的误差影响。有两个阶段的调整更有利于轴系的运行,更接近轴系实际合理的曲线状态。

需要注意的是,在调整曲折值和偏移值的时候,务必使其落在误差范围区间内,即当曲折值有最大误差时,偏移值不允许有误差;当偏移值有最大误差时,曲折值不允许有误差。并不是两者都可以允许有最大误差。如图 5-18 所示,曲

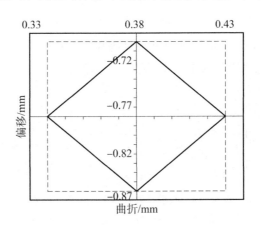

图 5-18　曲折值和偏移值的误差范围

折值和偏移值一定要落在区间内。

调整完各法兰的曲折值和偏移值,检验数据符合标准后,可以把所有法兰的螺栓锁紧。齿轮箱的地脚螺栓和调节螺栓同时要预紧,保证齿轮箱不再有位移。中间轴承的地脚螺栓同样也要预紧。轴承上盖装好。此时可以做顶举试验来验证各轴承负荷。

4) 负荷顶举

顶举试验用来求出实际的轴承负荷,和计算的负荷做比较,使实际的负荷接近理论负荷。

首先要在待测轴承附近的中间轴下安放一台液压千斤顶,千斤顶的位置与轴承的距离一定要按软件计算的位置来安放,这与负荷计算的校正系数有关。顶举所求得的负荷并不是轴承所在位置的负荷,这就需要千斤顶的负荷乘以一个校正系数来求得轴承位置处的负荷。这个系数与千斤顶所安放的位置有关,所以一定要按规定的距离来安放千斤顶。如图 5-19 所示,根据计算要求,记录轴顶升距离的百分表应放置在轴承左边,但是表却被放置在了右边,这就是一个容易忽视的错误。

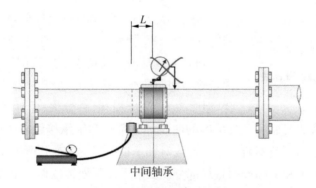

图 5-19　百分表错位放置

百分表一定要放在千斤顶的正上方,这样才能正确测量顶举的高度。千斤顶的下方一定要硬实,切不可软。很多时候,测量结果正是受到上述安装因素影响,偏中值在区间范围内,但顶举试验做了多次就是过不了关,原因就是千斤顶安放不正确。

测量前用千斤顶把轴慢慢顶起,然后放下,使轴与轴承脱离,检查状态,然后再正式测量。

放置千斤顶的位置一定要有足够的硬度。如图 5-20 所示,图(a)的底座明显偏软,千斤顶在顶升时底座下陷。对于顶升要求,轴的上升需要触及轴承的上盖,虽然理论上基座的软硬不会影响轴的抬升,高度与千斤顶的负荷相关,但基座的软硬会影响千斤顶的行程,千斤顶的行程总是有限的,且会造成内部摩擦、油压不稳,在曲线图上会偏向于线条不流畅。总的来说,在顶升时千斤顶的基座要硬一点比较好。

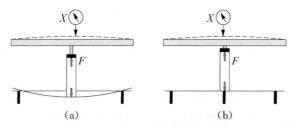

图 5‐20 液压千斤顶底座太软的影响

(a)底座太软;(b)底座合适

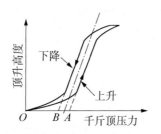

图 5‐21 理想顶升曲线

根据轴承的间隙,把轴慢慢顶起,直到轴与轴承脱离,记录千斤顶的负荷大小和百分表的升高量。再把千斤顶卸载,将其慢慢落下直到完全落座在轴承上,记录百分表和千斤顶的对应数值,依此绘制顶举曲线如图 5‐21 所示。

顶升曲线是轴位移量与千斤顶负荷的关系曲线,像是磁滞回归曲线。理论上,上升段和下降段应该重合,但摩擦力、油压损耗、百分表、千斤顶和轴的内阻功耗等使下降曲线滞后。关系图的曲线部分是轴和轴承接触点不断变化,千斤顶与轴承支点的距离不断变化和造成对轴承负荷影响的变化所显示出来的非线性关系。上升段和下降段的直线部分反映了千斤顶处轴位移与千斤顶负荷的线性关系,是轴和轴承脱离后的上升和下降过程,与轴承支点无关,对轴承负荷无影响。延长直线段与横坐标的交点 A 和 B,即在轴位移为零时的轴承负荷,因上升下降线不重合,故千斤顶处的负荷为 A 和 B 的平均值。而轴承的实际负荷为 $Corr \dfrac{A+B}{2}$。式中,$Corr$ 为校正系数,可计算求得。

如图 5‐22 所示,F_j 就是 A 点与 B 点的平均值。当按照标准顶举方法求出顶举处的负荷 F_j 时,其实 F_j 不是轴承处的负荷 F_3,还要乘以一个校正系数才能真正求得轴承的负荷。

大部分时候,特别是对于轴承多的轴系,我们会发现顶升曲线并不是很规则的理想曲线,会有很多段折线,如图 5‐23 顶升曲线所示。现分析如下。

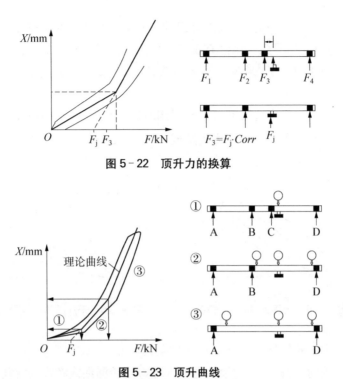

图 5‑22　顶升力的换算

图 5‑23　顶升曲线

第一阶段,千斤顶在轴承 C 处,慢慢抬升,轴系受到 A、B、C、D 的支撑,轴脱离轴承 C 的过程就如曲线①所示。

第二阶段,这时千斤顶已经把轴顶升一段高度,轴已经脱离轴承 C,轴与轴承 C 没有接触,轴受到轴承 A、B、C 与千斤顶的力。此时的受力曲线是一条力与距离成正比的直线。这个直线就反映了轴承 C 的受力情况。

第三阶段,轴承 C 的行程还没有走完,没有触及轴承上盖,但轴承 B 已经开始减少受力,所以又出现了一个拐点,此时轴受到 A、D 与千斤顶的支撑。

从以上分析可知,当轴与某个轴承开始脱离的时候,会出现一个拐点。至于取哪一个拐点进行分析,要看顶的是哪个轴承。

顶举的记录过程是以负荷为基准记录顶升量,还是以顶升量为基准记录负荷值,在理论上是一样的,但实践中千斤顶的负荷比较容易控制而顶升量不容易控制,这会导致两种方法所绘制的曲线图不太一样,以负荷为基准的记录方法更容易得到标准的顶升曲线图,所以优先推荐以负荷为基准的记录顶升量的方法。

大部分时候,船厂的曲折值和偏移值做得很好,但顶举试验做好多次就是通过不了。有时候是因为千斤顶的位置不对,有时候是因为油压不稳,船厂要会根据顶举曲线来分析问题所在。下面是一些顶升过程中常碰到的问题。

如图 5-24 所示,顶升曲线没有出现拐点,轴和轴承还没有脱离,它们的平行中线和零点相交,导致轴承没有负荷。原因是顶升量程太短,常出现在齿轮箱端的轴承顶升上,因为齿轮箱的轴承间隙较小,试验人员不敢顶升太多距离,怕损坏轴承。

图 5-25 的顶升曲线看似可以找到两段平行中线,但是中部曲线比较肥大,这是由于千斤顶内部摩擦阻力太大造成的,建议更换量程合适的千斤顶,如有条件,更换新的千斤顶。

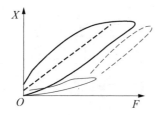 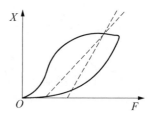

图 5-24 无拐点,轴承无负荷   图 5-25 千斤顶内部摩擦过大

从图 5-26 的顶升曲线可以发现数个锯齿状的凸起,这是由于千斤顶内部油压不稳造成的,要检查千斤顶泵的吸入端口是否漏油或者吸入空气,检查输出端口是否有脉动,或者是哪里松动了。高油压的时候,某些滑件不稳定会造成脉动冲击。

从图 5-27 的顶升曲线可以发现有数段的拐点曲线,正如前面所分析的,这是由于附近相邻的几个轴承脱空没有负荷,或者负荷很低,稍微顶举就造成了附近轴承和轴分离,所以才出现有几个不同的拐点。

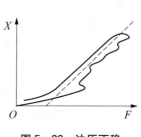 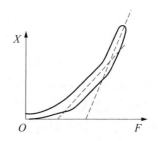

图 5-26 油压不稳   图 5-27 拐点多,轴承脱空

图 5-28 没有拐点出现,并且在行程上几乎不动,压力却几乎成直线上升,这是因为在顶举之初,轴就已经和轴承上轴瓦接触了,导致压力上升而行程不动。很有可能轴承位置放得太高了,要检查轴承的位置。

图 5-29 是标准的轴承顶升图,上升曲线有拐点,下降曲线有拐点,中间有标准的平行线段。但这种情况在生产实践中较少碰见,很多轴承顶升一波三折,图形不太规则。想要得到这种标准图形,需要做好前期准备工作并选择适当的工具。

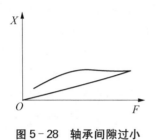

图 5-28　轴承间隙过小　　　　　　　　图 5-29　标准顶升图形

轴系校中前要对轴系进行预安装。

船舶轴系的安装是船舶动力装置安装工作的重要组成部分。在轴系进行校中之前要先把各轴段放置到位。

尾轴的安装要按照直线法进行,把尾轴安装在理论中心直线上。

那么怎么样确定理论中心线呢?轴系的理论中心是指船舶设计时所规定的轴心线,轴系的找正、锉削人字架通孔、尾管壳孔,以及确定各中间轴承的位置、轴系上各部件相互位置,均以轴系理论中心线为基准。

确定轴系理论中心线首先要确定首尾两基准点。首基准点一般设在机舱内的前隔舱壁的肋位上,尾基准点通常设在船尾的零号肋位上,高度可以用钢尺向上量取,或借用连通管水平仪以船台上的船体基线标高尺来确认,左右方向上用铅锤对准船中线来确认。

确定好首尾基准点后,可以用拉线法或光学仪器法(见图 5-30)来确定轴

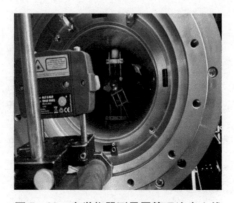

图 5-30　光学仪器测量尾管理论中心线

系理论中心线。

对于船舶轴系总长度在 20 m 左右或以内的船舶,通常用拉钢线法。需要注意的是,由于钢线自重的影响,在钢线的中间点处的下垂量达到最大,钢线所处的轴心线并非理论中心线,需要校正。

对于长轴系船舶,确定理论中心线通常用光学仪器法。目前常用的有激光准直仪和激光经纬仪。激光束所经过的路线即轴系理论中心线。

用激光方法测量尾管中心线的同时,还应该测量尾管轴承中心线与尾管中心线之间的相对位置。因为尾管中心是轴系的理论中心线,而轴承的中心线不一定是轴系的理论中心线,有的轴承是偏心的,这样在轴静止的时候,轴恰好静止地坐落在轴承下表面。如果轴承没有偏心,在轴静止的时候,轴就会有一个下坠的挠度而使轴弯曲变形。

测量尾轴承的中心线还有一个好处,是可以知道轴承的斜坡是否与设计的理论值一致。图 5-31 所示为某 5900 DWT 多用途船尾管理论中心与轴承中心线的测量值偏差量,从中可以发现,尾轴承的中心线与尾管的理论中心线不在一条直线上,尾轴承的中心线比尾管理论中心线略高 0.4 mm 左右,且尾轴承是有斜坡设计的。而尾轴承在水平方向的偏移微乎其微。

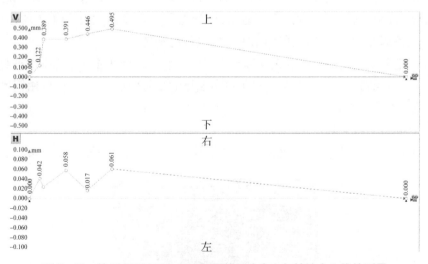

图 5-31 某 5900 DWT 多用途船尾管理论中心与轴承中心线的测量

确定理论中心线前,应完成船体自尾端起全长 85% 的工作,船上重量较大的设备均应安装到位,停止冲击性和振动性的其他作业施工,在船体相对稳定时进行轴系理论中心线的确定工作。

轴系的预安装可简单概括如下：

（1）确定轴系理论中心线；

（2）按中心线镗尾轴孔、人字架壳体孔及开隔舱填料函孔；

（3）安装尾管总成、尾轴、尾密封装置等；

（4）安装中间轴承及中间轴；

（5）安装齿轮箱及主机等。

以上各项均可在船台上完成，为船舶下水之后的最终轴系校中做准备。

在校中的时候应从船尾向船首进行，依次调整法兰前端轴承来调整法兰的偏中值，最后调整齿轮箱或者主机的位置。

第6章

轴系振动

6.1 振动基础理论

6.1.1 简谐振动和周期振动

简谐振动和周期振动是动力机械传动系统中遇到最多的两种振动,特别是在旋转式和往复式运动机械中。而简谐振动又是所有振动中最基本的形式,是最简单的周期振动,是周期振动中的一个特例,也是研究复杂振动的基础。为此,我们先从最基础的简谐振动开始研究,把它从周期振动中分列出来,给予单独描述。

要认识振动的客观规律,须从实际振动着手,由简单到复杂。先观察最简单的机械振动系统的运动情况。

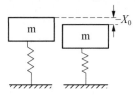

图 6-1　简谐振动示意图

若有一重块 m,放在一只弹簧上(见图 6-1),构成一个单自由度质量弹簧系统,这时弹簧承受的荷重为 m,弹簧的恢复弹力也刚好是质块的重量 m,系统在平衡位置,纵坐标位移 $X=0$,重块静止不动。

若给重块外加一个向下的初始位移 X_0(见图 6-1),负号表示位移向下。此时弹簧进一步向下压缩,弹簧的弹性恢复力就等于重块的重量和额外力之和。如果突然把这个额外的力释放掉,这时系统的平衡被破坏,由于弹簧的正恢复力(向上)大于重块的重力,重块开始由 $-X_0$ 位置向平衡位置线($X_0=0$)位置运动。

当重块到达 $X=0$ 位置时,由于运动惯性,重块越过平衡位置线,向 $+X$ 方向运动。当重块到达向上运动最大位移 $+X$ 位置时,弹簧产生最大的负向恢复力(向下),拉重块向下运动。因此,这时重块运动方向与原来方向相反,开始改为向下运动。当重块第二次到达 $X=0$ 位置时,与第一次情况一样,由于运动惯性,重块越过平衡位置线,向－X方向继续运动。当重块回到初始位置时,弹簧又产生最大正恢复力(向上)。之后运动的情况完全重复以上的现象,这样就形成重块围绕平衡位置反复、位移由大到小再由小到大,在＋X与－X位置之间,连续地、稳定地上下重复运动。

为了更清晰观察重块运动的情况,把重块上某一中点与纸接触,把记录运动轨迹的纸向左移动,重块上点的轨迹呈现在记录纸上,清楚地形成一根$X(t)$的波形曲线(见图6-2)。

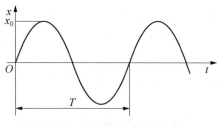

图6-2　周期振动波形图

若将X坐标轴取在平衡位置线与波形曲线的交点O处,则X曲线的数学表示式为

$$X(t)=X_0\sin\omega t$$

上式是一根正弦曲线。系统的运动是按正弦规则进行的,称为正弦振动。正弦式的振动(包括余弦振动)就是简谐振动,简称谐振。式中:X_0为振幅,单位为mm;ω为角频率(或称圆频率),单位为rad/s;t是振动经历的时间,以X坐标轴所取的位置开始计时($t=0$),单位为s。

波形的最高点称为波峰,相邻两个波峰之间的时间间隔为T,称为周期,单位为s。周期的倒数为频率,$f=1/T$,单位为Hz。普通频率f的2π倍就是角频率ω,因此,频率f、周期T和角频率ω有如下的关系:

$$f=\frac{1}{T}=\frac{\omega}{2\pi}$$

振幅X_0和频率f是振动中十分重要的两个基本要素。振幅表示振动的大小,表示振动严重的程度。振幅大,说明物体离开平衡位置偏移大,振动强烈,振动能量大。频率表示振动的性质,表示振动的快慢,频率高说明物体振动快,每重复一次所需要的时间很短,振动很激烈。

有了简谐振动位移公式$X(t)=X_0\sin\omega t$,则可求出物体运动的速度v,运动

的加速度 a，因为它们分别是位移对时间的一次微分和二次微分，它们的具体表达式为

$$v = \dot{X} = \frac{dX}{dt} = X_0 \omega \cos \omega t = v_0 \cos \omega t = v_0 \sin\left(\omega t + \frac{\pi}{2}\right)$$

$$a = \ddot{X} = \frac{d^2 X}{dt^2} = -X_0 \omega^2 \sin \omega t = -a_0 \sin \omega t = a_0 \sin(\omega t + \pi)$$

式中：X_0 为位移振幅；$v_0 = X_0 \omega$ 为速度振幅；$a_0 = X_0 \omega^2$ 为加速度振幅。

上述的简谐振动是振动分析中刚体做最简单的单自由度运动系统。单自由度系统是一个由质量、弹簧和阻尼组成的振动系统，只需要一个坐标就可以决定任何瞬时系统的运动状况。

弹簧的刚度是一个常数，它表征弹簧受到单位变形量后产生弹性力的大小，以 K 表示。

某一重量的质块受弹簧支撑达到平衡，此时弹簧力和质块重力相同，现将弹簧向下压缩距离 X，弹簧将产生弹性恢复力 F_K，则有

$$F_K = -KX$$

式中负号表示力与位移的方向相反。

质块受到弹簧恢复力，会产生加速度：

$$a = \ddot{X} = \frac{d^2 X}{dt^2}$$

依据牛顿第二运动定律，质块受到的力 F 为

$$F = -F_K = m\ddot{X}$$

所以

$$-KX = m\ddot{X}$$

$$m\ddot{X} + KX = 0$$

此即最简单的单自由度无阻尼自由振动运动方程式，综合简谐振动方程式和上式可求出振动系统的角速度：

$$\omega_n = \sqrt{\frac{k}{m}}$$

系统的频率为

$$f = \frac{\omega}{2\pi} = \frac{1}{2\pi}\sqrt{\frac{k}{m}}$$

单自由度无阻尼自由振动系统可以得出如下简要结论:单自由度无阻尼自由振动系统是简谐振动。其自振频率表示系统的固有属性,是弹性恢复力与惯性力两者对立的统一,弹簧刚度大,则自振频率高,负荷重,则自频率低,均与初始条件或外界影响无关。

6.1.2　阻尼振动

无阻尼情况下的自由振动系统,对物体而言,除了弹性恢复力和物体的惯性力之外,不再有其他的作用力存在。这种振动,一旦形成,将永不停止地运动下去。

在实际振动系统中,这种情况是不存在的。通常人们见到的自由振动一旦发生,振幅就逐渐地衰减下去,直到最后振动物体重新恢复到原先平衡位置,运动停止下来为止。除了弹性力和惯性力之外,尚存在阻碍物体运动的因素,通称为阻尼,如果以力表示,称为阻尼力。阻尼力永远在消耗运动物体的能量,并且永远与物体的运动方向相反。产生阻尼力的器件,叫作阻尼器。

为了正确分析振动系统运动情况,使其更符合实际,必须考虑阻尼对振动的影响。阻尼的种类很多,在振动领域里涉及的主要有:黏性阻尼(流体阻尼)、干摩擦阻尼(库仑阻尼)、内摩擦阻尼(滞迟阻尼)。

凡是阻尼力与物体运动的速度成一次方关系的阻尼,称为黏性阻尼。黏性阻尼又称流体阻尼。物体在流体中运动,阻力 F 与速度不是简单的一次方关系,而是指数关系,其值随着速度的增高可以是大于1或2,甚至是三次方的关系。当运动速度不高的时候可以按一次方的关系处理,由于黏性阻尼在处理振动问题时较为方便,因此常以黏性阻尼作为其他性质阻尼的衡量标准。以 C 表示阻尼系数,位移的一次微分为速度,物体在黏性阻尼振动中受到的力 F 为

$$F = -C\dot{X}$$

式中负号表示力与运动的方向相反。

干摩擦阻尼又称库仑阻尼。与接触面的材料有关,干摩擦阻尼在自由振动系统中的振幅衰减规律,与黏性阻尼有所不同。随着时间的推移,它呈线性下

降,到减幅后期,显示出较强的衰减性能,这是干摩擦阻尼就减幅过程而言,比黏性阻尼有利的一面。但是干摩擦阻尼到振动最后结束阶段,由于存在静摩擦力的原因,物体不能恢复到原位,停留在偏离平衡中心位置的一方。

内摩擦阻尼又称滞迟阻尼,简称材料内阻。由弹性力学可知,凡是弹性体在弹性变形范围以内,具有弹性恢复力时,都存在着内摩擦阻尼,这是由材料内部晶体平面间的偏移和分子之间的摩擦所引起。

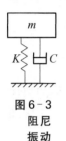

图6-3
阻尼
振动
系统

图6-3所示为一个单自由度具有黏性阻尼的自由振动系统,m为物体的质量,K为弹簧刚度,C代表具有黏性阻尼时的系统阻尼系数。

给系统一个向下的位移X,系统受到的弹簧弹性恢复力和阻尼力的合力为F,则有

$$F = -KX - C\dot{X}$$

根据牛顿第二运动定律

$$F = m\ddot{X}$$

$$-KX - C\dot{X} = m\ddot{X}$$

所以有

$$m\ddot{X} + KX + C\dot{X} = 0$$

这就是具有黏性阻尼时单自由度振动系统的运动方程式。

化繁为简,略去求解过程,由高等数学可分析出以上运动方程式有三种情况下的解:

(1) 阻尼较大,物体自由运动的规律为非振荡指数衰减曲线,没有振动,只有蠕动,系统根本不起振动,阻尼过大到物体连运动一个来回都不能实现,初始状态系统储存的能量克服阻尼做功,缓慢向平衡位置蠕动,直至能量消耗完为止。这种运动不具有振动的性质。

(2) 阻尼等于临界阻尼时,将要振而未振,物体复位的时间最短而不起振,在工程中需要迅速复位而又不引起振动的机械设备,如炮筒、车身、车厢等,要考虑设计成这种形式的阻尼器。

(3) 小阻尼时,系统做振幅以指数衰减的曲线振动(见图6-4),系统振动频率和无阻尼时接近,而一般的运动系统其阻尼一般比较小,因此我们可以忽略阻尼对振动频率的影响。这为我们进行振动系统计算提供了借鉴方法,有阻尼时

的自振频率几乎等于无阻尼时的频率,在船舶轴系振动计算时,有时为方便起见会忽略阻尼。

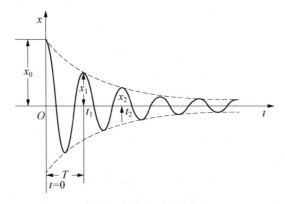

图 6-4　阻尼衰减振动

单自由度振动系统是振动分析中的一个特例。我们再看一下双自由度系统,图 6-5 所示为双自由度运动系统。

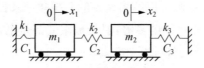

图 6-5　双自由度振动系统

忽略阻尼对振动的影响,即变成无阻尼自由运动系统。根据单自由度系统的分析方法,我们可以列出双自由度振动系统的力学平衡方程式:

$$\begin{cases} m_1\ddot{x} + (k_1+k_2)x_1 - k_2x_2 = 0 \\ m_2\ddot{x}_2 - k_2x_1 + (k_2+k_3)x_2 = 0 \end{cases}$$

令 $k_1+k_2=k_{11}$, $k_2+k_3=k_{22}$, $-k_2=k_{12}=k_{21}$。则上式可变为

$$\begin{cases} m_1\ddot{x}_1 + k_{11}x_1 + k_{12}x_2 = 0 \\ m_2\ddot{x}_2 + k_{12}x_1 + k_{22}x_2 = 0 \end{cases}$$

上式是一个齐次方程式,会有很多个解,我们剔除那些无意义的解,考虑在共振时振幅能量守恒,且 x_1 和 x_2 保持同步,那么可能的频率就有两个——ω_1 和 ω_2,我们称它们为共振频率。

$$\omega_1^2 = \frac{1}{2}\frac{k_{22}m_1 + k_{11}m_2}{m_1 m_2} + \frac{1}{2}\sqrt{\left(\frac{k_{22}m_1 + k_{11}m_2}{m_1 m_2}\right)^2 - 4\frac{k_{11}k_{22} - k_{12}^2}{m_1 m_2}}$$

$$\omega_2^2 = \frac{1}{2}\frac{k_{22}m_1 + k_{11}m_2}{m_1 m_2} - \frac{1}{2}\sqrt{\left(\frac{k_{22}m_1 + k_{11}m_2}{m_1 m_2}\right)^2 - 4\frac{k_{11}k_{22} - k_{12}^2}{m_1 m_2}}$$

如果考虑阻尼的影响,真实的共振频率会比无阻尼时略小,可以忽略不计。

对于多自由度系统,我们同样可以得到一个方程式矩阵,可表示如下:

$$[m]\{\ddot{x}\} + [C]\{\dot{x}\} + [k]\{x\} = 0$$

式中:$[m]$表示运动系统的质量矩阵,$[C]$表示运动系统的阻尼矩阵,$[k]$表示运动系统的刚度矩阵。

与自由振动相对应的是强迫振动。如果系统是在外界干扰下振动,那么这个外界的干扰就是振动的能量来源,在船舶振动分析中,这个来源通常跟柴油机和螺旋桨的激振力有关,他们也是周期性的,如果以 $F\sin\omega t$ 来表示这个周期激振力,那么上述振动就可以用受迫振动方程式来表示:

$$[m]\{\ddot{x}\} + [C]\{\dot{x}\} + [k]\{x\} = \{F\sin\omega t\}$$

借助高等数学和计算机可以解出系统的共振频率及振幅。在船舶推进轴系的振动中,这个方程式可能有很多解,但是最重要的是前面两阶的解,三阶以上的解对推进轴系影响比较小,可以忽略。

6.2 轴系振动

船舶轴系是实现船舶发动机与推进器(一般为螺旋桨)的能量传递,同时将螺旋桨旋转产生的轴向推力通过轴系传给船体、推动船舶前进的系统,是船舶动力装置系统中必不可少的重要部件。船舶轴系的主要部件有:螺旋桨轴、中间轴、推力轴以及它们的轴承;联轴器;尾轴管装置。

图 6-6 为二冲程机直接驱动的推进轴系布置示意图。

图 6-7 所示为另一种轴系布置,主机通过隧道齿轮箱驱动调距桨,中间还有轴离合器,这种振动分析起来可能更复杂。

船舶振动主要由船舶动力装置的激振力造成。柴油机动力装置主要有以下几种激振力:

(1) 由柴油机气缸气体压力、运动部件惯性力与重力等产生,作用在曲轴、曲柄销上的交变切向力和径向力;

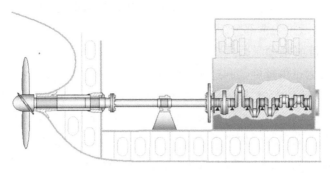

图6-6　二冲程机直接驱动

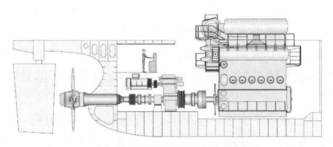

图6-7　二冲程机带隧道齿轮箱

（2）螺旋桨在径向和周向都很不均匀的三维伴流场中运转时所受到的交变纵向（轴向）和横向的推力及力矩；

（3）轴系部件运转时产生的激振力（或力矩），例如，由于静力或动力不平衡的旋转部件产生的离心惯性力（或惯性力矩），变速传动系中齿轮产生的周期性敲击等。

柴油机产生的激振力主要包括：

（1）气缸内气体压力产生并作用在曲柄销上的交变切向力与径向力，这是轴系振动的主要激振源之一；

（2）活塞、连杆、曲柄等运动部件运动时产生的惯性力，对于低速大型柴油机，其运动部件重量很大，也会形成不可忽略的一次和二次简谐激振力，对于一般柴油机，常忽略重量的影响。

6.2.1　螺旋桨激振力

螺旋桨激振力由螺旋桨工作所引起，特性比较复杂。它与螺旋桨本身的构造、船体的外形和航速，以及螺旋桨和船体的相互位置有关。由螺旋桨引起的扰动有两种：一种是频率等于螺旋桨轴转动频率的一阶扰动；另一种是频率等于螺旋桨轴转动频率乘以桨叶数目的高阶扰动。螺旋桨激振力包含一阶扰动（轴频激振力）和叶频激振力两部分。

1) 一阶扰动（轴频激振力）

轴频激振力是由螺旋桨制造或安装误差（如质量不均匀、叶片宽度和厚度以及螺距不等、各叶片夹角、螺旋桨回转中心与桨轴中心不重合等）导致机械不平衡或水动力不均匀而引起的。螺旋桨回转时，每个叶片上所受的力均可以分解为轴向推力和切向阻力。如果螺旋桨盘面流场均匀，各叶片的几何尺寸形状和夹角完全一样，则螺旋桨受到的总推力将与旋转轴线重合，其切向阻力的合力亦将为零。否则，每个叶片上受到的轴向推力与切向阻力不同，其合力将形成轴频激振力和激振力矩。

当螺旋桨具有机械不平衡性，如螺旋桨的重心不在回转轴线上，螺旋桨安装不正中，或者螺旋桨的重心虽位于回转轴线上，但各叶片的重心不在同一个桨盘面内，则当螺旋桨转动时即产生一阶的不平衡力或不平衡力矩，其变化频率等于轴的旋转频率。

但螺旋桨的机械不平衡性一般很小，只在螺旋桨叶片损坏时才会发生此类振动。因此螺旋桨的一阶扰动主要是由水动力的不均匀性引起的。当螺旋桨各叶片的螺距不相等时，虽水流的速度与方向不变，但由于螺距角的变动，冲角大小发生了变化，这时就产生了推力、阻力与扭矩的不同，因而产生了一阶的不平衡力、力矩与扭矩，作用到轴承上，引起船体的垂直和水平振动以及扭转振动。由于螺距加工不当，这种情况屡有出现。

一般规定，螺旋桨因重心偏离在最高转速下产生的离心力不得大于螺旋桨自重的 $1\% \sim 2\%$。

螺旋桨因各叶片重心不在同一桨盘面内而产生的离心力矩不得大于螺旋桨重量与桨叶 0.7 倍半径处轴向长度乘积的 1%。

在实际推进轴系中，考虑到螺旋桨的空泡特性，螺旋桨轴频激振力通常总是使其转速保证较低数值。一般商用海船，螺旋桨最高转速常限制在 $100 \sim 200\,\mathrm{r/min}$ 左右。而轴系振动的固有频率要大得多，放在工作转速范围内不大可能发生轴系轴频共振的情况，但对船体振动，却有可能造成严重后果。

2) 叶频激振力

叶频激振力是螺旋桨在不均匀伴流场中运转时，由作用在桨叶上的流体力引起的，其变化频率为叶频（桨叶数乘以轴的旋转频率）或倍叶频（叶频的整数倍）。

螺旋桨的叶频激振力可由桨叶叶元体的受力来说明。

螺旋桨是在船尾三维不均匀伴流场中运转工作的。由于船体周围的伴流导致尾部流场的不均匀,在近船处为高伴流区、水动压力大,远船处为低伴流区、水动压力小。对于同一叶元体,在它旋转的一周中,它的前进速度和周向速度均是随时变化的,这样,水流的进流速度、冲角也随之而变化,它的升力及由此而产生的推力和切向阻力也都发生变化。当叶片在正上方时,进速变小,冲角增大,升力变大,推力和切向阻力也相应变大。当叶片转到右舷稍下方时,进速变大,冲角减小,升力、推力和切向阻力都相应减小。那么,整个叶片的推力与切向阻力的合力的大小和作用点也时刻在变化。

当螺旋桨周期性地出入高伴流区与低伴流区时,进入螺旋桨的流速方向与大小也在改变,因而螺旋桨的推力与阻力也将发生周期性变化。每当各叶片转过一定的相角,如四叶桨每转 90°,螺旋桨就重复一次这种受力情况,故其频率等于叶片数与螺旋桨轴转数的乘积。

同理,螺旋桨各叶片的切向阻力的合力一般并不等于零,这个合力就是螺旋桨的横向推力。轴系回旋振动分析中,这个力可以分解为水平和垂直方向的两个横向推力,其变化频率同样为叶频和倍叶频。

这种水动力变化引起的扰动力通过两个途径作用到船体上。一是以水动压力的形式直接作用于螺旋桨附近的船体外板表面上,称为表面力,这是主要的;另一是推力与阻力变化所引起的力,通过轴承传到船体,称为轴承力,是比较小的,一般只占 25% 左右。

螺旋桨高阶扰动力的大小取决于桨盘流场的不均匀性、叶片数目、桨盘周界与船体的相对距离以及螺旋桨的安装角度等。通常由轴频扰动所引起的激振力振幅很大,但频率很低,频带很狭窄,呈现出一个尖峰区。根据船型的不同,其频率通常为 0~5 Hz,相应的加速度很小。由叶频扰动所引起的激振力振幅常随着频率的增加而增加,三叶桨的大致频率范围为 0~15 Hz,五叶桨的可达 25 Hz,近代潜艇的叶频更可高达 33 Hz。随着叶数目的增加,振幅相应地减小。

为减小螺旋桨的扰动,可采取如下一些措施:进行精细的静平衡与动平衡;使螺旋桨各叶片的螺距尽量相等;增大桨叶边缘与尾柱和舵的间隙及与船体外板间的距离。

综上所述,螺旋桨在船尾伴流场中运转时,它所受的力和力矩有轴向推力、水平横推力、垂直横推力、水平弯矩、垂直弯矩和扭矩。

6.2.2　轴系振动类型

由于柴油机和螺旋桨的激振,船舶轴系通常有三种振动类型,它们分别是扭转振动、横向振动(回旋振动)和纵向振动。

1) 扭转振动

从主机通过轴系传递功率至螺旋桨造成来回摆动、各轴段间的扭角不相等，因此便产生了扭转振动。扭转振动会导致轴系断裂，在有齿轮传动时，会造成齿轮敲击等现象。

导致船舶推进轴系扭转振动的主要因素有：

（1）柴油机的间歇性喷油与燃烧、输出扭矩的不均匀性；

（2）齿轮系统的误差激励和啮合冲击激励；

（3）船舶推进轴系部件安装上的不对中、材料的不均匀、加工的不精确，以及自身质量的不平衡；

（4）螺旋桨在船尾不均匀流场中旋转产生对轴系的不均匀的激励。严重的扭转振动将导致：曲轴（与柴油机与轴系的布置相关）、中间轴断裂；弹性联轴器连接螺栓切断；弹性元件碎裂；传动齿轮齿面点蚀和齿断裂；凸轮轴断裂；局部轴段发热等等。

2) 横向振动（回旋振动）

横向振动主要是由转轴不平衡引起的，虽然名为横向振动，但产生振动的方向可以是垂直方向，也可以是水平方向，横向振动会导致尾管密封漏水或油、轴承座松动甚至破裂。

3) 纵向振动

纵向振动主要是由螺旋桨推力不均匀引起的。纵向振动严重时可产生推力轴承敲击、曲拐箱破裂，在有齿轮传动时，还会损伤齿轮。

6.3 纵向振动

船舶轴系的纵向振动主要是由螺旋桨的推力不均匀引起的。

推进轴系纵向振动的研究主要是针对大功率汽轮机动力装置进行的。其原因在于汽轮机功率较大，在船尾不均匀伴流场工作的螺旋桨上，作用一个较大的交变纵向激振力（推力），而柴油机装置主机功率一般比较小，主机和轴系基本在一条直线上，再加上曲轴还允许少许纵向变形，情况没有汽轮机轴系那样恶劣。随着船舶大型化，主机功率相应增大，除提高柴油机负载强度外，其气缸数也有所增多，特别在长轴系布置时，由柴油机气体压力激起的有害的纵振临界转速有可能落入运转转速范围内，这一点已为国外柴油机制造厂重视，并较早对柴油机推进轴系纵向振动开展了研究。

综上所述，产生船舶推进轴系纵向振动的主要因素有：

（1）在船尾不均匀伴流场中工作的螺旋桨引起较大的交变纵向激振力（推力）；

（2）联合动力装置速比较大的齿轮箱中齿轮啮合产生的轴向激振力；

（3）柴油机气缸内气体激振力（与柴油机与轴系的布置相关），对于联合动力装置来说，这种激振力比起前两种激振力来说小得多；

（4）轴系的扭转振动，特别是在扭转振动频率与纵振固有频率相同或相近时，轴系的纵扭耦合振动就会非常明显，这种振动的耦合主要通过柴油机曲轴和螺旋桨完成；

（5）轴系回旋振动也可以激起纵向振动，这种耦合通常是由齿轮箱和螺旋桨引起的。

从 20 世纪 70 年代中期起，国外有些船级社的验船规范陆续对轴系纵向振动计算和测量提出了要求，并颁布了包括轴系纵振内容的指导性文件。

推进轴系纵向振动的危害性主要表现在以下几个方面：

（1）导致柴油机、传动装置与轴系的故障，如曲轴弯曲疲劳破坏，推力轴承的松动，导致曲柄销过大的弯曲应力和拉压应力，甚至会产生曲轴的弯曲疲劳破坏（与柴油机和轴系的布置相关）；

（2）导致传动齿轮轮齿过大的附加弯曲负荷，加速齿面磨损甚至损坏；

（3）导致推力轴承的附加交变负荷；

（4）尾轴管的早期磨损；

（5）轴系纵振产生的二次激振力，引起船体梁垂向振动、机架振动、机舱构件的局部振动、上层建筑纵向振动，很多测试结果表明，轴系纵振是上层建筑纵向振动的主要原因之一。

6.3.1 纵振频率的计算

纵向频率的计算原理可先按振动基础理论建立模型，然后按照集总质量的方法求得固有频率：

$$\omega = \sqrt{\dfrac{\sum k}{\sum m}}$$

式中：$\sum k$ 为运动系统推力轴承的刚度；$\sum m$ 为推进轴系的质量之和。

在柴油机齿轮传动轴系中，把大齿轮后的推力轴、中间轴、尾轴、螺旋桨轴直至螺旋桨作为一个独立系统，分别按上述原则建立各自的计算模型，轴系的质量之和包括运转轴系的质量和螺旋桨质量,螺旋桨质量包括叶片质量、桨毂质量。此外,还应考虑叶片在水中旋转时的附连水效应。

6.3.2 轴的纵向刚度计算

轴的刚度计算可按照标准公式进行,如果轴的直径不同,须换算成当量长度,长度与直径的平方成正比。推力轴承与曲轴的刚度参考船级社的建议与厂家标准。

当推力轴承和柴油机结合在一起时,双层底以及船体的刚度对纵向振动影响不大。在大多数齿轮传动轴系中,推力轴承和齿轮箱结合在一起,齿轮箱体和支承结构的刚度,对纵向振动有较大的影响。在特大型船舶中,双层底以及船体刚度对纵向振动的影响也是不容忽略的。

尾机舱短轴系的单节固有频率可按公式估算,不需要考虑轴系的刚度影响。在中机舱长轴系布置时,单节固有频率可能有较大幅度的下降,使危险的共振转速落入工作转速范围的可能性增大,这也就是人们比较重视长轴系纵振的原因。由于轴系刚度的影响增大,再按集总质量方法估算单节固有频率,其精度当然要差一些。

在自由振动计算时,一般不计入阻尼元件。在振动响应计算中,则采用等效线性黏性阻尼模型,螺旋桨质量对于飞轮、齿轮、推力盘、轴段等部件的质量计算,其难度不大,只是稍显烦琐。

图 6-8 为某海洋船工程船轴系布置图。

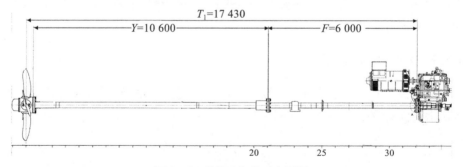

图 6-8 某海工船轴系布置图

其基本数据如下:主机功率:2 360 kW;螺旋桨直径:3.1 m;桨毂重量:1 510 kg;桨叶数量:4 片;桨叶重量:376 kg;螺旋桨转速:182 r/min。

按照集总质量的方法,我们求出螺旋桨的总重量为 $4 \times 376 + 1\,430 =$

3014(kg);螺旋桨在水中的浮力为 459.092 kg,螺旋桨在水中的重量为 3 014－459.092＝2 554.908(kg);螺旋桨轴向附水重量 2 114.90 kg。

根据图纸可查轴的重量,同时依据钢材的密度和轴的体积也可算出轴的重量,结果为 7 655 kg。

系统的总重量为螺旋桨水中的重量＋附水重量＋轴的重量＝2 554.908＋2 114.90＋7 655＝12 324.81(kg)。

轴系以螺旋桨为干扰力作用的一端,而推力轴承为轴系另外的固定端。因此可将推力轴承的刚度视为运动系统刚度。

现查得推力轴承的刚度为 6.5×10^8 N/m,根据振动原理公式:

$$\omega_n = \sqrt{\frac{k}{m}} \tag{6-1}$$

则可求得每分钟自振转速为

$$\frac{60\omega}{2\pi} = \frac{60}{2\pi}\sqrt{\frac{k}{m}} = 9.55\sqrt{\frac{650\,000\,000}{12\,324.8}} = 2\,192.99\,\text{CPM}$$

换算到叶频,则螺旋桨的转速为

$$N = \frac{2\,192.99}{4} = 548.29\,(\text{r/min})$$

对于尾机舱短轴系的单节纵向振动,DNV 船级社认为用上述计算方法误差范围在 10% 以内。

下面我们用英国劳氏船级社的建议方法再复算一下。

劳氏船级社的指导公式为

$$\frac{0.98}{N}\left(\frac{ab}{a+b}\right)^{\frac{1}{2}} \tag{6-2}$$

式中:N 为螺旋桨桨叶数目;$a = \frac{E}{Gl^2}(66.2 + 97.5A - 8.88A^2)^2$;$b = 91.2\frac{k}{M_e}$;$G$ 为轴材料密度,单位为 kg/mm^3;l 为螺旋桨到推力轴承之间的轴长度,单位为 mm;k 为推力轴承的刚度,单位为 N/m;E 为轴材料的弹性模量,单位为 N/mm^2;$A = \frac{m}{M}$;m 为轴材料的重量,单位为 kg;M 为螺旋桨的重量,单位为 kg;$M_e = M(A+2)$;钢材的弹性模量为 $210\,000\,\text{N/mm}^2$;螺旋桨的重量为 2554 kg,不含附水质量。

轴的长度是从螺旋桨到推力轴承之间的距离,我们取 18 489 mm,这里包含了齿轮箱内的一段推力轴。

所有的数据都是已知的,代入公式计算可得运动系统叶频固有频率为 397.52 r/min,考虑到螺旋桨的转速是 182 r/min,因此轴系振动系统已经足够安全。

我们用了两种计算方法分别计算了轴系的纵向振动,它们的结果表明,系统固有频率远大于轴系的运行转速,对于柴油机驱动的轴系,基本上纵向振动不会造成危害。但是这两种计算方法差别还是很大的,DNV 船级社认可的方法得出的单节叶频固有转速为 548.29 r/min,而英国劳氏船级社的公式得出的单节叶频固有转速为 397.52 r/min。造成这种差别的原因是什么呢? 我们来看一下它们的计算公式。

在劳氏的计算方法公式中的 a 值,其含有变量 l 为轴系的长度,当我们把轴系长度进行极短化处理,如下:

$$\lim_{l \to 0} \frac{E}{Gl^2}(66.2 + 97.5A - 8.88A^2)^2 = \infty \tag{6-3}$$

当 a 趋向于很大的时候,也即 $a \gg b$,这时候公式 $\dfrac{0.98}{N}\left(\dfrac{ab}{a+b}\right)^{\frac{1}{2}}$ 就变成了 $\dfrac{0.98}{N}(b)^{\frac{1}{2}}$,计算过程如下:

$$\frac{0.98}{N}(b)^{\frac{1}{2}} = \frac{0.98}{N}\left(91.2\frac{k}{M_e}\right)^{\frac{1}{2}}$$

$$= \frac{0.98 \times 91.2^{\frac{1}{2}}}{N}\left(\frac{k}{M_e}\right)^{\frac{1}{2}}$$

$$= \frac{0.98 \times 9.55}{N}\left(\frac{k}{M(A+2)}\right)^{\frac{1}{2}}$$

$$= 0.98 \times \frac{60}{2\pi N}\left(\frac{k}{M\left(\frac{m}{M}+2\right)}\right)^{\frac{1}{2}}$$

$$= 0.98 \times \frac{60}{2\pi N}\left(\frac{k}{m+2M}\right)^{\frac{1}{2}}$$

$$= 0.98 \times \frac{60}{2\pi N}\sqrt{\frac{k}{m+2M}}$$

这与 DNV 船级社认可的公式 $\dfrac{60}{2\pi N}\sqrt{\dfrac{k}{m}}$ 非常类似了,由于劳氏船级社在公式中增加了螺旋桨的重量,所以导致了系统的固有频率降低,且有系数 0.98 进一步导致了系统的计算频率降低。

我们假设的是轴系很短的情况,这两个公式计算所得结果是很相近的。我们假设该船的轴系只有 5 m,轴颈为 0.26 m,其刚度为 2.32×10^9 N/m,已经比推力轴承刚度大很多了。

轴系刚度计算公式如下:

$$k=\frac{EA}{l} \tag{6-4}$$

式中:E 为轴系的弹性模量;A 为轴的截面积;l 为轴的长度。

假设运动系统有两个物体,它们的刚度分别是 K_1 和 K_2,系统的总刚度为 $K_总$。

当它们串联组成一个运动系统的时候,它们有如下关系:

$$\frac{1}{K_总}=\frac{1}{K_1}+\frac{1}{K_2} \tag{6-5}$$

当它们并联组成一个运动系统的时候,它们有如下关系:

$$K_总=K_1+K_2 \tag{6-6}$$

由以上关系可以发现,如果两个物体的刚度串联,则刚度小的起主要作用,当轴和推力轴承串联组成一个运动系统时,则刚度较小的推力轴承对振动起主要作用,这时可以忽略轴系的刚度。当运动物体的刚度相差不大的时候,系统的刚度则由各物体的总刚度共同决定。

由此可见,在进行尾机舱短轴系纵向振动计算时,单节固有频率问题不大,计算结果稍显偏高,如果计算结果显示远远高于轴系的运行转速,还是可以接受的。

DNV 船级社要求,大型低速驱动的没有轴向减振器机轴,或者长度超过 40 m 的轴系,要进行纵向振动计算。如果计算结果表明纵振频率接近轴系运行转速,受迫纵向振动也需要复核计算。

英国劳氏船级社则要求,往复式内燃机直接驱动的轴系需要进行轴系纵向计算。通过齿轮箱驱动或者电动机直接驱动的轴系,以及当螺旋桨至推力轴承超过 60 倍时,中间轴直径的轴系也要进行纵向计算。

6.3.3　船舶推进轴系纵向振动衡定标准

齿轮传动推进轴系纵振激振力主要是按叶频变化的螺旋桨推力,如果使轴系纵振固有频率高于叶频 20% 以上,一般不大会产生因纵振引起的故障。

纵振衡定标准对连续运转的任何工况都是相同的。对于瞬时通过的纵振允许值,有文献建议,它要比连续运转的允许值增大 50%。其实在瞬时通过时,系统的瞬态响应与瞬时通过的角加速度有着密切关系。当加速度足够大时,常可使瞬态响应在安全限度以下。因此,对瞬时运转的限制,给定最小通过的加速度值可能更合理一些。但目前这还是一个理论探讨的课题。

目前虽然一些船级社(如中国船舶检验局 CCS、挪威船级社 DNV、英国劳氏船级社 LRS)在规范中已陆续对轴系纵向振动提出了计算与实测的要求,但所有规范都没有对纵向振动正式提出明确的恒定标准。英国劳氏船规只提出:"如果认为纵振幅值过分超过连续运转的允许值时,则在运转转速区域内应设足够宽的限速范围。"但对于什么是连续运转的允许值,则语焉不详。

挪威船级社在《船舶振动实船测量经验》中提出:对汽轮机推进轴系,由纵振产生的齿轮振动恒准值取位移为 0.2 mm,加速度为 0.1 倍重力加速度;对中速柴油机推进轴系,减速齿轮振动加速度建议不超过 0.15 倍重力加速度;对柴油机直接推进轴系,柴油机曲轴自由端位移幅值不超过 1 mm。

6.3.4　回避纵向振动的措施

对于纵向振动的消减与回避,由于国内目前还没有出现过因纵振引起的重大事故,因而没有采用消减与回避纵振措施的实际经验。

由于推力轴和船体的刚度不易确定,所以纵向振动的频率只能近似估算。但是如果估算的临界转速在运转速度之内,或估算的纵向频率与扭转振动或回旋振动频率接近,决不可漠然视之、不加处置。在设计阶段多考虑一些问题,在运转时可省去很多问题。

下面简单讨论一下回避纵向振动的措施。

(1) 调整刚度和质量。

调整固有频率的基本方法是改变轴段的刚度和质量以及外形尺寸。改变轴系的直径和长度可以改变频率,但是机舱位置确定后,轴系变化幅度有限。加强推力轴刚度是最有效的方法。在加强推力轴刚度的同时,必须加强船体结构,否则仍然无济于事。很明显,这个方法只有在设计阶段才能加以考虑。如果船已经造好,再来考虑加强,很多工作都要返工,除非万不得已,一般是不愿意这样做的。

（2）改变螺旋桨叶数。

对于齿轮传动的推进轴系，激振力来自螺旋桨，改变螺旋桨叶数，可以改变叶频。改变螺旋桨的桨叶数不仅与纵向振动有关，也与横向振动有关，因此在考虑改变桨叶数时，应该综合来考虑问题。

四叶桨扭矩和推力变化较大，五叶桨弯曲力矩变化较大，因此四叶桨推力轴承磨损较快，五叶桨尾管轴承磨损较快，密封容易漏油。这都是相对而言的，改变桨叶数量要综合考虑，如果贸然改变可能会带来其他问题。

（3）改变输入激振力。

螺旋桨的水动力性能与船舶振动有很大关系，特别是纵向振动的激振力直接来自螺旋桨。

螺旋桨在船尾三维不均匀伴流场中运转，船尾轴向伴流分布不均匀，当叶片处于船体中心线正上方和正下方时，它离船体最近，伴流影响最大，螺旋桨的进速比船速小得多。螺旋桨叶片频繁交变地进入高低伴流区域而带来推力频繁变化，这是造成纵向振动的直接原因。

某船有四个螺旋桨，如图 6-9 所示。

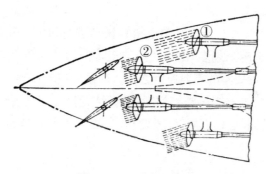

图 6-9　四桨船示意图

试航中发现，在进行回转试验时，二号螺旋桨轴发生严重振动，轴系联轴器烧毁。经分析，在此过程中一号螺旋桨的推力造成尾流场改变，二号螺旋桨工作在极不均匀的流场中，因而推力频繁变化造成剧烈的纵向振动。在回转时，刻意减少一号螺旋桨的转速，降低输入能量，发现二号螺旋桨振动显著降低，证明分析是正确的。

如果在设计时把各螺旋桨轴系设计成统一长度，就可以避免上述的振动情况。

（4）安装减振器。

纵向振动减振器是在振动情况比较严重，同时其他措施无效的时候方才采用。与扭转振动减振器相比，纵向振动减振器要复杂些，这是因为后者要承受巨大的轴向推力，需要平衡油压系统。

目前，纵向振动减振器用得不多，所以还不能对其进行评价。

此外，影响扭转和横向振动的一些因素，如螺旋桨重量、轴系直径等也同样影响纵向振动，因此考虑这些因素时要使三者协调起来。

6.4 扭转振动

6.4.1 扭转振动的危害和原因

扭转振动作为机械振动的一种类型，它的计算大概可以追溯到牛顿时代，但作为一个生产实际问题，它的出现要晚得多。19 世纪末，横跨大西洋邮轮的推进轴系多次发生故障，扭转振动被怀疑可能是引起事故的原因。由于当时动力机功率较小，装置的结构尺寸比较大，扭转振动引起的事故并不多见，大都被看作是一种偶然性故障。

21 世纪前 20 年，人们开始对轴系扭转振动进行研究。随着柴油机功率不断提高，配套式样也越来越多，出现严重的扭转振动的现象逐步增加，扭转振动成为柴油机动力装置故障的重要原因之一。严重的扭转振动将导致：①曲轴、中间轴断裂；②弹性联轴器连接螺钉切断；③弹性元件碎裂；④传动轮的齿面点蚀和齿断裂；⑤凸轮轴断裂；⑥局部轴段发热，等等。各类故障如图 6-10～图 6-14 所示。

图 6-10 断裂的曲轴

图 6-11 扭断的轴

图 6-12 破裂的弹性联轴器

图6-13 损伤的齿轮

图6-14 断裂的齿面

运转中的严重事故迫使人们不惜花费更大的力量与代价进行研究,从而积累了很多经验和资料。随着研究的深入,人们逐渐认识到,柴油机产生的扭矩不均匀性,及螺旋桨在不均匀的流场中运转产生的不均匀激振力导致轴系脉冲式扭转是扭转振动产生的根本原因。图6-15为轴扭转示意图。

图6-15 轴扭转示意图

柴油机的扭矩可看作由两部分组成:一部分为平均扭矩,它用于克服外界的阻力矩,其在发动机和传动轴上造成一恒定的扭曲,同时在机身上作用着一个大小相等、方向相向的反作用力矩,这个反作用力矩被发动机的基座所承受,因此机身能保持平衡而轴系则转动;另一部分为各次简谐力矩的总和,它造成了传动轴系中的扭转振动,其反作用力矩则促使机身产生横摇耦合振动,并通过地脚固定螺栓在发动机的基座上产生脉动的反作用力矩,促使机舱船底板架及周围内件产生振动。

导致船舶推进轴系扭转振动的主要因素如下:柴油机的间歇性喷油与燃烧、输出扭矩的不均匀性;齿轮系统的误差激励和啮合冲击激励;船舶推进轴系部件安装上的不对中、材料的不均匀、加工的不精确,以及自身质量的不平衡;螺旋桨在船尾不均匀流场中旋转产生对轴的不均匀的激励。

扭转振动分析对于船舶的设计和运行非常重要。作为一个设计者,确定自振频率是至关重要的,其次是决定振幅值。找到自振频率后,可以通过控制主机转速快速通过禁速区域来避免严重的振动。

因此,应对轴系扭振,设计者的任务是计算自振频率以避免共振,并估算振幅值以求得振动产生的附加应力,从而检验附加应力是否超过许用值。

通过不断探索,研究人员逐步形成一整套船舶轴系扭转振动实际问题的计算处理方法,它基本包含以下内容:①建立轴系的集总参数简化模型;②按Holzer法计算系统固有频率和振型;③按经验公式计算共振区扭转振动幅值以及相应的轴段扭振应力;④针对扭转振动的严重程度采取相应的减振避振措施。

6.4.2 扭转振动基础理论

通过振动基础理论,我们已经知晓了振动系统自振频率计算的基本知识,我们按同样的方法来研究扭转振动的基本理论。

1) 单质量扭振系统

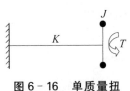

图 6-16 单质量扭转系统示意图

单质量系统是指轴系中只有在端点有质量,也就是说只考虑螺旋桨的质量,其他质量都不考虑,同时假设主机刚度很大,质量无限大,所以另一端固定,如图 6-16 所示。

多质量系统的基本概念可以从这种单质量系统中引申出来。

在无阻尼的情况下,如果杆件的扭转刚度为 K,集中质量的转动惯量为 J,杠杆的刚度定义为扭转单位转角所需要的扭矩。

那么在这个系统中作用着两个扭矩,即惯性扭矩 $J\ddot{\theta}$ 和弹性扭矩 $K\theta$。其中,θ 为扭转角,$\ddot{\theta}$ 为角加速度。

由于没有其他外力,这两个扭矩数值相等,但方向相反,由振动理论可知

$$J\ddot{\theta} + K\theta = 0 \qquad (6-7)$$

如果扭振是简谐振动则有

$$\theta = A\sin\omega t \qquad (6-8)$$

式中:A 为扭转振幅;ω 为圆周频率;t 为时间。

如果对式(6-8)进行二次微分,则可得到

$$\ddot{\theta} = -\omega^2\theta \qquad (6-9)$$

由式(6-7)和式(6-9)可得

$$-\omega^2 J\theta + K\theta = 0 \qquad (6-10)$$

或

$$\omega^2 = \frac{K}{J} \qquad (6-11)$$

即

$$\omega = \sqrt{\dfrac{K}{J}} \qquad\qquad (6-12)$$

由振动基础理论可知,圆周频率和频率的关系为

$$f = \dfrac{\omega}{2\pi} = \dfrac{1}{2\pi}\sqrt{\dfrac{K}{J}} \qquad\qquad (6-13)$$

轴转速通常是以每分钟转速来表示的,为了统一单位,轴频率通常也以 cycle/min 或 CPM 表示。

则轴频率为

$$F = 60f = \dfrac{60\omega}{2\pi} = \dfrac{60}{2\pi}\sqrt{\dfrac{k}{J}} = 9.55\sqrt{\dfrac{K}{J}} \qquad\qquad (6-14)$$

2) 双质量自振频率

在轴系中,如果将螺旋桨作为一个质量,将主机及飞轮等作为另一个质量,便形成双质量系统(见图6-17)。作为近似估算,这种处理方式是很有效的。

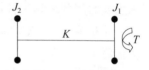

图6-17　双质量扭转振动系统

在图6-17所示的双质量系统中,两个质量的转动惯量分别为 J_1、J_2,轴的刚度为 K,两个质量的扭转角分别为 θ_1、θ_2。那么类似单质量系统,分别从两个质量可写出两个式子:

$$J_1\ddot{\theta}_1 + K(\theta_1 - \theta_2) = 0$$
$$J_2\ddot{\theta}_2 + K(\theta_2 - \theta_1) = 0$$

式中:$\ddot{\theta}_1$、$\ddot{\theta}_2$ 分别为两个质量的角加速度。

系统做简谐振动,可得出系统的解为

$$\omega = \sqrt{\dfrac{K(J_1 + J_2)}{J_1 J_2}}$$

当然系统还有另外一个解 $\omega = 0$,相当于滚振,整个轴系作为一个刚体来运动,$\theta_1 = \theta_2$。这与扭转无关,我们不予考虑。

图6-18为三质量扭转振动系统。对于三质量、四质量以及多质量系统也可以类推,计算公式比较烦琐,计算量很大,好在现在有计算机软件,我们就不再逐个推演了。建立好多质量系统模型后,可以算出自振频率。对于船舶轴系来说,只要解出前面两个解就可以了,无须算出后面的解,因为三阶以后的解对扭

振系统影响非常小。

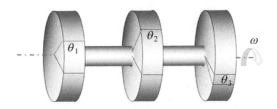

图 6‑18 三质量扭转振动系统

6.4.3 轴段刚度的处理

船舶轴系可能不是同一直径,不同直径的阶梯轴可视为轴的串联,串联轴两端受到共同扭矩时,各轴段扭转变形角度之和为总的扭转变形角度,即串联轴的总刚度的倒数之和为各轴段刚度的倒数之和。

并联轴相反,当两端受到扭矩时,各轴的扭转变形角度相同,总的刚度等于各轴段刚度之和。

对于轴段的刚度可以用下式来计算:

$$K = \frac{\pi}{32} \frac{G}{L} (D^4 - d^4)$$

式中:D 为轴外径;d 为轴内径;L 为轴的长度;G 为轴的材料剪切弹性模数,钢剪切弹性模数为 8.14933×10^{10} N/m²。

6.4.4 轴系扭转振动的简化模型

常规的推进轴系扭振计算中,大多采用集总参数模型。此类模型由三种基本元件组成:刚性匀质圆盘元件、无惯量阻尼元件及无惯量扭转弹簧元件。现在,也常采用集总参数元件与分布参数元件相结合的模型。在柴油机中,轴系扭转振动的具体计算方法如下:

(1)柴油机每一气缸的运动部件(包括单位曲柄、连杆、活塞组件)简化为一个匀质圆盘元件,该元件放在曲轴轴线的气缸中心位置。

(2)传动齿轮、链轮、飞轮、推力盘、螺旋桨、发电机转子、干摩擦片离合器都作为绝对刚体简化为匀质圆盘元件,该元件放在各部件重心或几何中心位置。

(3)中间轴、尾轴和螺旋桨轴的转动惯量按需要适当等分后简化为若干匀质圆盘元件,通常是等距离地排列在轴中心线上,各元件之间的连接弹簧刚度等于它们之间轴段的刚度。对于尾机型短轴系,一根轴的转动惯量简化为两个圆盘元件,分别放在两端法兰端面位置即可。对于中机型长轴系,一根轴的转动惯量适当细分为两个以上的圆盘元件,这有助于绘制更精确的振型曲线。现在,也常将中间轴、尾轴和螺旋桨轴按自然分段分为等截面匀质轴段元件,这样可使简化模型更接近实际系统,同时又不使计算分析过于复杂。

(4) 柴油机的附件分支,如凸轮轴、水泵、滑油泵等,在计算分析曲轴轴系扭振性能时,一般可不予考虑。

(5) 弹性联轴、弹性扭振减振器的主动与从动部件分别简化为匀质圆盘元件,它们之间的连接弹簧刚度等于联轴器弹性元件刚度,如弹性元件的转动惯量不可忽略,则可一分为二,分别计入主、从动圆盘元件内。

(6) 硅油减振器简化为匀质圆盘元件,其转动惯量等于壳体转动惯量与二分之一惯性轮转动惯量之和。

(7) 忽略轴承对系统扭振的约束。

(8) 一般不考虑齿轮啮合刚度和油膜刚度。

(9) 皮带、液力偶合器均可视为扭转刚度极小的传动件,它们所联系的部分可视为扭振特性相互独立的两个系统。

(10) 在自由振动计算中,如系统无大的阻尼元件,一般可不计入阻尼的影响。在振动响应计算中,柴油机阻尼、螺旋桨阻尼、减振器阻尼、发电机阻尼等多采用等效线性黏性阻尼器模型。

目前船舶驱动轴系非常复杂,并非手工可以计算的,通常都用计算机软件进行计算。

对于二冲程机直接驱动的螺旋桨,可以按图 6-19 所示进行简化示意。

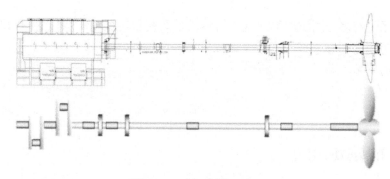

图 6-19　轴系简化示意图

其扭振模型如图 6-20 所示。

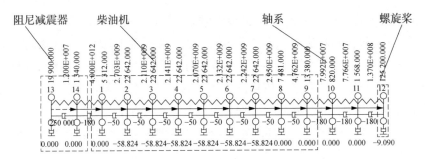

图 6-20　轴系扭振模型

对于有分支机构的振型,比如柴油机驱动齿轮箱,齿轮箱又分别驱动螺旋桨轴系和轴带发电机,其模型如图 6-21 所示。

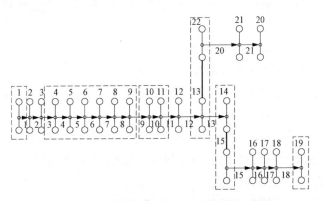

图 6-21　带齿轮箱及轴带发电机的扭振模型

建立集总质量参数振动模型后,就可以用 Holzer 方法来解自由振动的固有频率了。

当系统有多个刚质均匀圆盘参与多质量系统扭转振动时,可以推导出系统的惯性力矩之和等于零,即

$$\sum_{i=1}^{n} J_i \omega^2 \theta_i = 0$$

6.4.5　扭转振动的计算

Holzer 方法的本质是试算法,对于大型扭振系统,计算步骤如下:

(1) 选取试算的第一个频率 ω_1,然后算出第一圆盘的角位移幅值 θ_1;

(2) 依次算出其余圆盘的角位移幅值 θ_2, θ_3, θ_4, $\cdots$, θ_n;

（3）计算系统的惯性力矩总和，检查该值是否等于零，或者小于某一预定数值；

（4）如果所得频率不能满足总力矩之和等于零，则按照一定的增量 $\Delta\omega$ 选取频率 ω_2，ω_3，ω_4 进行试算。可以得出如图 6 - 22 所示频率曲线。以频率为横坐标，以剩余力矩之和为纵坐标。

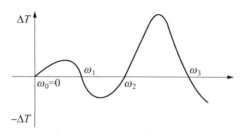

图 6 - 22　Holzer 试算法

（5）当相邻两次计算结果为异号时，则在两次计算之间必有一个固有频率，可以用插值方法提高精度再次算取频率。这样就可以求取系统的固有频率了。

手动计算相当烦琐，但随着软件的发展，在现代计算机辅助之下，只要把振动模型设定好，共振频率就很容易算出来，不需要手动计算。我们介绍扭转振动的目的是使读者明了其中的原理，容易读懂计算报告，知晓船舶推进轴系的合理布置及设计。计算机辅助计算后，很容易输出直观的结果，允许的应力也清晰地显现出来。

再辅以不同的计算的阶数，就可以很直观地看出系统共振点。以某二冲程主机直接驱动螺旋桨轴系的扭转振动结果坎贝尔图为例（见图 6 - 23），纵坐标为自由振动频率，横坐标为原动机的工作转速，主机额定转速为 110 r/min，工作转速范围为 20～110 r/min。横线为三个不同的系统固有自振频率，斜线为不同阶数的计算结果。交叉点为系统的共振频率。比如，该轴系的一个固有自振频率的解为 5.2 Hz，该船螺旋桨为 4 片桨叶，当轴转速在 78 r/min 的时候，系统的频率为 $78\times4/60=5.2$ Hz，刚好与轴系的自振频率重合，所以 4 阶斜线与自振频率线有个交叉点，对应横坐标为 78 r/min，代表该转速时有一个系统共振点。该转速不是额定工作转速，可以避开该转速工作。在额定工作转速上下 20% 的区域的共振点都是很严重的情况，比如在 3 阶时的共振点 104 r/min，就是额定工作区域的共振点，该点重点标记，起到警示作用，其实该系统不存在 3 阶共振点。

打叉的交叉点为可能的共振工作点，要看螺旋桨的桨叶数目、主机的缸数等系统配置，结合振幅和应力允许值，设法避免可能的共振点。最大的危害通常出

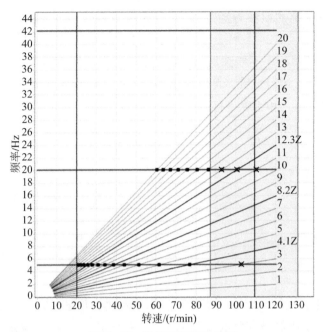

图 6‐23　扭转共振坎贝尔图

现在第一个共振频率点,因为它通常接近主机工作转速。第二个共振频率较高,
比如图 6‐23 的 20 Hz,换算到转速已经高达 1200 r/min 了,它与 12 阶的解有一
个共振点,即 100 r/min,意味着如果主机工作在 100 r/min,那么轴系每经三转,
螺旋桨的叶片次振动即可产生共振,要结合振幅与应力来看是不是要设转速禁区。

有了扭振结果,就可以分析具体某个元件的应力情况了。如图 6‐24 所示,
中间轴很明显在 75 r/min 处发生了共振,此时的应力非常大,已经超过了稳态
限制线,而没有超过上方的瞬态限制线。很显然要在稳态限制线被超过的两个
转速 n_1 和 n_2 设置转速禁区,回避共振区域。

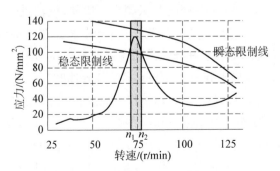

图 6‐24　TVC 结果分析,超过稳态限制

图 6 - 25 是某 1.7 万吨化学品船的轴系扭振预算结果,从应力图上我们发现该轴转速在 50~55 r/min 的时候应力非常大,已经超过了瞬态允许值,显然这个结果是不能接受的。

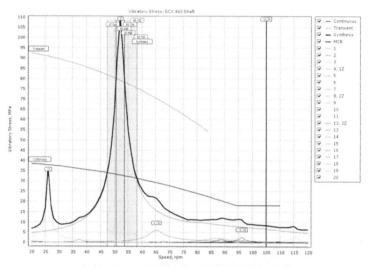

图 6 - 25　TVC 结果分析,超过瞬态限制线

一旦 TVC 计算结果中应力超过瞬态限制线,必须做出进一步的分析,提出解决方案,比如更换某些部件以达到应力小于瞬态限制线的目的。该项目通过进一步分析,把阻尼器的参数去掉,发现系统并没有改善太多,很显然,该阻尼器并没有起到应该有的效果,有阻尼器和没有阻尼器区别不大(见图 6 - 26)。

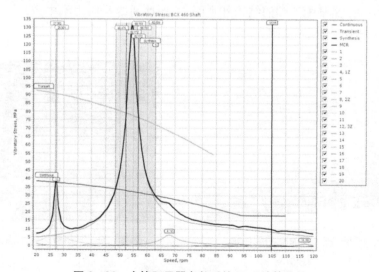

图 6 - 26　去掉阻尼器参数后的 TVC 计算结果

后来更换了新的阻尼器,阻尼器的刚度大幅下降,大约是原来刚度的 1/3,则该轴的振动应力立即下降,效果很明显(见图 6 - 27)。

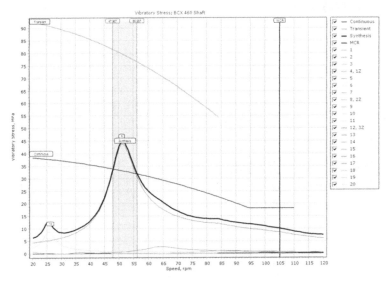

图 6 - 27　更换新的阻尼器后的 TVC 结果

通过 TVC 预算分析,可以及早发现问题,在设计之初就把隐藏的风险消除掉。特别是二冲程机直接驱动的调距桨的轴系,油分配轴通常都是扭矩传递的一部分,该轴上如果有油槽,则应力会集中在油槽处,如果扭振应力过大,就有发生该轴断裂的风险。

图 6 - 28 是某配油轴的结构外观图,油槽处通常是应力集中点。该类型的配油轴容易发生断裂(见图 6 - 29)。

图 6 - 28　有油槽的配油轴

图 6 - 29　某船断裂的配油轴

油槽处集中的应力值称为附加应力,因为这个应力是强度计算许用值之外的扭应力,关于应力的允许值,以下是需要注意的:

(1) 对这个附加应力,世界各国验船协会的许用值是不同的,因此对一个特定系统完全有可能被某一个国家规范通过,而在另一国却不获批准。

(2) 扭振破坏形式属于疲劳性质,因此在一定时间内,低转速循环次数比高转速少一些。这也就说明了为什么低转速的许用值比高转速大一些,但这只是相对而言。必须了解高速机的最低转速比低速机的最高转速要高,所以对高转速的轴系要求应该严一些,规范中无此要求,但设计者应该明白这一点。

(3) 轴系中小直径比大直径的许用应力值要高,这是因为任何铸件或锻件的尺寸比较大时,材料容易产生气孔或小裂缝等,这些会导致循环疲劳应力增加,因此大直径轴系的许用应力值要有所下降。

(4) 对于瞬时运转,因为不是经常性的运转而是"一瞬即过",所以条件可以放宽些,许用应力值比经常运转范围增加将近一倍。超速运转从某种意义来说相当于瞬时运转,但又不同于瞬时运转,因此许用应力值虽有所提高,但不是成倍增加。须遵守规范,并力求使系统的应力值降低。

6.4.6　扭转振动的防范措施

当扭转振动有了计算结果,有严重共振问题的,可以采取以下一些措施。

1) 回避共振区

所谓回避共振区域是将共振点附近转速划为禁区。然而在运转时转速最大处是不应该划为禁区的,因为如果划为禁区就无异于降低主机功率。在船舶经常使用的转速范围内也是不应该划为禁区的,也就是说,只有在不经常使用的范围内方可划为禁区。某些转速范围即使没有超过许用应力值,也是要划为回避区域的,避免主机长期在此区域工作。我们知道,双节点最大应力产生在柴油机曲轴上,曲轴经常不断地在 30 Mpa 的应力下工作,气缸衬套、轴承承受严重的负荷,而且可能会产生噪声,增加不必要的运转损伤。因此,为安全起见,最好将双节点临界速度应力控制在 15 Mpa 以下。

2) 调整频率

从频率计算的基本公式 $\omega = \sqrt{\dfrac{K}{J}}$ 可知,系统中频率主要与刚度和转动惯量有关。刚度越大,频率越高;而惯量越大,频率越低。因此变更系统中的转动惯量和刚度能够达到调整频率的目的。在调整频率时,并不需要同时变动刚度和惯量,只要变更其中之一即可。

改变刚度最简单的方法是加粗柴油机曲轴和轴系直径。一般不采用将轴段减细以降低频率的方法。在加粗柴油机曲轴直径的同时也增加了转动惯量,但从前面的频率计算可知,轴段的转动惯量是可以忽略不计的,因此增加刚度的影响比增加转动惯量大,也就是说,加粗轴段是能增加刚度而提高频率的。不过,双节点的节点是在曲轴的,增加轴段的刚度对双节点频率影响不大,而只对单节点频率有影响。

另一种方法是改变转动惯量,系统中可以改变的转动惯量有螺旋桨、气缸平衡块以及飞轮。螺旋桨设计经船池试验以后,除非不得已,一般是不希望更改的。平衡块重量变动要考虑轴承应力情况,还要仔细研究动力学中的平衡情况,涉及问题较多,因此通常主要考虑改变飞轮尺寸以改变转动惯量。如果柴油机已经安装完成,而由于计算不准确或其他原因,在运转过程中从扭振测量发现有危险的共振现象,此时最简单的方法是在柴油机曲轴的自由端加装一个小飞轮,称为调频飞轮或副飞轮。

3) 加装减振器

减振器有多种型式,如摆式减振器,挂在曲轴下面,像钟摆一样能消除某一阶的共振,作用原理相当于一个小飞轮。

另一种常用的减振器——黏性液阻式减振器通常布置在曲轴的自由端,外壳是圆形的,壳内放有环形重块惯量,在重块与壳体之间留有间隙填满一定黏度的硅油。当外壳随着曲轴发生扭振时,重块也产生扭振,但由于硅油的阻尼作用,两者之间就有了相对运动。重块惯量使频率降低,而硅油阻尼使振幅减小,起了减振作用。

由于液阻式减振器的作用是减小振幅,所以应该布置在振幅较大的地方,如果布置在节点上是不起作用的,这也就是通常这种减振器布置在曲轴自由端的缘故。在某些情况下,为了主机运转的平稳性,即使共振点在许用应力之下,还是采用减振器。目前使用的减振器中,摆式减振器和黏性液阻式减振器的结构较为简单。但正如前面已经指出:摆式减振器只对某一阶振动有效,而在使用一定时间后,由于磨损,可能还要"失效",何况这种减振器尚有动力平衡问题。相反,黏性液阻式减振器对任一阶振动都有效,虽然对某几种振动效率不高,但毕竟仍在起作用(如何保持阻尼系数不随温度而变化,当然是一个要解决的问题)。近年来,黏性液阻式减振器几乎完全替代了摆式减振器。

4) 改变发火秩序

改变发火秩序可以改变非主简谐次数相对振幅矢量和的大小,但对主简谐次数相对振幅矢量和大小不起作用。改变发火秩序需要对柴油机的结构有较大

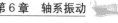

的改动,只是理论上可行,实践中很难操作。

6.5　回旋振动

第二次世界大战后,一些商船,特别是美国"自由轮"经常发生螺旋桨轴锥形大端龟裂折损,甚至出现螺旋桨落入海中的严重事故,由此引起了人们的关注。希腊人 Panagopulos 首先(1950 年)指出事故的主要原因:在船尾不均匀伴流场中运转的螺旋桨上作用有按叶频期变化的流体力,使螺旋桨轴系产生回旋(横向)振动共振。1952 年,英国人 Jasper 在不同条件下也得出类似的结论。

在 Panagopulos 和 Jasper 研究并提出计算螺旋桨回旋(横向)振动固有频率的简化公式之后,在海洋商船轴系设计中多使回旋振动共振转速远在运行转速范围以外,因而使回旋振动共振引起的螺旋桨轴折损事故大体消除,横振似乎已不成问题。如此一来,推进轴系回旋振动的研究在一个时期中进展较缓慢。随着船舶大型化的发展,一些大型、超大型油轮和散装船的出现,使得船体(特别是船尾)的刚度有所下降,为了获得较高的推进效率,常倾向于采用多推进轴系。这样除了在船体横截面中心线上的轴系外,其余的轴系必然有较长的部分远离船体伸入水中,船体外的这部分轴段由舷外托架支承,它们的刚度一般要比船体内支承刚度低。此外,基于结构上的原因,这类轴系最后两相邻轴承间的距离较长,这些都将导致轴系回旋振动固有频率降低。另一方面,这类船舶的螺旋桨有5 或 6 个桨叶,其转速也较高,这就使作用在螺旋桨上流体力的频率(叶频)有可能接近于下降的回旋振动频率,使轴系有产生共振的可能性。即使没有出现共振,在大功率船舶中,由于螺旋桨的激振力增加,也有可能使回旋振动响应大到不可忽视的程度。因此,推进轴系的回旋振动又受到广泛关注,较以前更被重视了。总的说来,回旋振动目前仍处于研究发展阶段。

虽然一些船级社规范对轴系回旋(横向)振动提出了要求,以及目前有可能采用比 21 世纪 50 年代复杂得多的计算模型。可是由于一些不确定和难以精确确定的因素的影响,即使是固有频率的计算,也难以确保较高的计算精度。至于振动响应的计算,仍处于研究和内部试用阶段,公开发表的文献很少,离实际应用尚有一定距离。

船舶推进轴系回旋振动的激振力,来自以下几个方面。

1) 旋转质量(主要是螺旋桨)的不平衡离心力

任何材料都不是绝对均匀的,再加上设计制造方面的缺陷,所以轴的几何中心与重心不是重合的,这就会造成转轴在旋转时产生不平衡离心力。

不平衡离心力具有与转轴相同的旋转角速度和旋转方向。当轴系的一次正回旋固有频率和转速频率相等时,将出现一次共振,其后果相当严重。不过,一般商用海船为防止螺旋桨产生空泡,都把螺旋桨转速压得比较低,大致在 $100 \sim 200 \ r/min$,而推进轴系一次回旋振动固有频率,通常总在 $500 \ r/min$ 以上,远远高于轴频(轴的转动频率,即转速)。因此,除特种船舶外,一般不会发生不平衡离心力引起的共振问题。

2) 作用在螺旋桨上的流体激振力

这类激振力的频率为叶频及其倍频。当轴系的叶片次或倍叶片次固有频率与之相等时,将出现叶频次共振,这是产生事故的主要原因。

3) 螺旋桨偏心质量的重力作用产生的激振力

这类激振力的频率为轴频的两倍。一般由偏心重力引起的二次激振力不大,只有当发生桨叶脱落等重大事故时,偏心距急剧增大才会有意义。

当转轴的抗弯刚度各向不同的时候也会引起轴频两倍的二次激振力。在推进轴系中,转轴的抗弯刚度一般均视为各向相同。

严重的回旋振动将产生以下后果:

图6-30 回转振动损坏的轴段

(1)螺旋桨轴锥形大端处或法兰连接处产生过大的弯曲应力。对于叶频次回旋振动,这种交变弯曲应力的变化谐次为螺旋桨叶片数目。该应力又会因螺旋桨轴端螺帽松动、桨在锥部振跳而加剧。如果考虑海水腐蚀引起钢的弯曲疲劳极限急剧下降,则桨轴锥形大端将出现龟裂以致折损等重大疲劳破坏事故(见图6-30)。

(2)尾管轴承早期磨损,并导致轴衬套腐蚀、密封装置损坏。在油润滑尾管的轴承尾端,螺旋桨前端回旋振动最大位移幅值为 $0.2 \sim 0.4 \ mm$,一般说来,超过倍叶频次的高次振动是不大的。发生共振时轴承加剧磨损,振动幅值增加,可能会损坏密封,造成漏油事故。

(3)船尾结构局部振动。

6.5.1 回旋振动的形式

回旋振动的实质是转轴以某一角速度绕其自身的几何中心线旋转,同时弯曲的几何中心线又以某一角速度绕轴承中心线旋转。前一种旋转相当于自转,后一种旋转相当于公转。公转角速度又称为进动角速度或回旋角速度。当自转方向和公转方向相同时,称其为正回旋(见图 6‑31),当自转方向和公转方向相反时,称其为逆回旋(见图 6‑32)。

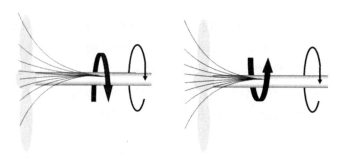

图 6‑31 正回旋   图 6‑32 逆回旋

当轴以某一角速度旋转时,在正常情况下,转轴中心线与轴承中心线重合,由于偏心重力的影响,转轴中心线与轴承中心线偏离某一距离,转轴有弹性恢复力,该恢复力的刚度为 k,产生回旋振动,则角速度为

$$\omega_n = \sqrt{\frac{k}{m}}$$

从上式可以看出,回旋振动固有频率完全由轴系动力学参数决定,与轴的自我旋转角速度无关。

根据初始条件不同,化繁为简,不再赘述过程,可以证得回旋振动有以下几种振动形态(见图 6‑33):

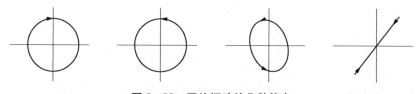

图 6‑33 回旋振动的几种状态

(1) 转轴做正回旋振动,回旋轨迹为圆;

(2) 转轴做逆回旋振动,回旋轨迹为圆;

(3) 转轴做逆回旋振动或者正回旋振动,回旋轨迹为椭圆;

(4) 转轴做直线简谐振动,其轨迹为直线。

当回旋振动作为受迫振动时,其有以下特征:

(1) 轴系做正回旋振动,由于回旋角速度与轴的旋转角速度相等,这类正回旋振动称为一次正回旋振动。

（2）引起一次正回旋振动的激振力是按轴频旋转的横向推力，即偏心质量离心力。

（3）回旋中心挠度对一具体轴系（其质量、刚度、偏心距均为定值）仅随轴的角速度而变化，随着角速度的逐渐增大，挠度亦相应增大，并为正值。当发生共振时，挠度将无限增大，相应的转速称为临界转速，当角速度进一步增加，挠度逐渐减小。如果转轴的偏心距零挠度为一不定值，即挠度可以为任意值，转轴中心的离心惯性力恒等于轴的弹性力，轴系处于随遇平衡状态。此时任一微小的外力都会使轴系挠度急剧增加。

（4）当轴系因偏心质量离心力做稳定的一次正回旋时，转轴因动挠度而产生的弯曲应力是不变的，即转轴一直保持恒定的弯曲弓状。在旋转一周的 $360°$ 中，轴上受拉处恒受拉，受压处恒受压。由于一次正回旋引起的事故不是疲劳破坏。但当轴系从亚临界转速过渡到超临界转速运转时，转轴的弯曲方向要变化 $180°$，在亚临界区运转时，轴上的受压处将变为受拉，受拉处将变为受压。

当考虑阻尼作用且阻尼为线性黏性阻尼时，振动响应的幅值降低了，旋转中心、几何中心、重心在整个转速范围内不再在同一直线上。

对一个具体轴系而言，只有轴系旋转角速度是变量，对于不同的旋转角速度，螺旋桨轴系的固有频率是不同的，这是推进轴系回旋振动固有频率的重要特点。造成这一现象的原因是螺旋桨的惯性力矩的大小随轴系旋转角速度变化而变化，不同的螺旋桨惯性力又会造成不同的悬臂挠度，不同的挠度共振转速又会不同（见图 6-34）。

图 6-34　螺旋桨不同的挠度会造成不同的共振转速

6.5.2　固有频率的计算方法

假设轴静止不转（没有自旋），就是单自由度系统，这时候轴的回旋临界速度与轴的自振频率数值是一致的，因此，轴的回旋往往称为横向振动。实际上这完全是两种不同的概念,只是由于二者的计算数值相等就混为一谈了。

　　同时,我们应该知道,对横向振动(轴静止不转),轴承的摩擦力、油膜厚度以及陀螺效应是没有影响的,临界角速度也正是忽略了以上这些因素得到的。类似于在计算扭振频率时忽略阻尼,在一般情况下,忽略了摩擦力以后,最后得到的临界转速误差不是很大。

　　基于以上前提,我们可以先从振动基础理论来了解回旋振动固有频率的计算方法。

　　如图 6-35 所示,假设有一根轴两端有轴承支撑,质量集中在轴的中心处。轴在静止时有挠度 Δ,忽略轴承摩擦、油膜的影响,这是一个单自由度振动系统。

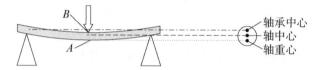

图 6-35　轴的挠度分析模型

　　假设轴的弹性刚度 $K = \dfrac{mg}{\Delta}$,这里的弹性刚度是指轴在静止时其挠度偏移单位距离时所需要的力,这个物理意义与扭转刚度类似。显然这个力就是轴的重力,用 mg 表示,则圆频率为

$$\omega = \sqrt{\frac{K}{m}} = \sqrt{\frac{\dfrac{mg}{\Delta}}{m}} = \sqrt{\frac{g}{\Delta}} \qquad (6-15)$$

化作轴转速

$$n = \frac{60\omega}{2\pi} = \frac{60}{2\pi}\sqrt{\frac{g}{\Delta}} \approx \frac{945.33}{\sqrt{\Delta}} \qquad (6-16)$$

式中: $g = 9.8\,\mathrm{m/s^2}$; Δ 为轴静止时的挠度,单位为 mm。

　　船舶轴系中间轴承的破坏事故很少可归因于横向振动,尾轴承的破坏却往往是回旋运动引起的。因此,推进轴系的横向振动通常指的是尾轴的回旋振动,其干扰力来自螺旋桨。也由于这个原因,靠近螺旋桨的 3～4 个轴承对横向振动影响较大,其他几道轴承影响较小。前面已经指出,轴系横向振动计算只能是近似的,所以没有必要将全部轴系考虑进去,而使计算复杂化。

1) 简单估算法

　　如图 6-36 所示,简单估算法只考虑两个支承点,用材料力学方法求得在螺

旋桨重量下的最大静挠度。从材料力学中可知,对二支承点的悬臂梁,其最大挠度为

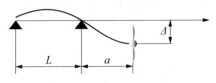

图 6-36　螺旋桨挠度示意图

$$\Delta = \frac{M(L+a)a^2}{3EI}$$

式中:M 为螺旋桨重量,单位为 kg;L 和 a 分别为跨距和悬臂长度,单位为 mm;E 为弹性模数,钢材取 2.1×10^4 kg/mm^2;I 为轴的面积惯性矩,单位为 mm^4。

当然,尾轴截面是不均等的,可假设为等截面,因为条件都是假设的,船体变形,支撑点都是非精确的,这种近似计算足够了。

将上述公式代入自由振动可得

$$n = \frac{60\omega}{2\pi} = \frac{60}{2\pi}\sqrt{\frac{g}{\Delta}} \approx \frac{945.33}{\sqrt{\Delta}} = 945.33\sqrt{\frac{3EI}{M(L+a)a^2}} \qquad (6-17)$$

由式(6-17)可以看出,螺旋桨的悬臂越长,振动频率越低。式(6-17)虽然不是很精确,但是可以快速估算共振频率。

还有一种方法比较复杂,需要考虑当量长度。在轴系中,有不同的直径,而计算的时候要按照同一直径进行,因此要把轴系转成当量长度,可以借鉴扭转振动中挠度相等的原理来转换。

假设要把直径 D_1 的一段轴长度 L_1 转换成直径为 D_2 的轴,其长度为 L_2,则有

$$L_2 = L_1\left(\frac{D_2}{D_1}\right)^4$$

这种转换虽然没有什么理论依据,回旋振动有许多因素是不确定的,只能是近似的,用来估算共振频率也足够了。

2) Panagopulos 公式

Panagopulos 假定,螺旋桨轴系作为回旋振动时,轴的动挠度曲线与在螺旋桨端部作用一弯矩时轴的挠度曲线完全相同,这意味着除支撑点外,轴系的各点挠度与转角的比为一定值。根据弯矩理论和材料力学原理,可推导出如下系统

固有频率(省去推导过程)：

$$n = 9.55 \sqrt{\dfrac{3EI}{J_{\mathrm{d}}\left(b+\dfrac{l}{3}\right)+Ma^2\left(\dfrac{b}{2}+\dfrac{l}{3}\right)+u\left(\dfrac{b^4}{8}+\dfrac{lb^3}{9}+\dfrac{7l^4}{360}\right)}} \quad (6-18)$$

式中：M 为螺旋桨质量，单位为 kg·cm·s^2；J_{d} 为螺旋桨的径向转动惯量，单位为 kg·cm·s^2；b 为当量螺旋桨悬臂长度，单位为 cm；a 为实际螺旋桨悬臂长度，单位为 cm；u 为单位长度的轴质量，单位为 kg·s^2/cm^2，为了简化计算，也可以取为零值。

3) 中间轴的临界转速估算

中间轴的跨距较多，如果把整个轴系都包括进去，计算要解决剪切力、弯矩、倾角和挠度共 4 个未知数，而扭转振动只有扭转角是未知数，因此一定要用计算机程序辅助计算才能算出，手动计算的工作量太大。然而对于回转振动，尾轴振动起决定性作用，中间轴的临界转速是次要的，作为近似计算，单跨距可以简化计算。

图 6-37 为中间轴挠度示意图。我们可以考虑单自由度振动计算的理论公式，未知数只有挠度，因此只要去求挠度即可。

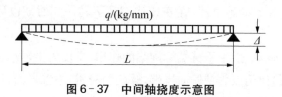

图 6-37　中间轴挠度示意图

从材料力学可知，对于只有两个轴承的单跨距支梁，均布载荷，其挠度为

$$\Delta = \frac{5ql^4}{384EI}$$

式中：q 为轴上的均布载荷；E 为弹性模数；I 为面积惯性矩；l 为两轴承间的距离。

将上式代入单自由度频率振动公式可得

$$\omega = 8.77 \sqrt{\frac{EIg}{ql^4}}$$

如果将 $E = 2.1 \times 10^4$ kg/mm^2；$I = \dfrac{\pi D^4}{64}$；$g = 9800\,\mathrm{mm/s^2}$；$q = 0.000616\pi D^2$；

代入上式,则可得到轴频率计算公式

$$n = 9.55\omega = 10.7 \times 10^7 \frac{D}{l^2} \qquad (6-19)$$

式中:D 为中间轴直径,单位为 cm;l 为轴承最大跨距,单位为 cm。

6.5.3 影响推进轴系回旋振动固有频率的因素

由于存在一些不确定或难以精确确定的因素,使轴系回旋振动固有频率的计算不能达到较高的精度。

1) 轴承支承点位置

所谓支承点是指轴系与轴承的接触点。如果接触是均匀的,那么可以假设支承点在轴承的中点;但如果接触是不均匀的,或接触是倾斜倒向一边的,那就不能假设支承点是轴承的中点了。回旋振动计算分析中,轴承简化为点支承,支承点的位置可按动态校中,由轴承轴向分布的支反力的合力作用点确定。对于中间轴承、尾管前轴承,它的宽度一般都不大,支承反力可以认为是均匀分布的,支承点也可近似假定在轴承的中央位置。但对尾管后轴承,可以想象一个一二十吨重的螺旋桨作用在长的轴承上,是不可能均匀地全部接触而不倾斜的。由于尾轴与轴承在不断地摩擦,在安装初期和运转一定时期以后接触点是不相同的。

对于尾管后轴承,由于悬臂端螺旋桨的作用,支反力沿轴承长度分布很不均匀,支反力合力的作用点总是偏向尾端,螺旋桨越重,桨轴弯曲越大,合力作用点偏离轴承中央位置就越多。一般尾管后轴承长度较大,支承点取不同位置时,对振动固有频率有很大影响。困难的是,尾管后轴承支承点位置实际上是不定的。它随轴系运转时间的长短、磨损程度、船舶负载、船体变形等因素而变化。现实的方法是根据初期轴系校中计算确定支承点的位置,然后预计各种因素的影响,按经验给出支承点位置变化的某一范围。但经验数据各不相同,分散度很大。法国船级社建议铁梨木轴承支承点取离轴承后端 $(0.5 \sim 0.8)D$ 处;对白合金轴承,支承点取离轴承后端 $0.5D$ 处,D 指轴径。英国船级社建议支承点取离轴承后端白合金轴处 $(1/3 \sim 1/2)L$ 处,L 指轴承衬套长度。

2) 轴系校中状态

当轴系校中不良轴承(特别是尾管前轴承)出现负的支反力(轴承脱空)时,回旋振动面有频率将大幅度下降,有使回旋振动临界转速落入运转转速范围的危险。此外,当尾管后轴承的支承点随磨损加剧面逐渐前移时,它除直接影响回

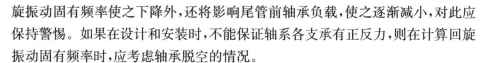

旋振动固有频率使之下降外,还将影响尾管前轴承负载,使之逐渐减小,对此应保持警惕。如果在设计和安装时,不能保证轴系各支承有正反力,则在计算回旋振动固有频率时,应考虑轴承脱空的情况。

3) 螺旋桨附连水效应

船舶在航行中,螺旋桨在水中运转振动时,轴上除了承受螺旋桨重量外,还应该考虑轴旋转时附带在螺旋桨上水的重量,称为附水质量。在振动时,螺旋桨的转动惯量当然也要随之增加。这个附加量究竟应该是多少?由于船的航速变化以及吃水深度不同,附水质量实际上也是一个变数,更确切地说是一个未知数。附连水系数没有标准,有的采取固定系数,有的采取近似计算,不同的取法会影响计算结果。对定螺距螺旋桨,附水质量约为螺旋桨质量的 $25\%\sim30\%$;对变螺距螺旋桨,约为 $10\%\sim30\%$,包括零螺距和全螺距两种工况,这样附水质量也存在不确定性。螺旋桨的附水效应使回旋振动固有频率降低。

4) 支承系统特性

在前面的分析中,轴承的刚度在各个方向都假设是相同的,而在实际情况中并不一定如此。通常滑动轴承的刚度在水平与垂直方向是不相同的(一般前者小于后者)。在这种情况下,轴的中心环绕着旋转中心的轨迹是一个椭圆而不是一个圆形,因此在回转时可出现水平和垂直方向两个临界转速,水平方向发生共振,而垂直方向的振幅不是很大;同样,垂直方向发生共振时,而水平方向的振幅不是很大。所以在实际情况下,横向振动是一个范围,而不是一个速度。

推进轴系的轴承支承系统是一个复杂的弹性阻尼系统,对于一般细长的轴系,它的弯曲刚度较低,而支承系统的刚度相应要大得多,这时支承系统可假设为刚性的,轴承可按刚性铰支来处理。但在一些吨位较大的船舶中,船体刚度不太大,而轴又比较粗,如仍不考虑支承弹性,则在固有频率计算中,会造成较大误差,计算的固有频率要比实际值高,这样的计算结果将含有不安全因素。因此对于一般海洋运输商船,其轴系的回旋振动分析,目前大多应考虑支承系统的动力特性,尤其是尾管后轴承支承系统的动力特性。轴承支承系统大致可分为三部分:第一部分为油膜,其动力特性用油膜刚、油膜阻尼表示;第二部分为轴承-轴承座,其动力特性用轴承参振质量、轴承刚度表示;第三部分为船体基座,其动力特性用船体参振质量、船体刚度表示。轴承-轴承座及船体部分一般均忽略阻尼的影响,上述刚度、阻尼参数一般在水平、垂直两个方向是不同的,且相互有耦合关系。

支承系统参数的确定是一件相当复杂且费时、费钱的工作,一般很难单纯由计算求得。实际应用中,在缺乏支承系统的详细资料时,大多用等效弹簧和黏性阻尼器表示。支承特性船体和轴承结构各异,难以针对不同情况给出确切的数据。根据国内外实船数,对于五万吨以下的运输商船,尾管后轴承等效刚度约在 $0.5 \times 10^{10} \sim 2 \times 10^{10}$ N/mm。尾管前轴承和中间轴承的等效刚度约在 5×10^{6} N/mm。油膜刚度与许多因素有关,例如轴承结构、负载大小、油的黏度、温度、轴承间隙等。它与转速有密切的关系,它的计算可由不稳定载荷下 Reynold 方程推导求得,这里不予详细介绍。

在尾管后轴承等效刚度中,油膜刚度贡献较小,等效刚度主要由支承结构刚度决定。在尾管前轴承中,该处船体刚度较大,等效刚度则以油膜刚度为主。对于中间轴承,结构刚度与油膜刚度不相上下,等效刚度接近于两者的平均值。回旋振动固有频率随尾管后轴承等效刚度增加而增加,当等效刚度大于 1×10^{7} N/mm 后,固有频率变化很小,可近似认为是刚性支承。刚度值在 $1 \times 10^{5} \sim 5 \times 10^{5}$ N/mm 时,固有频率对支承刚度变化的灵敏度最大。固有频率对支承刚度变化的灵敏度最大的区间也在此范围,而这,也正是实船支承刚度范围。可见,正确选取支承刚度对准确求得轴系固有频率有重要意义。

另外,轴承间隙使临界转速降低。这个间隙每档轴承可能是不相同的,而在设计阶段也是无法估算的。

综上所述,在通常计算中,多假设水平与垂直方向刚度相同,忽略底座与轴承间隙的影响,因此只能得出近似的平均自振频率,并不是很精确。

5) 陀螺效应和推力的影响

陀螺效应也称为回转效应,其有两个旋转轴,一方面绕轴的中心旋转,另一方面绕挠度方向旋转,可以称为自转和公转。绝大多数情况下两个旋转方向是一致的,为正回旋。其效果是轴的挠度减小,振动频率提高。极少情况下两个方向不一致,为逆回旋。逆回旋振动使频率降低,只有特殊情况下才会发生,一般不考虑。

螺旋桨的陀螺效应随着轴的转速增加而影响越发明显,陀螺效应对轴段的影响则非常小,不具有实际意义。轴向压力对轴段有影响,特别是当和轴向振动耦合的时候,其影响更大,轴向压力增加,轴的挠度增加,固有频率将下降。单纯的轴向力和剪切力对固有频率的影响较小。

6) 桨叶的影响

假设螺旋桨有 4 片桨叶,那么轴每转动一次,桨叶在不同的伴流区域就要抖动 4 次,叶频就是轴频的 4 倍,如果轴以临界转速运行,船的强烈振动就会是轴频率的 4 倍,这些振动被轴承吸收,可能就会导致轴承磨损加剧,密封漏油。

除以上 6 种影响因素外,还有转轴本身的重量、支承点的间距等因素的影响

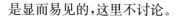

是显而易见的,这里不讨论。

从上面的讨论中可以看到,在横向振动计算中有很多因素都是不能确定的。

综合起来,以下几点尚不能确定:

(1) 螺旋桨轴与尾管轴承的接触长度;

(2) 螺旋桨的附水质量;

(3) 轴承和支座的刚度;

(4) 轴承油膜和间隙。

鉴于以上原因,船舶推进轴系的横向振动计算只能是近似的。规范中规定轴系横向振动的临界转速至少应超过额定转速的 $15\%\sim20\%$。

6.5.4　回避回转振动的方法

目前尚未看到有关回旋振动的响应容许极限的明确规定。比较稳妥的方法是在清楚回旋振动的基础上使临界转速远离运行转速范围之外。比较粗糙的方法是使临界转速高于额定转速 25% 以上。日本海事协会认为,临界转速应该高于运行转速上限 $15\%\sim20\%$;英国劳氏船级社认为,可以降低到 15%;中国船级社指导性文件建议在 $0.6\sim1.2$ 倍转速范围内不应出现轴频临界转速,在 $0.8\sim1$ 倍转速范围内不能出现叶频次临界转速。

实际上在商船上很少出现轴频的临界转速,轴频临界转速通常高达 $500\sim600\,\mathrm{r/min}$,而叶频倍的临界转速则是有可能出现在运行转速范围内的。

如果在设计的时候出现临界共振转速,则可以从以下几个方面来着手改变临界转速。

1) 改变螺旋桨叶片数

桨叶数目对一阶振动不起作用,但是对叶频临界转速起明显的作用,改变桨叶数目其实是很难的,这牵涉推进效率和水动力方面的问题,要从推进效率、结构等方面综合考虑。一般来说,只有其他措施无效或效果不显著的时候才考虑这个方法。

2) 改变轴系尺寸

中间轴如果在转速运行范围内发生共振,那么改变轴径可以改变临界转速,增加轴径会使刚度增加,也会使惯量和重量增加,但综合效果还是使固有频率增加。

对于尾轴,由于船体结构很难改变,特别是尾管轴承之间的距离,那么改变悬臂长度其实也是很难的事情。但这也是一个能稍稍改变的变量,比如取尾轴承支撑点的时候,不同的尾管轴承长度接触点是不同的,白合金、铁梨木和高分子材料轴承可以稍微改变支撑点的位置,悬臂越长,频率就越低。

3) 改变螺旋桨材料

结构尺寸相同的螺旋桨采用相同的材料时,其重量相差可达 10%,对固有频率有一定的影响。

4) 调整轴承间距

调整轴承间距对固有频率影响较大,轴承间距减小可提高固有频率,但轴承负荷间距过小又会影响轴承负荷分配,带来轴系校中的问题。有些船型带有高速轴,即中高速柴油机直接驱动轴系,轴系转速达 500~1 000 r/min,轴承间距小反而使共振转速落入运行转速范围内。

5) 调整螺旋桨的悬臂长度

螺旋桨的悬臂长度对回旋振动固有频率有很大的影响,实际上由于船体结构的限制,其可变范围也非常有限。但在计算的时候,尾管后轴承的支撑点的选取可以有少许变动。

大型船舶中,由于主机功率增大,螺旋桨激振力增加,即使在运转范围内没有产生共振,回旋振动响应也可能大到不可能忽视的程度。解决振动还要从减小螺旋桨的流体激振力来考虑。船型设计上尽可能选择不使伴流产生急剧变化的船型。一般来说,V 型截面的船尾比 U 型船尾伴流紊乱,双桨船比单桨船伴流均匀,螺旋桨叶数多会更加平稳,但也会带来叶频的共振转速降低问题。增加船尾刚度有助于减小激振力。

第 7 章

船舶电力推进

7.1 电力推进的历史

　　船舶螺旋桨最早在 1836 年分别被瑞典人和英国人发明出来,之后船舶推进方式突飞猛进。传统上船舶推进采取机械装置配以减速齿轮箱,最早是在英国发展起来的,日臻成熟。而电力推进的概念最早在 19 世纪 40 年代就被俄国科学家提出来了。俄国人雅科宾用蓄电池和直流电机驱动螺旋桨在一条小河上做试验,这是已知最早的电力推进方案试验,距今差不多有 180 年的历史。

　　1910 年,美国研制出了首台大型电动机和发电机,并开始尝试用于船舶的电力推进。电力推进和机械推进这两种推进系统展开了竞争。第一代电力推进于 1920 年投入使用,结果在横渡大西洋的小客船上效果明显。第一代电力推进大多采用蓄电池做动力,用直流电动机做推进电动机,功率在 75 kW 以下。由于大型机械制造水平不足,电力推进曾经广泛应用于船舶推进系统。

　　大概在 1920—1930 年,蒸汽轮机作为船舶推进动力的技术日渐成熟。但由于加工制造能力不足,电力推进还在广泛使用,大概在 20 世纪 40 年代,由于机械加工技术的进步,特别是齿轮传动装置加工能力的提高,蒸汽轮机和柴油机朝大型化发展,批量生产能力也得到了提高,而当时的电力推进却由于技术条件的限制,其装置大而笨重、效率低、成本高,严重限制了其广泛应用。因此大部分水面船舶均采用蒸汽轮机、柴油机和燃气轮机及各种联合动力装置推进。该推进系统在随后的数十年中主导了全世界范围内船舶推进技术。

　　第二次世界大战期间,由于美国的齿轮切制能力不足,美国海军在护航驱逐舰上又重新采用了电力推进技术。

　　第二次世界大战以后,机械推进技术持续被改进并继续保持在主导地位。在军舰中,只有潜水艇广泛地采用了电力推进技术,且其采用的柴-电电力系统成为标准系统。电力推进方式令潜水艇得以在水下利用电池的电力来推进一段时间,而不必接触空气去获得氧气来启动舰上的柴油机。除了小型柴-电潜水艇,电力推进技术也在一些海军船舶上得到了再次检验。在商船方面,电力推进技术在一些大型豪华邮轮上也得到了应用,如 1936 年的"诺曼底"号和 1960 年的"堪培拉"号。

1939 年左右,首个电力推进装置开始在冰区航行的船舶上使用,采用直流电力推进系统的芬兰破冰船 SISU 交付使用。此后,数百艘的破冰船以及在冰区航行的船舶采用了各种类型的电力推进系统,推进功率可达 50 MW。

虽然这些尝试都定期地验证了电力推进技术,也表明其具有发展前途,但在大型潜水艇和水面船舶上,电力推进技术与机械推进技术相比还是没有竞争力。20 世纪 50 年代,电力推进主要是可调速的"发电机-电动机"直流系统,调速是利用电机励磁回路的可变电阻来实现的。

20 世纪 60 年代,半导体技术可以保证由晶闸管系统来控制励磁,推动了电力推进系统的发展。20 世纪 60 年代中期,出现了带变桨距的交流电力推进。

20 世纪 70 年代,电力推进的特征是借助大电流的半导体元器件,将用于船舶总电网工作的三相交流发电机电流传递给电力推进装置。但是,船舶直流推进电动机有换向器和电刷,在使用中存在许多缺点,如大负载和反转时出现火花、换向器磨损、电刷烧毁、产生电磁干扰以及维护困难等。由于在当时条件下变频技术还不成熟,可获得的交流推进装置不能提供必要的容量,交流换向器电动机具有与直流变速系统相同的缺点。

直到 20 世纪 80 年代,船舶力推进技术一直发展缓慢,电动机由于受到调速技术限制,一般采用直流电机推进,由于其电压低、电流大、尺寸大、重量大、效率低,同时电流电机需要电刷换向,元件多,维护成本高,这些技术因素一直制约着电力推进的广泛应用。

20 世纪 80 年代以后,高频开关电子元器件的发展推动了变频技术的进步,电力电子技术的兴起给船舶电力推进技术的发展带来了新的契机,船舶电力推进在民船上取得了突破性进展。电动机和电力电子驱动技术上的进步,令大型海军舰艇的电力推进可能比机械推进具有更高的成本效益。通过改变供给电动机的电流频率和电压来调节推进电动机转速的交流推进系统取代了直流推进系统,借助于逆变器和变频器来实现的各种推进方案得到广泛应用。采用更紧凑和更轻便的交流推进电动机——同步电动机和异步电动机可以使系统获得更高频率,大大简化了设备的维护。采用现代交流变换器技术的以下两个系统已获得广泛应用。

1985 年,英国开始建造 23 型公爵级护卫舰,其中采用了柴-电推进与燃气轮机机械推进的混合推进方式。在安静的拖曳运行时,护卫舰使用低功率的柴-

电推进系统,航速可达 14 kn,高速航行时采用燃气轮机机械推进,最大持续航速可达 28 kn。

1987 年,"伊丽莎白女王二世"号豪华邮轮进行了一项彻底的翻修,其船上的机械推进系统被一套综合电力系统(integrated electrical propulsion,IEP)所取代,该电力系统的成功运行为豪华邮轮上广泛采用电力推进技术奠定了基础。现在,世界上建造的很多豪华邮轮都是采用电力推进方式。

电力推进的功率等级从百千瓦级到数十兆瓦级不等,推进模式更加多样化,如用途广泛的吊舱式推进。由于采用了脉宽调制和循环变频等控制技术,电力推进中推进电动机的控制更加可靠,船上各种设备的用电品质得到保证。上述一系列变化使电力推进成为船舶推进技术的发展趋势。

到 20 世纪末,新造民船已有 30%采用电力推进。到 21 世纪,电力推进每年有近 10%的增长。世界各国都热衷于研究船舶电力推进技术,造船强国也纷纷提出了电力推进技术的研究计划,如美国提出了船舶综合电力系统(integrated power system,IPS)的研究计划,英国提出了船舶综合全电力推进系统(integrated full electric propulsion,IFEP)研究计划等。我国在 20 世纪设计和建造的电力推进船舶主要采用传统的直流推进技术,目前我国也开始研究以综合电力系统为背景、具有现代技术的交流电力推进船舶。

7.2　船舶电力推进的应用

电力推进多数应用在具有下列特点的船舶上:

(1) 需要高度机动性能的船舶;

(2) 需要有特殊工作性质的船舶;

(3) 具有大容量辅助机械的船舶;

(4) 军用舰船。

在下述一些船舶上采用电力推进尤其具有突出的优点。

(1) 渡轮。

电力推进易于集中控制,使渡轮能在港口要道和狭窄航道中快速、灵活和安全地航行,也使靠离码头的操作快速、准确、可靠。

(2) 挖泥船。

耙吸式挖泥船在采用电力推进时,挖泥机械(大功率泥泵)不必由专用的原动机带动,动力装置的功率可以给耙吸工作和推进工作随意分配使用。在耙吸挖泥时,船舶低速航行,主发电机除把一小部分电能供给推进装置外,大部分能量供给泥泵。不进行耙吸操作时,船舶可利用全部电能高速航行,提高了电能的利用率。这样可以减少原动机组数量,提高动力装置经济性,还可简化机舱值班和维护工作,提高船舶生产率,降低挖泥成本。

（3）破冰船。

电力推进在低速时能发出大推力,可出色地完成破冰任务。它的堵转特性使机组不会超载,并在螺旋桨被冰块卡住时也不会发生事故。电力推进装置的快速机动性能和恒功率自动调节性能,也提高了破冰船的工作效率。

（4）起重船。

在自航式起重船上,可利用起重机械的电力作为推进动力。

（5）渔轮。

电力推进系统可以根据各工况的不同要求,方便地把电能适当分配至推进、捕捞和冷藏机械,以节省一些专供辅机(如拖网机、冷藏机)的发电机组。如拖网渔船在寻找鱼群时,只需在经济航行工况下运行,推进装置耗用一部分电能;在拖网捕鱼时,除将部分电能供低速推进外,其余可供给拖网机械与其他设备;在捕捞完毕返回基地时,把全部电能供给推进装置,全速返航。

（6）拖轮。

电力推进装置具有宽广的调速范围,故可保证从自由航行状态到拖带状态都发出全功率,获得拖航工作的最佳效率。此外,在拖带过重时,还可实现堵转,避免事故的发生。由于电力推进可以方便地在驾驶室控制,保证了操作的正确性和拖曳的安全性。对港口拖轮更为适宜。

（7）调查船、测量船。

这些船上的甲板机械、附属设备和科研仪器,往往需要大量电能,它们可以与电力推进装置一起从主发电机组中获得电能。电力推进具有较高的机动性、速航行特性等,这些对于航行状态多变、航区复杂的调查船和测量船都是必不可少的。

（8）消防船。

消防船在急驶火场时,必须把主发电机的全部功率用于推进,在到达火场后,只需把少量的电能供给低速推进,在火场周围缓行,而把大部分电能供给消防泵。电力推进不仅可以减少消防船上原动机数量,而且可以在驾驶室集中控制,获得良好的机动性和操纵性,使消防船处于最佳灭火位置,出色完成消防任务。

（9）救捞船。

同消防船相似,在急驶救生地点后,救生打捞设备(如空压机、绞车等)可从主发电机组获得大量电能。

（10）领航船。

采用电力推进，可精确地控制领航船低速推进，使船的位置保持不变，在恶劣的气候条件下移动时，电力推进还可增加其安全性。由于领航船的工作包括了一段相当长的低速航行，采用电力推进后，可以只开一部分机组，减少了燃料消耗，提高了经济性。在一定的燃料储备下，减少了返航添加燃料的次数，增加了运营时间。

（11）布缆船。

在敷设电缆时，需要稳定正确的航向和较大调节范围的低速推进。采用电力推进就可以达到上述要求，同时还可降低推进速度，将剩余的电力用于布缆作业。

（12）航标工作船。

在敷设和维修航标时，需要低速电力推进，使船舶逐渐靠近和保持在航标敷设的位置进行作业。我国沿海航标船大多采用电力推进。

（13）水下作业船只。

由于在水下无法采用柴油机等需要氧气的原动机，水下作业船只通常都采用蓄电池供电的电力推进方式，如潜艇、潜水器等。

（14）大型邮轮。

直接由变频器控制的电动机推进驱动装置，使邮轮布置方便、紧凑，增加了客轮房间、减少噪声，使乘客生活更舒适。

（15）现代化的军用舰船。

现代化的军用舰船一方面需要较强的机动性，另一方面也会配备电磁炮、激光、微波等高能武器和电磁弹射等高能量的装备。采用电力推进后，用电动机驱动船舶推进器、控制灵活、调速方便，船在低速航行时，可将大量的能量用于高能武器和高能量装备。

7.3　电力推进的系统组成

船舶电力推进系统由电动机带动螺旋桨或其他推进器来推动船舶运动。与一般船舶机械拖动不同，电力推进电动机的功率很大，一般从几百千瓦到几十兆瓦。由于推进电动机的功率几乎与发电机组总容量相当，因而电力推进系统的设计不仅包括推进电动机部分，还要将发电机方面的影响考虑在内。

船舶电力推进系统一般由螺旋桨、推进电动机、发电机、原动机以及控制设备组成,其中原动机的机械能经发电机变为电能,传输给推进电动机,由电动机将电能变为机械能,传递给螺旋桨,推动船舶运动。螺旋桨所需功率较大,推进电动机不能由一般的日用电网供电,必须设置单独发电机组或更大功率的电源,因此电力推进船可设立两个独立的电站,也可设立一个综合性电站。

电力推进用的原动机可以采用柴油机、汽轮机或燃气轮机。目前一般采用高速或中高速柴油机,大功率时采用汽轮机或燃气轮机。发电机可以采用直流他励发电机、交流同步发电机或交流整流发电机等。目前常用的是交流同步发电机,有时候也用正弦永磁发电机。有的船舶用交流整流发电机,好处是原动机可以变转速运行,不必一直以恒定转速运行,达到节省燃油的经济性能目的。电动机可以采用直流他励电动机、交流同步电动机、异步电动机或永磁电动机等。潜艇多采用直流电动机,而一般的商船多采用同步电机和异步电机,越来越多的低速永磁电动机也开始被大量运用于电力推进的船舶。

船舶推进器一般采用定距螺旋桨,因为其效率高,电力推进装置利用旋转电动机从原动机向螺旋桨传递功率。由原动机驱动的发电机直接或通过固态整流器或变频器供电给推进电动机,推进电动机直接或通过减速齿轮装置与螺旋桨相连。

按船舶电网的布置形式不同,电力推进系统可以分为专网推进和综合推进。

(1)独立电力推进,螺旋桨由推进电动机带动,主发电机除供电给推进电动机外,有时还可把一部分电能供给船舶电网。

(2)综合电力推进采用电力系统集成技术来实现船舶电能的产生、输送、变换、分配以及利用,以满足船舶推进、日用负载、大功率脉冲负载等的需要。它将船舶发供电与推进用电、船载设备用电集成在一个统一的系统内,从而实现发电、配电与电力推进用电及其他设备用电统一调度和集中控制。

按照推进器本身不同,推进系统可分为主螺旋桨电力推进、侧推电力推进、全回转吊舱电力推进和泵喷电力推进等。主螺旋桨电力推进又可分为带减速齿轮箱的电力推进和穿轴式直接驱动电力推进。

推进电机为穿轴式连接螺旋桨,可以用电机直接驱动螺旋桨,电机由电网供电直接推进螺旋桨(见图7-1)。

当推进系统有主机的时候,主机可以驱动螺旋桨,这时候的电机可以作为发电机运行,把电能回馈给电网,向船舶电网供电,相当于轴带发电机,主机故障停车时,电机作为应急驱动装置驱动螺旋桨应急回港。

带减速齿轮箱的电力推进如图7-2所示。

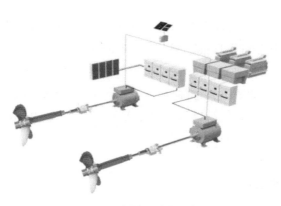

图 7-1　直接驱动电力推进

图 7-2　带减速齿轮箱电力推进系统

联合电力推进如图 7-3 所示,主机通过减速齿轮箱与螺旋桨和电机相连,它可以有几种工况:

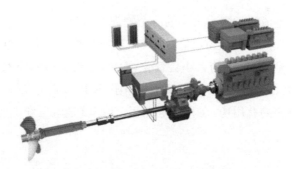

图 7-3　与主机进行 PTH-PTI 联合电力推进

(1) 螺旋桨由推进电动机带动,此时主机通过齿轮箱内的离合器与螺旋桨脱开,作低速航行,一些特殊船型如油化船,要求在主机故障时电动机可以单独驱动船舶安全返港,即 power take home(PTH);

(2) 螺旋桨由主机直接驱动,电机空转,或者由离合器断开,电机与螺旋桨脱开;

（3）螺旋桨由主机与推进电动机共同带动,高速航行,电机作为增速来用,在一些拖轮上也作为辅助顶推来用,即 power take in(PTI)。

综上可知,电力推进系统包含螺旋桨、电机以及对电机的控制系统——变频器,下面我们先分开来看这几个部件,再把它们综合起来研究。

螺旋桨前面已经有描述,这里不再深入研究。我们将介绍电气、电机和变频器的基础知识。

7.4 电气基础知识

人类最早认识电的存在是从大自然中的闪电开始。直到科学已经高度发达的今天,也没有人真正地看到过电子的流动,但人们已经学到了很多关于电的知识,并建立了很好的电学模型来计算和应用电气知识。有四个最重要的物理量来描述电的性质:电压、电流、电阻和功率。

意大利物理学家伏特(Volta)发现了电压的一些知识,也发明了电容和电池,为了纪念伏特,我们用 Voltage 来命名电压,V 来表示电压的大小,它与液压系统里面的压力有着相似的概念,可以用 U 或者 E 来表示电压符号。

比伏特稍晚 30 年出生的安培(Ampere)发现了电磁现象,揭示了电磁互生的规律,让电动机和发电机的发明成为可能。为了纪念他,人们用安培来表示电流。电流类似于液压系统里面流量的概念,以 A 表示电流的大小,以 I 表征电流的符号。

电阻是表征电流运动阻力大小的一个物理量,它与电压和电流的大小无关,在一个直流电路里面是一个固定值,用 R 来表征其符号。交流电路里面的电抗和电阻不是一个概念,电抗的大小会变化,因为电磁的关系,线圈会阻碍电流的流通,看起来像是电阻起的作用,但又不是电阻,所以称它为电抗。

功率表示电路的有用功,在直流电路里,功率就是电压和电流的乘积(见图 7-4)。

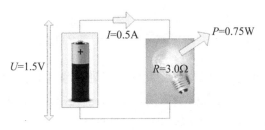

图 7-4 直流电路示意

但在交流电路里面,功率不是这个算法。平常用得最多的是三相交流电。它们在空间上相隔120°,在时间上按照正弦规律变化,图7-5就是三相交流电的相序排列示意图。

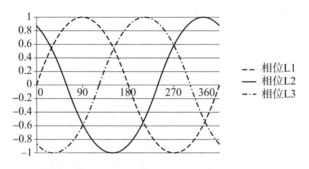

图 7-5　三相交流电的相序排列示意图

对于三相交流电,每两相之间的电压是线电压,而每相和中性点之间的电压为相电压,它们的关系是线电压为相电压的$\sqrt{3}$倍(见图7-6)。如相电压为220 V,则线电压为$220 \times \sqrt{3} = 380$ V。

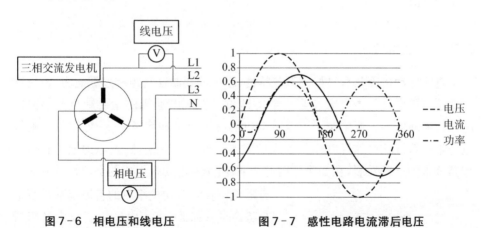

图 7-6　相电压和线电压　　　　图 7-7　感性电路电流滞后电压

在交流电路里,很多负载是感性的。如图7-7所示,由于电感的存在,电流并不随电压同时变化,即电流通常会滞后一定的时间,而这个滞后的时间称为功率因数,交流电路的有用功还要再乘以一个功率因数。船舶电网的功率因数通常在0.85左右。功率因数用$\cos\phi$表示,则每一相电源的功率$P = UI\cos\phi$,这是有功功率,有功功率的单位为瓦特,用 W 来表示。

无功功率$P = UI\sin\phi$。视在功率是电压和电源的乘积,用 UI 来表示。无功功率在半个周期内把电源能量变成磁场或电场能量存储起来然后释放,无功是进行能量交换,不对外做功,并没有真正消耗能量。正常的感性负载如马达、风机、变压器等都会消耗无功功率。

三相电源的有功功率 $P = \sqrt{3}UI\cos\phi$。至此可知,当功率因数很低的时候,做同样的有功功率,电流就会很大,在设备选型的时候就要加大容量,等于投资很大但收获很小,所以一般要求,电气设备的功率因数不能低于 0.8。

电机多种多样,按电制不同可分为直流电机和交流电机,而交流电机又可分为异步电机、同步电机、永磁电机等。下面我们分别介绍一下这些电机的特性。

在电机的发展史中,由于作为直流电源的蓄电池发明较早,故直流电机问世最早。随着三相交流电源的出现,交流电机才得以迅速发展和广泛应用。按照能量转换方式不同,电机可分为电动机和发电机。电机通电产生机械运动,实现电能向机械能的转换,此时,电机工作在电动机运行状态;反之,若由原动机提供动力带动电机运行发出电能,实现机械能向电能的转换,则电机工作在发电机运行态。

7.5 电机

7.5.1 直流电机

直流电动机因具有良好的调速特性、较高的起制动转矩和过载能力,曾一度在变速应用场合下占据着相当重要的地位。直流电动机的主要缺点是换向问题。换向问题一方面限制了直流电动机的应用范围和容量,另一方面也影响了电力拖动系统的可靠性并增加了维护成本。近几十年来,随着电力电子和微处理器技术的迅猛发展,在变速应用场合下,由交流电动机组成的交流拖动系统大有取代由直流电动机组成的直流拖动系统的趋势。尽管如此,直流电动机以及由其组成的直流拖动系统仍在许多场合应用。

从原理上来讲,直流电机的运行状态是可逆的,即同一台直流电机既可以做直流电动机,也可以做直流发电机运行。

图 7-8 为直流电机示意图。直流电机转子线圈通以直流电,当转子线圈从 N 极转到 S 极的时候,因电流方向不变而磁场方向

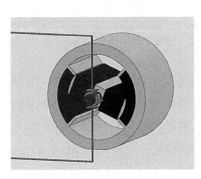

图 7-8　直流电机

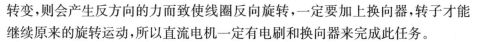

转变,则会产生反方向的力而致使线圈反向旋转,一定要加上换向器,转子才能继续原来的旋转运动,所以直流电机一定有电刷和换向器来完成此任务。

根据主磁场的产生方式不同,直流电机可分为永磁直流电机和普通励磁直流电机。永磁直流电机由永久磁铁提供主磁场,而励磁直流电机由励磁绕组通以直流电产生主磁场。励磁绕组固定在定子机座上,大部分直流电机采用励磁绕组方式。永磁直流电机主要适用于小功率电机。

励磁绕组产生励磁磁势,与转子产生的电枢磁势相互垂直和正交,励磁绕组产生磁势的轴线称为直轴,或称为 d 轴(direct-axis),电枢磁场产生磁势的轴线称为交轴,或称为 q 轴(quadrature-axis)。

直流电机中的气隙磁场由励磁磁场和电枢磁场的矢量之和共同构成。直流电机带负载后由于存在磁路饱和现象,在旋转运动过程中,减少的磁密度比增加的磁密度多,与空载相比,电枢反应表现为去磁作用。去磁作用会使电动机转子转速升高,导致发电机感应电势和端电压下降。

又由于磁饱和导致气隙磁场畸变,分布不均匀,会造成换向恶化,负载越大,换向恶化越严重,并会引起大量换向火花,严重时产生环火,有可能导致换向器烧坏。

直流电机相当于一个大小可变的直流电源(或蓄电池),其大小取决于转速和励磁磁场的大小。当作电动机运行时,相当于给蓄电池充电,当作发电机运行时,相当于向外部负载供电。

直流电动机的机械特性:对于他励直流电机,磁场和电枢电压是分开控制的,因此调节转速比较容易。当转矩增加的时候,转速会自然沿某一斜率下降,如果想要维持原来的转速,可以增加电枢电压。电枢电压增加,电枢电流也增加,同样的磁场,必然增加驱动转矩,这样转速就会提升。这样可以通过改变电枢电压来改变直流电动机的转速。也可以通过改变电枢回路的电阻来改变转速。当电枢回路的电阻增加的时候,由于电枢的电流减小,电磁转矩就会减小,电机的转子就会降低转速,这样就可以人为地在电枢回路串入电阻来改变转速。

直流电动机的励磁磁势和电枢反应磁势相对静止且在空间上相互正交,从控制角度来看是完全解耦的,可以单独对励磁磁势和电枢反应磁势进行控制,从而使直流电动机具有优于交流电动机的调速性能。直流电动机曾经占据了高速性能调速应用场合。随着电力电子技术的发展,变频器出现了类似直流电动机的磁势解耦的矢量控制,交流电机获得了与直流电机相媲美的调速性能,交流电动机被推广到绝大多数的电力推进应用场合,我们就不再赘述直流电动机了。

交流电机可分为两大类:一类为同步电机;另一类为异步电机。同步电机转子的转速与电源的供电频率之间遵循严格的同步关系;异步电机则不同,其转子转速不仅取决于电源的供电频率,而且与负载大小也密切相关。同步电机采用双边励磁,而异步电机仅提供定子励磁,转子电流和磁势则是依靠定子磁场的感应来获得的,这导致两者在转子转速以及性能方面存在较大的差异。

三相电流电机定子铁心表面都开有齿槽,匝数相同的三相绕组均匀地分布在这些槽内,它们在空间上互差120°,当三相交流电通以三相对称电流将产生旋转磁场,旋转磁场的转速为同步转速。

7.5.2 异步电机

交流异步电机转子由圆柱形铁心和嵌在圆柱形铁心表面凹槽内的若干导体组成,导条通过端部短路环连接形成闭路。图7-9为异步电机实物图。

当定子通以三相对称电流时,旋转磁场将切割定转子绕组并产生感应电势。转子导条处于短路状态,转子绕组便有电流产生,电流和磁场作用便产生了异步电动机的电磁力和电磁转矩。异步电机转子在电磁转矩的作

图7-9 异步电机

用下旋转运动,转速小于同步转速,转子和定子磁场转速不同步,这也是异步电动机的名称由来。一旦转子转速和定子磁场转速同步,磁场不能切割转子,也就不可能产生电磁转矩,因此转子永不可能以同步转速运行。转子的电势和电流是靠感应而产生的,因此异步电动机也称为感应电动机。

定子磁场的旋转速度称为同步转速,而转子的速度与极数有关。电机的转速计算公式如下:

$$n = \frac{2 \times 60f}{p}$$

式中:n 为电机转速;f 为供电频率;p 为电机极数。

如果是两极电机,供电频率50 Hz,定子磁场的同步转速为3 000 r/min,供电频率60 Hz,则定子磁场的同步转速为3 600 r/min。如果是四极电机,则定子磁场的转速分别为1 500 r/min 和1 800 r/min。如果是六极电机,则定子磁场的转速分别为1 000 r/min 和1 200 r/min。

　　由于是异步电机,转子不可能达到同步转速,总是小于同步转速。当然异步电动机也可以工作在发电机状态,当异步电机的转子在外力拖动下使转子超过同步转速运行,异步电动机将机械能转换为电能输出。电机的两种工作模式如图 7 - 10 所示。

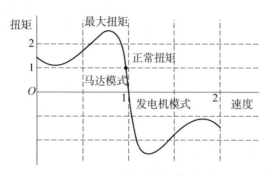

图 7 - 10　电机的两种工作模式

　　从图 7 - 10 可以看到,当异步电机的转子超越同步转速后,电动机就工作在发电模式,也就是当转子超越定子的励磁频率时,就是发电机模式。随着电力电子技术的发展,在发动机没有超过同步转速运行的情况下,也可以使异步电机运行在发动机状态下,只要励磁机的频率小于同步转速频率,理论上就使得原动机得以超速运行,异步电机就工作在发电机状态。

　　异步电动机的带载能力就是电磁转矩,电磁转矩和电机内的磁场强度有关联,而磁场强度又与电机的电压有关系。异步电机的最大电磁转矩与定子的电压平方成正比。当电动机端电压下降的时候,转矩也会下降。若电机驱动额定负载,而端电压下降,则电磁转矩下降必定会带来转速下降,转差率会增大,长期运行会烧坏电机。如果是在轻载状态下,电压下降则不会造成机体发热。

　　最大电磁转矩与转子电阻无关。但转子电阻增大后可以起到增加启动扭矩的作用。只有绕线式转子才能增加转子电阻。绕线式异步电动机可以在转子上通过串联电阻来调速,转子电阻增大,转差率会增大。

　　图 7 - 11 是异步电机的电流和扭矩曲线图。异步电机刚启动时电流较大,可达到 6～8 倍的额定电流,而启动转矩为 0.8～1.2 倍的额定转矩,启动电流正比于端电压,启动转矩与电压平方成正比。较大的电机通常应该降压启动,否则可能会引起船舶电网的大幅波动,电压降低,原动机转速下降,频率也跟随下降,影响其他负载的运行。

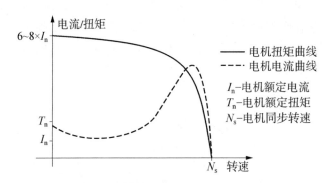

图 7-11　异步电机电流、转矩与转速的关系

异步电机的启动方法如下。

1) 直接启动(direct on line，DOL)

直接启动适用于功率比较小的电动机,通常要低于发电机容量的 10%。船舶电网比较小,一般要求低于 30 kW 的电动机可以直接启动。直接启动是最经济的一种启动方法,启动扭矩最大但启动电流也最大。

2) 星三角启动

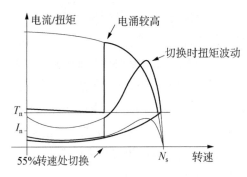

图 7-12　星三角启动时电涌和扭矩波动

电动机启动的时候电机绕组采用星形接法,转子达到一定转速后改为三角形接法,这样启动电压为 $\sqrt{1/3}$ 的电网电压,扭矩与电压的平方成正比,所以启动扭矩为额定扭矩的 1/3,电流为三角形接法的 1/3。

星三角启动是比较经济的一种启动方法,启动时间大约为 20~30 s,但是会造成电流涌动,扭矩起伏较大(见图 7-12)。

3) 自耦变压器降压启动

自耦变压器其实是按照线圈比例把电网电压降下来,属于降压启动。自耦变压器的抽头通常有多组,可供灵活使用,降压后的电机电流正比于电机端电压,但网侧的启动电流与电压降的变比是平方关系,所以对电网的冲击更小,可以在相同启动电流下启动更大的设备。比如降压 50%,电机电压是原来的 0.5 倍,电机启动电流也是原来的 0.5 倍,但在电网侧,电网的启动电流只有原来直接启动的 0.25 倍,极大地降低了网侧的启动电流。自耦降压启动电流扭矩波动如图 7-13 所示。启动扭矩和电压的平方成正比,只有原来的 0.25 倍。所以自耦变压器比较适合轻载启动的设备,但缺点是体积大、价格高,并且在切换电网供电的时候,电机电流和扭矩波动较大,网侧有电涌。自耦变压器容易发热,单位小时内启动次数受限制。

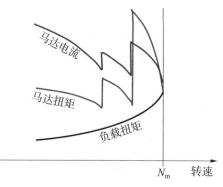

图 7-13　自耦降压启动电流扭矩波动

4) 软启动器启动

前面几种启动方法的缺点是均需要转子速度升至一定转速时才可切换至全压正常运行,如果切换时机把握不好,会造成启动过程不平滑,引起二次电流冲击。

随着电力电子技术的发展,目前出现了软启动器。如图 7-14 所示,软启动器实际上是三相反并联晶闸管组成的交流调压器,启动时定子电压按照预定的函数变化直至启动结束,全程平滑可控,冲击较小,不但可以实现软启动,也可以实现软停车(见图 7-15)。

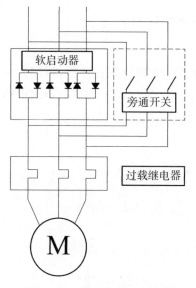

图 7-14　软启动接线示意图

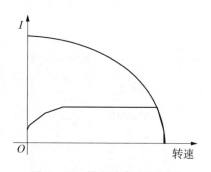

图 7-15　软启动电流示意图

由于电机的启动电流与扭矩和电压相关,较低的启动电流也会带来较低的启动扭矩。这特别适用于低扭矩的启动应用场所,比如调距桨形式的侧向推进器,零螺距启动,扭矩较低,启动电流也较低,启动完毕后切换至主电源,电流平滑过渡。

5) 转子变电阻启动

还有一种绕线式异步电机,转子绕组通过串接不同的电阻来达到调节转速和扭矩的目的(见图7-16)。在转子回路里面串接电阻,能达到调节不同扭矩的目的。不同的电阻,不同的扭矩,转差率不同,速度也不同。这种应用能降低启动电流、增加启动扭矩。但是该电机结构复杂,效率较低,应用越来越少。随着变频器的价格越来越低,这种串接电阻的方法逐渐被变频器取代。

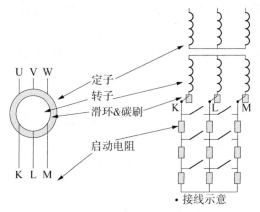

图7-16 转子串联电阻启动

6) 变频启动

变频启动是最新发展出的一种启动方式。变频器各种各样,但较为常用的变频器原理基本是一样的,先把电网电源整流成直流电路,对直流电路稳压和平整后再逆变,逆变器输出到马达得到类似正弦波形的电压输出(见图7-17)。

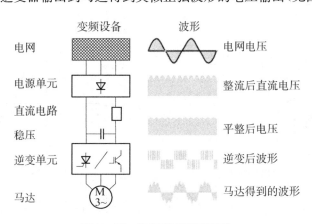

图7-17 变频器原理示意图

对于交流电动机,电动机相电压 V、频率 f 和磁通量 Φ 的关系如下:

$$V = 4.44 f N \Phi$$

马达的性能很大程度上与磁通有关系,磁通饱和会引起电机铁耗增加,电机发热。电机的电磁扭矩又是电流和磁通的乘积,因此在对马达的控制上,通常要保持磁通不变。从上式可知,交流电动机的磁通和电压与频率的比值成正比。因此在变频控制的过程中,要保持电机的电压和频率的比值不变,这样电机的最大电磁扭矩就不会变。

因此在变频启动的时候,不仅电机的电压会变化,而且频率也随之变化。启动扭矩可以保持在最大状态,此时启动电流冲击最小,基本可以达到一倍的额定启动电流(见图 7 - 18)。

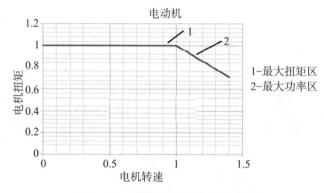

图 7 - 18　变频电机转速扭矩示意图

当电机达到额定电压后,频率也基本达到额定频率,如果再提升频率,电压也不可能继续增加,一旦超过额定电压,电机绝缘会受损伤,因此保持额定电压而继续提升频率就会导致磁通下降,属于弱磁调速。弱磁调速会导致电磁扭矩下降,因此基频下的调速属于恒扭矩调速,而基频以上的调速属于恒功率调速。电压和频率基本保持一恒常值不变。

目前参与电力推进的异步电动机多用与减速齿轮箱相连接的方式驱动螺旋桨。在有些应用场景中,电机启动完毕后,电机就可以直接连接电网,无须调速,这个时候的变频器也失去了调速的需求,可以选择小一点的变频器,启动完毕后旁通即可。比如船舶的侧向推进器,如果是调距桨,电机直接连接电网,则可以选择小容量的变频器轻载启动。而对于定距桨,变频器参与调速,则必须选择和电机功率相匹配的容量。

变频器的优点是显而易见的,启动扭矩大、电流小。但是其输出电压是突变的,容易造成电机绝缘受损,产生的轴电流可能会损坏轴承。

7.5.3 同步电机

同步电机即转子运行在同步速度的电机,转子转速与供电频率符合严格的同步关系。

图7-19为同步电机示意图。同步电机转子采用永久磁铁或在转子绕组中通以直流励磁电流产生磁场,转子转速与定子旋转磁场保持同步才能产生有效的电磁转矩,转子磁极在同步速的气隙合成磁场拖动下必然产生电磁转矩,定转子旋转磁势相对静止,转子磁极以滞后于气隙合成磁场一定角度与定子磁场同步旋转。

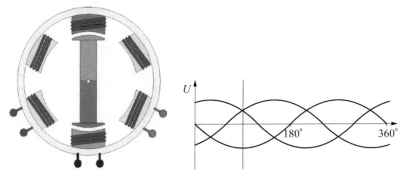

图7-19 同步电机示意图

同步电动机转子与定子绕组的通电频率保持严格的同步关系,把电功率转换为机械功率输出。

而同步发电机在原动机的带动下,转子磁极以同步速度拖动气隙合成磁场旋转,定子绕组感应电动势,输出功率,把机械功率转换为电功率输出。

同异步电机的转差率概念一样,同步电机有个功率角的概念。功率角是转子励磁磁势与气隙合成磁势之间的夹角。从时间上看,功率角是定子感应电势与定子电压之间的夹角,定子感应电势是转子励磁磁势在定子绕组中的感应电势。做电动机运行时,随着负载转矩的增加,功率角将会有所增加,电磁转矩将会有所增加,最终电磁转矩与负载转矩平衡,但转子转速并没有发生变化,仍保持同步运行。图7-20为同步电机结构示意图。

做电动机运行的时候,定子电压超前于感应电势;做发电机运行的时候,感应电势超前于定子电压,超前的角度即功率角。

同步电机的转子磁势由直流励磁产生,是静止的。而转子通以三相对称电

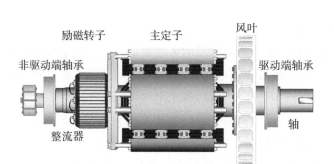

图 7-20　同步电机结构示意图

源,会产生同步旋转磁场,这样定转子之间就有相对运动的磁场,同步电机的转子只有在同步的条件下才能产生有效电磁转矩,因此启动过程中同步电机将无法产生有效的电磁转矩,从这个意义上讲,同步电机无法自行启动。但同步电机的转子上通常有阻尼绕组,阻尼绕组起着异步电动机的作用。当定子上通以三相电源的时候,阻尼绕组会感应电流而产生电磁转矩,启动时可以借助该阻尼绕组来完成启动。同步电机的启动方法如下。

1) 降压启动

启动时,首先将直流励磁绕组短接。定子通以降压后的三相电源,阻尼绕组启动时会产生感应电流,从而产生类似于异步电机的异步电磁转矩,转子启动。一旦转子接近同步转速,励磁绕组切换直流励磁电源,定转子之间的磁场相互作用所产生的同步转矩,会将转子牵入同步转速完成整个启动过程,同步电机进入稳态运行。

需要注意的是,在三相同步电机启动过程中,励磁绕组如果开路,将会感应较高的电动势,有可能会击穿绕组绝缘,但也不能直接短路,否则,定子旋转磁场和转子励磁绕组中的感应电流相互作用,有可能造成转子只能运行在一半的同步转速上,达不到同步转速。因此在同步电机启动的时候,通常在励磁绕组上串联一定的电阻,接近同步转速后再切除短接电阻,接入励磁电源。

降压启动可以用自耦变压器和软启动器等方法。

2) 辅助电机启动

同步电机也可以用辅助电机启动。选用一台与同步电机转速接近的异步电机,容量约为同步电机的 10%~15%,异步电机把同步电机带入接近同步转速,然后加入直流励磁电流,同步电机就会牵入同步转速。

有些船带有 PTI 功能,也可以用主推进柴油机带动同步电机启动,然后切换至电网供电。

3) 变频启动

同步电机也可以用变频器启动的方法启动。启动之前先在励磁绕组中通以直流励磁电流,启动过程逐渐增加变频器的频率,使定子旋转磁场和转子转速慢慢升高,直至达到同步转速,然后切换至电网供电。

同步电动机的转速与供电电源的频率之间符合严格的同步关系,因此要想改变同步电动机的转速,唯一的办法就是采用变频调速。

变频调速时,转子的电磁转矩和电压成正比,和频率成反比,因此同步电动机和异步电动机一样采用恒压频比例的方法。在基频以下调速,是恒转矩调速;在基频以上调速,是恒功率调速。当然如果考虑绕组电阻的影响,在低转速时电压的比例应稍微大一些。

7.5.4 永磁电机

永磁电机从某种意义上来说也是同步电机,转子旋转速度和定子电源速度保持同步。

近年来,由于稀土永磁材料的发展,大大提高了永磁体的性能,钐钴永磁材料的工作温度可达 300℃,热稳定性强。钕铁硼永磁材料为磁密度最高、剩磁最大的永磁材料之一,但工作温度低只有 150℃,目前这种材料的应用正呈上升趋势,因为较高的密度可以降低电机的体积。

绕线式同步机其转子靠励磁线圈产生磁场(见图 7 - 21)。

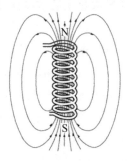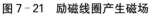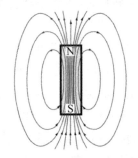

图 7 - 21　励磁线圈产生磁场　　图 7 - 22　永磁体产生磁场

用永磁体同步电机代替直流励磁绕组就成了永磁同步电动机(见图 7 - 22)。永磁同步电动机的功率密度高,转子转动惯量小,运行效率高,转轴没有滑环和电刷。永磁同步机的转子为永磁材料。

永磁推进电动机按气隙磁通方向不同可以分为径向磁通永磁电动机、轴向磁通永磁电动机和横向磁通永磁电动机。按电枢绕组反电势波形不同,可分为正弦波永磁电动机和方波(梯形波)永磁电动机。

永磁电动机的感应电压与转子转速正相关,转速越快,感应电压越高,频率越高,而船舶电网电压和频率则是稳定的,因此需要电力电子变流器来稳定电压与频率。永磁电动机的系统集电机本身、变频器、控制驱动电路于一体,并不是单纯的电机本身。永磁同步及转子如图7-23所示。

图7-23　永磁同步及转子

永磁电机又分为表面永磁电机和内置式永磁电机,表面永磁电机是把磁材料均匀地贴合在转子表面,相当于隐极同步电机。内置式永磁电机是在转子内部安装永磁体,相当于凸极式同步电机。永磁电机不像异步机或者励磁同步发电机那样是整体的,在安装的时候同步电机转子和轴通常要重新组合在一起,一般通过法兰连接。永磁电机作为发电机的时候,轴旋转而带动永磁体转子旋转;作为电动机的时候,定子磁场驱动转子而带动轴旋转。图7-24为永磁同步机安装示意图。

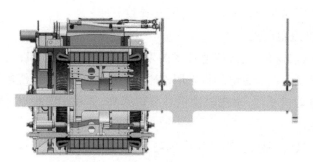

图7-24　永磁同步机安装

无论何种永磁电机,永磁体与定子有相当复杂的电磁反应,最好用变频控制来启动同步机,因此在基频以下属于恒转矩控制,在基频以上属于恒功率调速。

综上所述,船舶电力推进除了少数用直流电机外,绝大多数用的是交流电机。

1) 直流推进电动机

因直流推进电动机具有良好的转速、过载、启动和运行性能,其在水下作业船只(含潜艇)电力推进系统中至今仍占主导地位。为适应形势发展的需要,直流推进电动机采用新技术、新结构、新工艺和新材料,设计不断完善,推进性能不断提高。

2) 交流推进电动机

在变频调速技术成熟以前,由于交流电动机调速性能的限制,交流推进电动机主要用于对机动性要求不高的船舶,或者作为某些船舶的一种辅助推进装置。例如,作为辅助推进的主动舵电动机和用于驱动变桨距推进器的交流推进电动机。随着电力电子技术、数字控制技术、现代控制理论特别是矢量控制技术和直接转矩控制技术的发展,交流推进电动机的调速性能已可与直流推进电动机相媲美。在国外的商用特种水面船舶中,交流推进电动机的应用已十分广泛,国内电力推进船舶中,交流推进电动机的应用也正在起步。作为动力型的交流电动机,原则上都可以作为交流推进电动机用。实际应用中主要有下列几种类型:绕线转子异步电动机、鼠笼型异步电动机、先进感应电动机和同步电动机等。

异步电动机用于电力推进技术比较成熟,价格低廉,结构坚固,使异步电动机成为最广泛应用的电动机。但异步电动机通常转速较高,必须与减速齿轮箱配合使用。多极异步电机也可以把转速减下来,但是体积会变得非常庞大。

同步电机适合应用在大型船舶上。与异步机相比,同步机效率较高,但由于同步机转子需要励磁绕组,其体积较大,功率密度较低,在用于电力推进时,由于负荷在较大范围内有快速变化,有可能会导致失速。

3) 永磁推进电动机

伴随着永磁材料和交流调速技术的发展,永磁推进电动机以其明显的优势展示在世界海洋上。永磁电动机采用永磁材料励磁,没有励磁绕组和励磁损耗。与一般励磁电动机相比,永磁电动机具有效率高、体积小等优点,特别适用于船舶推进电动机。

永磁电动机转矩密度高,功率密度高,转子没有线圈绕组,故其效率也较高。但其对温度敏感,当温度上升时,能量积会下降,温度越高,能量积下降得越快,在某温度下有可能消磁,能量积完全消失。

在船舶推进电动机上使用的永磁材料主要为钕铁硼和钐钴两种稀土永磁材料。钕铁硼具有较高的磁能积、价格便宜,但温度系数偏大、居里温度低。其工作温度为150℃,表面必须经过处理防止氧化。但磁密度较高,可以降低电机体积,目前该材料的应用呈上升趋势。

钐钴永磁材料由铁、镍、钴以及稀土钐等组成,优点是剩磁高、去磁线为直线。钐钴具有较高居里温度、温度系数小,该材料的工作温度为300℃,且热稳定性较强,但价格贵、磁能积低。

其他材料如铝镍钴合金材料,由于矫顽力较小,可能引起永久性去磁,不适合做永磁电机。铁氧体材料造价低,去磁较小,剩磁也较低,制作的电机体积较大。

永磁体由于转子是永久磁铁,在推进系统出现故障比如电缆短路时,转子还在旋转,其产生的电势是不会消失的,有可能导致短路的地方更加恶化。因此要有必要的措施保护转子旋转形成的电动势,可以机械断开,也可以用断路开关在电路上断开。

由于永磁电机功率密度高,重量可以减少 30% 左右,且极对数可以自由选择,因此可以和螺旋桨直接相连组成直接驱动推进系统。

船舶电力推进电机在运转时,常常由于磁势不平衡而产生轴电压和轴电流。近年来,大量变频器的应用也会在电机轴上产生轴电流,轴电流会击穿轴承油膜,易使轴承局部烧熔,严重时轴径和轴瓦烧坏,造成电机或者传动轴系振动,因此要有可靠的防止轴电流产生的措施。以下是比较常用的防止轴电流损坏电机的方法:

(1) 在轴端安装接地碳刷,引导轴电流流向大地;

(2) 使用绝缘轴承,切断轴电流回路。

7.6　变频器

电力推进系统离不开对电机的控制,核心是控制电机的速度和转矩。控制电机最常用的设备是启动器和变频器,电机的启动器我们在上一节已经有所了解,现在开始介绍一下目前应用越来越广泛的变频器。想要了解变频器的原理,前提是了解电力电子器件的原理。

电力系统中的电力电子器件通过按期望频率、周期性地开通和切断电流,来执行以下主要功能:①交流-直流变换;②直流-交流变换;③转换频率;④控制交流和直流电压;⑤不改变电压或频率的条件下控制功率。电力电子控制器能够直接或间接地提升系统效率。

7.6.1　基础电气元件

1) 二极管

二极管通常用于将交流电整流成为直流电,因此也被称为整流器。虽然二极管并不是可控开关器件,但它是构成其他器件的最基本的半导体器件。

P 型和 N 型半导体材料组成一个 PN 结,电流可从 P 端子(阳极)流到 N 端子(阴极),但不能反方向流动。

图 7-25、图 7-26 和图 7-27 分别为二极管的电路符号、理想和实际的二

极管的电压电流特性曲线。

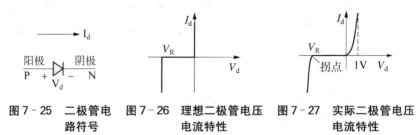

图7‑25　二极管电　图7‑26　理想二极管电压　图7‑27　实际二极管电压
　　路符号　　　　　电流特性　　　　　　电流特性

由图可知,对于理想二极管,正向导通时,其电压降为零,与电流大小无关。但对于实际的二极管,会存在一个小于 1V 的电压降,而正是由于这个压降才产生了二极管的功耗。如果对二极管施加负极性电压,即二极管是反向偏置的,则在 PN 结击穿之前,其反向电流都可以忽略不计,PN 结击穿电压称为反向击穿电压,通常为数百伏。在 PN 结被击穿后,反向电流剧增,反向电压降至近似为常数。大功率二极管额定值能达到 5 000 V 和 5 000 A,且在关断状态下的泄漏电流很小。

2) 晶闸管

晶闸管是一个三端器件,通过对二极管增加一个控制端发展而来。它由 4个 PNPN 层组成,有两个电力端子分别是阳极和阴极,以及一个控制端门极。晶闸管通常是双向不导通的,但可通过施加门极电流使其正向通。门极电流越大,其导通也越快。一旦被触发而处于正向导通模式,其电压降与二极管电压降一样低(<1 V),晶闸管将持续导通直至其电流降至低于维持电流时才截止。而在相反方向,它将保持截止状态直至反向电压达到反向击穿电压时才导通,其电流取决于整个电路回路。晶闸管可用于额定电流高达 3 000 A 的场合。

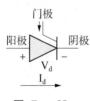

图 7‑28
SCR 电路符号

晶闸管通常由硅二极管制成,且可用门极信号控制导通,因此又称为可控硅整流器(silicon controlled rectifier,SCR)(见图 7‑28)。对第三个端子施加控制信号便可控制器件导通或关断,或延时导通直至达到正弦电压波中期望的相位角(触发角)。

晶闸管后来又发展出了双向晶闸管和门极可关断晶闸管。双向晶闸管可以控制双向导通,被广泛用于控制延迟触发角来降低交流电压。门极可关断晶闸管不需要换向电路即可实现电路的自由切断启停,只要在门极施加极短时间的负脉冲即可实现电路关断。

3) 功率晶体管

功率晶体管也有三个端子,即集电极、发射极和基极。集电极和发射极端子名称仍沿用被晶体管取代的真空管的名称。

目前市面上常用的晶体管有以下几种:

(1) 极结型晶体管(bipolar junction transistor,BJT),其电路符号如图 7-29 所示。

如果基极电流为零,即使电压正向偏置,晶体管仍然不会导通。基极电流可触发晶体管进入导通模式,而且可使电流升至特定值而不再发生变化,该特定值电流称为饱和电流。较大的基极电流能驱动晶体管达到较高的饱和电流值。由于使用小的基极电流信号便可以产生大的集电极电流,因此晶体管被广泛地用作放大器。而在电力工业中,晶体管常用作可控开关。控制基极电流的信号能够有效地控制晶体管的导通或关断。

图 7-29
BJT 电路符号

通常,BJT 的额定功率比晶闸管的低,但是具有更好的控制特性和高频开关能力。由于 BJT 内部存在杂散电感,其导通和关断电流都较慢。因 BJT 在超过 10 kHz 的高频场合很难并联运行。现在大部分 BJT 在低压应用中已被金属氧化物半导体场效应晶体管取代,而在高压领域中被绝缘栅双极型晶体管所代替。

图 7-30
MOSFET 电路符号

(2) 金属氧化物半导体场效应晶体管(metal-oxide-semiconductor field-effect transistor,MOSFET),其电路符号如图 7-30 所示。

金属氧化物半导体场效应晶体管由电压信号进行控制而不采用电流进行控制。因栅极阻抗很大,所以栅极电流较小,其驱动电路很简单。它可以工作在 100 kHz 频率以上场合。虽然其额定功率很低(数千瓦),但它易于并联组合应用于大功率场合。

(3) 绝缘栅双极型晶体管(insulated gate bipolar transistor,IGBT),其电路符号如图 7-31 所示。

IGBT 结合了 MOSFET 和 BJT 的优点。它是相对新型的器件,在基极施加电压信号就可使其工作,而不需要换向电路。由于开通和关断 IGBT 的电压信号可以非常快速,因此它可用于驱动大功率、高频电动机。

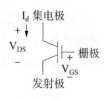

图 7-31
IGBT 电路符号

上述电力电子器件可以组成各种电力电子变换器,可用于改变直流和交流电压的幅值,或者改变负载连接处的频率。直流-直流变换器是最简单的应用,直流-直流变换器用于改变电源电压以适用于直流系统中的电池充电和放电,其工作原理如图 7-32 所示。

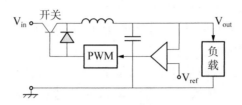

图 7-32　直流-直流变换器原理

这种变换器通过高频导通和关断直流电源来实现期望的功能,所以又称为直流斩波器和开关模式功率变换器。

7.6.2　直流-直流变换器

下面我们就简单叙述下直流-直流(direet current-direct current,DC-DC)变换器的工作原理。当开关导通的时候,DC-DC 变换器的工作原理可以简化为如图 7-33 所示的电路。二极管不导通,直流电源为负载提供电能,同时,为电感线圈和电容充电。

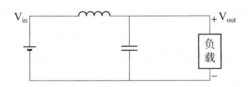

图 7-33　开关导通等效电路

当开关闭合的时候,线路不导通,则 DC-DC 变换器可简化为如图 7-34 所示电路图。此时,虽然直流电源输出功率为零,但是电感和电容中储存的能量仍能为负载提供足够的功率,通过二极管承载回流。因此,电感和电容提供了短时能量存储以在关断期间为负载供能。关断期间负载中的电流称为续流电流,而

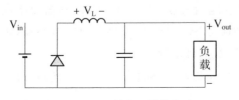

图 7-34　开关断开等效电路

二极管称为续流二极管。在设计中,有时会在负载端放置一个合适的泄流电阻以使变换器在无负载的情况下也能工作。

基于一个开关周期内的能量守恒原则,即在整个周期 T 内提供给负载的能量等于导通期间从电源转移的能量,该能量是供给电路的唯一能量源。在关断期间提供给负载的能量等于关断期间电感和电容释放的能量,此能量等于电感和电容在导通期间所吸收的能量。续流二极管使得负载电流流过电感而组成回路。在开关关断期间,电感释放能量,又在导通期间重新存储能量。

脉冲宽度调制(pulse width modulation, PWM)器导通时间占整个周期的比值为占空比,由于占空比总是小于 1,降压变换器的输出电压总是小于输入电压。因为降压变换器广泛地用于给电池充电,所以又被称为电池充电变换器。

升压变换器电路如图 7 - 35 所示。

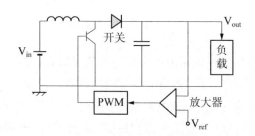

图 7 - 35　升压变换器电路

晶体管开关导通时,电感直接和输入电压源相连,电感电流线性增加,同时二极管反向偏置,此时电容给负载供电。而当开关关断时,二极管正向偏置,电感电流将流过二极管和负载,此时电感电压加到电源电压上提升了输出电压。因占空比总是一个小于 1 的正值,所以输出电压总是高于输入电压,因此升压变换器仅能升高电压,并由此而得名。

升压变换器被广泛地用于电池放电,以常压为负载供电,所以又称为电池放电变换器。由于电池电压会随着放电程度的加深而降低,因此电压变换器需要一个反馈控制的占空比,以持续提升电池电压,从而调节供给负载的输出电压。

降压变换器和升压变换器通过级联组合就成了升降压变换器。升降压变换器适用于反馈制动的直流电动机变速驱动器。在发电工作状态下,变换器处于升压模式;在电动工作状态下,变换器处于降压模式。

变频器的目的是对电机调速。对于交流电机,变换频率是基本的方法。而对于直流电机来说,不需要变频,直接把交流转换成直流,通过调节直流电压,即可以改变直流电机的转速。无论对于直流调速还是交流调速,整流电路是必不可少的环节。

7.6.3 整流电路

变频器的工作基本原理是把交流转换成直流,然后,把直流逆变成交流,达到所需要的频率。把交流转换成直流的电路称为整流电路。

图 7-36 为直流调速整流电路示意图。

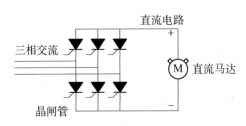

图 7-36 直流调速整流电路

在任一时刻,随交流相电压由正半周进入负半周,共阴极组中的一个晶闸管与共阳极组中的一个晶闸管按适当的顺序触发导通。晶闸管控制导通的时间和周期,从而控制输出电压,由于该电路每个周期有 6 个脉冲,也称为 6 脉冲整流电路。该电路的缺点是电压波动大,对马达有冲击干扰,电网有谐波,可以通过连接变压器过滤部分谐波。

最简单的整流电路为二极管整流,利用二极管单向导通的特性,交流电通过二极管后只有正半波得以通过,而负半波则被过滤掉。图 7-37 为单相二极管整流后的直流电路,可以看到只有正半波直流电流。

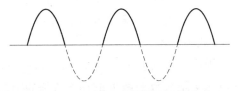

图 7-37 单相二极管整流后的直流

而电力整流电路通常都是三相全波整流,三相交流输入为交流电,而输出为直流电路。

三相全波交流-直流整流器电路如图 7-38 所示,图中整流电路为不可控二极管整流。在一个交流周期内,电路的工作状态如下:在任一时刻,随交流相电压由正半周进入负半周,共阴极组(T_1、T_3 和 T_5)中的一个二极管与共阳极组(T_2、T_4 和 T_6)中的一个二极管按适当的顺序触发导通。例如,当相电压 V_a 为正向值,而相电压 V_b 为负向值时,二极管 T_1 和 T_4 被触发导通以传导电流。当 V_a 为正向值,V_c 为负向值时,二极管 T_6 导通,电流流过 T_1 和 T_6。在接下来的几个间隔内,T_3+T_6、T_3+T_2、T_5+T_2 和 T_5+T_4 将成对地传导电流,因为三相中的每一相都提供两个脉冲,所以在输出侧将总共提供 6 个脉冲,该电路也称为 6 脉冲整流电路。图 7-39、图 7-40 和图 7-41 分别为整流前电路、整流后电路和稳压后电路。

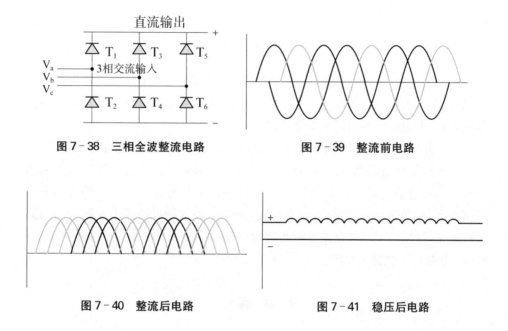

图 7-38 三相全波整流电路

图 7-39 整流前电路

图 7-40 整流后电路

图 7-41 稳压后电路

由于二极管整流电路只有半波导通,电流经过负载后就不再是标准的正弦波形,而是带有畸变的不规则的波形。

电力电源主要为含有一主频率的正弦波,该主频率称为基波频率,一般为 50 Hz 或 60 Hz。叠加在基波上的更高频率的正弦波称为谐波,这是电压或者电流的高频分量,会造成电源畸变、电机抖动、轴承损坏、电缆发热等现象。

任何非正弦波交流电流都可以被分解为基频正弦波电流和更高频率的正弦波电流,电力系统的偶次谐波是不存在的。如果用变压器进行三角形联接对三相负载供电,则线电流中不存在 3 的整倍数谐波。变压器输入端和输出端由于只有磁场的联系,还可以对电路进行物理隔离。谐波非我们研究的内容,在此略过。

电网发电机发出来的电压是正弦波而电流波形畸变,反馈在电网端后,如图

7-42 所示。

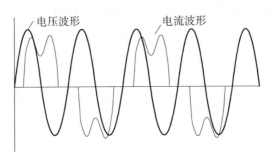

图 7-42　电流畸变波形

　　畸变的电流同时也会造成电压波形畸变。谐波电流的存在会给电网的其他负载造成干扰,导致电子设备不能正常工作,电机绝缘被破坏等。因为发电机内部有阻抗,电流畸变的时候也会造成电压畸变。

　　为了降低谐波,比较简单的处理方法就是增加整流电路的脉冲数目。

　　为了满足严格的谐波标准,目前世界各国的大功率传动设备制造商都采用多脉波二极管整流器,如 12、18 和 24 脉波的二极管整流器。这些整流器都由带有多个二次侧绕组的移相变压器供电,每个一次侧绕组给一个 6 脉波的二极管整流器供电,各二极管整流器的直流输出侧可连接一个电压源逆变器。图 7-43 为 12 脉冲变频器电路图。

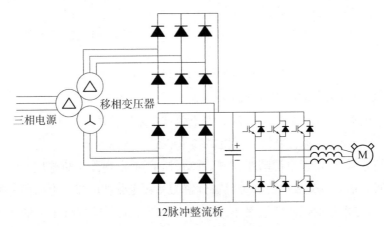

图 7-43　12 脉冲变频器电路图

　　6 脉冲二极管整流器网侧电流由于波形半对称,所以网侧不含偶次谐波,又由于三相对称,所以也不含 3 的整数倍次谐波,主要为 5 次和 7 次谐波,幅值比其他谐波要大很多。

12 脉冲整流变压器二次绕组分别采用星形和三角形联结，构成相位差 30°、线电压大小相等的两组二次绕组，接到两组整流桥。因绕组联结不同，变压器一次绕组和两组二次绕组的匝比如图 7-44 所示为 1：1：3。由于相移的关系，折合到原边的电流谐波不同相，例如两者的 5 次和 7 次谐波折合后的相位相反，因此，这些谐波电流在变

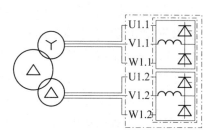

图 7-44　12 脉冲整流电路

压器的一次侧绕组中相互抵消。所以奇次谐波的 3 次、5 次、7 次、9 次均被抵消。如果说 6 脉冲整流电路所含谐波高达 30%，那么 12 脉冲整流电路谐波可降至 12%。

可见，尽管变压器二次侧线电流的总谐波失真(total harmonic distortion, THD)较大，但是变压器一次侧线电流的 THD 却大幅降低。总谐波畸变率大幅度减小的原因是采用了移相变压器，从而使得低次谐波相互抵消。

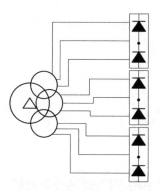

图 7-45　18 脉冲整流电路

图 7-45 是移相 20°构成的 18 脉波整流电路图，其中整流桥采用简化画法，一台变压器的一套原边配合三套副边绕组向整流器供电。对于整流变压器来说，采用星形、三角形联结组合无法移相 20°，第一和第三绕组采用延边三角形曲折联结。这种连接的每相由对应一次侧不同相的绕组串联而成，改变所取绕组的匝比可以实现任意角度的相移。18 脉冲整流器可以消除 5 次、7 次、11 次、13 次 4 个主要低次谐波，谐波相较于 12 脉冲整流器进一步减小，可低于 10%。

根据前述内容可推出 24 脉冲整流器，一台变压器有 4 个相位差 15°的二次侧绕组向 4 个串联的二极管整流器供电，可以消除 5 次、7 次、11 次、13 次、17 次和 19 次 6 个主要谐波，每个二次侧绕组的线电压为一次侧绕组线电压的 1/4。相对一次侧绕组，二次侧绕组电压相位移依次可以是 -15°、0°、15°、30°。也可以是由相对一次侧相位移为 ±22.5° 和 ±7.5° 两个变压器的合成。此类整流器的 THD 非常低，满足 IEEE 519—1992 标准的谐波要求。

综上所述，通过两个相角差 30°的变压器绕组分别供电给两个三相整流电路

可构成 12 脉冲整流电路,其网侧电流仅含 12k±1 次谐波。类似地,通过依次相差 20°的 3 个变压器绕组分别供电给 3 个三相整流桥就可获得 18 脉波整流电路,其网侧电流仅含 18k±1 次谐波;通过依次相差 15°的 4 个变压器绕组分别供电给 4 个三相整流桥就可获得 24 脉波整流电路,其网侧电流仅含 24k±1 次谐波;通过依次相差 12°的 5 个变压器绕组分别供电给 5 个三相整流桥,就可获得 30 脉波整流电路,其网侧电流仅含 30k±1 次谐波。

在实际工程案例中,其实很少有 18 脉冲及以上的整流电路,因为其需要比较复杂的移相变压器,船舶的安装空间非常有限,无法进行施工,而且采用的电缆也很多。采用多脉冲整流电路的初衷是用节省费用的方式来降低电网谐波。现在随着电力电子设备的大量应用,费用已经降低了很多,采用有源前端(active frond end, AFE)的整流方式越来越普遍。

二极管整流是不可控的。二极管是断续工作制,这就造成了电流的不平稳。网侧的输入电压是按照正弦波变化的,但是电流却是畸变的,每半个周期内其电流有两个独立的波峰,两个电流脉冲还有叠加成分,电流畸变且滞后于电压,这就是网侧谐波严重的根本原因(见图 7-46)。

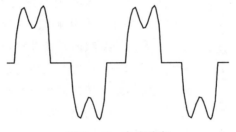

图 7-46 电流畸变

采用有源前端(active frond end, AFE)整流,整流电路可控,通过控制可控硅的导通时间和角度,使交流侧的电流波形近似于交流电压同相正弦波,这就极大地降低了谐波,同时也提高了功率因数,在输入相同功率的条件下,输入电流有效值明显降低,从而降低了对线路、开关、连接件等的电流容量要求。由于电路可控,AFE 整流能适应世界各国不同的电网电压,提高了装置的可靠性和灵活性。

AFE 整流用可控电力电子功率管代替不可控二极管整流器,其电路如图 7-47 所示,电能能从直流侧向交流侧受控输送。该电路如同一个逆变器,只是此时交流侧是有电源的,其频率是固定的,与电动机的变频器略有不同,此时电源侧的电压和频率是不变的,该电路通过控制功率管可以实现有源逆变,即

AFE 容易实现电网与变频器直流母线间能量的双向流动。由于 AFE 主动前端摒弃了落后的固定桥式二极管整流模式,无论是在整流还是在回馈状态下工作,都是通过功率开关状态的切换来实现相应的功能,因此使用了 AFE 后,无论在整流还是在回馈状态下,变频器的网侧电流都是谐波很少的正弦波,功率因数也接近于 1,大大减小了对电网的干扰。

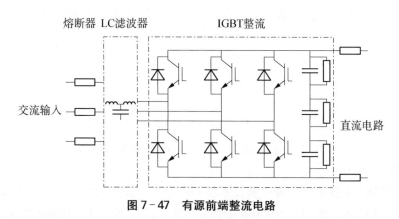

图 7 - 47　有源前端整流电路

同时变频器采用了 AFE 后,可以实现前端能量的双向流动,因此可以应用于各种需要电机四象限运行的场合,比如提升机、起重机以及各种惯性负载的电机拖动系统。由于 AFE 主动前端的产品拓扑结构实际上等效为一个增压逆变器,因此其直流母线电压应高于电网电压峰值,且可以在电网电压较低时或波动较大时保持直流母线电压的稳定,保证电机输出特性不受影响。在电网电压较低或波动较大时,能保证整流电压的稳定,同时保持足够的转矩输出。不同整流电路谐波如图 7 - 48 所示。

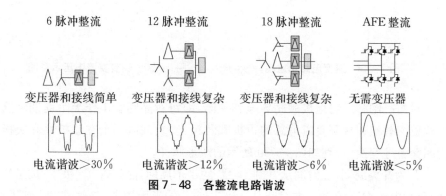

图 7 - 48　各整流电路谐波

AFE 整流实际是增压电路,其直流母线电压至少大于所使用的交流电源电压的峰值整流值,以确保通过 IGBT 开关的续流二极管,使功率系统不再受控制。实际使用中,直流母线电压工作范围最小为所使用的电源电压有效值的1.5 倍。但是考虑到各器件使用效率和耐压性,其最大值也受到一定的限制,如对于 400 V 主电源,直流母线电压范围应不大于 740 VDC;对于 500 V 主电源,直流母线电压范围应不大于 920 VDC;对于 690 V 主电源,直流母线电压范围应不大于 1 100 VDC。为安全起见,一台 AFE 整流回馈单元应至少通过一台主接触器接到电网上。考虑到电网绿色洁净的要求,在交流侧一般配有 LC 滤波器,同时需配置与整流电容配套的预充电回路。

7.6.4　逆变电路

对于变频器来说,逆变电路是核心的组成部分,它关乎对电机的最终控制以及控制的方式。逆变电路有直流变交流形式也有交流变交流形式,目前大多数是交-直-交形式。

交-直-交变频器首先通过整流器将一种频率的交流电变换为直流电压或电流,然后用电压源型或电流源型逆变器将该直流电转换成另一种频率的交流电。

图 7-49 是最简单的单相全波逆变电路,其输入端为电压,故又称为电压源型逆变器。直流电源可来自整流器、电池、光伏板或燃料电池。

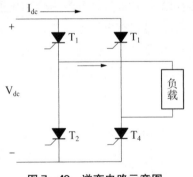

图 7-49　逆变电路示意图

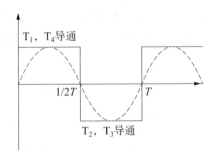

图 7-50　逆变交流电压示意图

对角晶闸管成对地按顺序导通和关断,即每对晶闸管工作半个周期。这样负载也交替地连接到直流电源的正极和负极上,负载电压会在正极性和负极性之间交替地变换,得到如图 7-50 所示的矩形脉冲。

T 为开关周期,在时间从 0 到 $1/2T$ 的半个周期,晶闸管 T_1 和 T_4 被触发导通,负载电流向下流动。在时间从 $1/2T$ 到 T 的半周期,晶闸管 T_2 和 T_3 被触发导通,负载电流向上流动。这样虽然电源电压一直是直流 V_{dc},但是负载电压在$+V_{dc}$和$-V_{dc}$之间以频率$1/T$交替变换。

将该矩形波交流输出电压按傅里叶级数展开,可以分解为正弦基波(虚线)加上一系列更高次的谐波。其中基波的峰值电压大于V_{dc},但基波的有效值小于V_{dc}。因为输入侧的有效值等于V_{dc},而输入输出两侧的有效值必须相等,由傅里叶级数谐波分析可得矩形波输出电压的总谐波畸变率相当于48.3%。交流输出电压V_{dc}可通过改变输入侧V_{dc}或引入一个额外的晶闸管开关状态来控制。

晶闸管的导通时间和角度是可以控制的,可以以更高的频率来控制导通时间和打开的角度,这样每次开关脉冲宽度和时间就以想要的方式精确地来实现,其有效波形也更加接近正弦波。如图7-51所示。

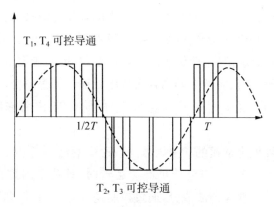

图 7-51　可控逆变电路波形图

交-直-交变频器主要包括交-直-交电流源型变频器和交-直-交电压源型变频器。

1) 电流源型变频器

交-直-交电流源型变频器的特征是由晶闸管整流,并由电感滤波形成直流电流环节,这种变流器通常用在同步电动机中,但做某些修改后可用于异步电动机。在交-直-交电流源型变频器中,直流环节电流流过电动机的各相绕组是通过控制逆变器的晶闸管来实现的。电流源逆变器需要来自电动机的感应电压以执行换向操作。因此,它主要用于同步电动机的驱动。在较低速率下,感应电压太低,不能执行自然的换向操作。在这种速度范围,变频器运行在脉冲方式,在这个工作区域电动机上的扭矩脉动较大。图7-52为电流源型逆变电路图。

电流源型变频器采用大电感作为直流滤波环节,电感的流通电流不能突变,相当于一个恒定的电流,它不使用电网电压,而是使用电动机感应电压。

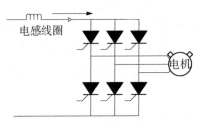

图 7-52　电流源型逆变电路

太阳能电池板可看作一个恒流电源。为了在本地使用该恒流电源,或将其馈入电网,必须将其转变为 60 Hz 或 50 Hz 交流电源。在许多用于电动机的变频驱动装置中,其直流母线上通常连接一个大的直流滤波器,而该驱动装置的电源是一恒流源。三相电流源型逆变器除了输入侧串联一个大电感代替并联电容,以使逆变器输入端保持电流恒定之外,其与三相电压源型逆变器在本质上是相同的。在任意瞬间,仅有两个晶闸管按顺序导通。如果每个晶闸管导通 $120°$,则三相输出电流是一宽度为 $120°$、幅值为 I_{dc} 的阶梯波,并且输出频率等于晶闸管的开关频率。

可控硅整流器使电动机的功率因数随转速而变化。当电机以额定转速运转时,其功率因数较高(0.9),当电动机低速运转时,其功率因数会减小到接近于零。供电电流中一般含有谐波成分,通过控制逆变,可控硅将直流侧电流输出至电动机各相之中时,会在电动机中产生谐波和扭矩波动。为了进行换流,电流型变频器还要求电动机中有一定的感应电压,即电动势(electromotive force, EMF),因此主要用于同步电动机调速器(这种电动机运行时具有电容性功率因数)。当逆变器侧出现短路故障时,由于电抗器存在,电流不会突变,电流比较容易控制在安全范围内,电流保护比较容易。

当低速运转时,电动机中的 EMF 非常低,变频器将按照脉冲模式运行,由于电流以及扭矩都被控制为零,因此在该区域运行时,电动机轴上扭矩的跳动会比较大。电流源型变频器输入功率因数一般较低,且会随着转速的下降而降低,通常要附加功率因数补偿装置。另外,电流源型变频器还会产生较大的共模电压,当没有输入变压器时,共模电压会施加到电机定子绕组中心点和地之间,影响电机绝缘。电流源型变频器的输出电流谐波较高,会引起电机的额外发热和转矩脉动。与电压源型变频器可以直接控制输出电压不同,电流源型变频器的输出电压是由输出电流及负载决定的,所以为了实现电压频率协调控制,必须设置电压环以实现输出电压的闭环控制。电流源型变频器对电网电压的波动较为敏感,一般电网电压下降 15%,变频器就会跳闸停机。

电流源型逆变器对电动机来说是一个恒定的电流源,因此其在电力行业中不是主流变换器。电流源型逆变器的缺点之一,是由于空间磁场相带谐波以同步速度除以空间谐波次数的速度旋转,使得异步电动机运行速度很低。因此,由电流源型逆变器控制的电动机速度范围不如其他类型的变频器大。电流源型逆变器的另一个缺点,是直流母线所需的直流滤波器将和电动机一样笨重。电流源型逆变器的优点是属于双向变换器,因此可用在电动机再生制动控制中。通过简单地控制触发延迟角,可将负载惯性的机械能转变为电能并回馈给电网。

目前,交-直-交电流源型变频器的应用范围越来越小。

2) 电压源型变频器

交-直-交电压源型变频器是目前工业上应用最广泛的一种,主要功能是将恒定的直流电压转换为幅值和频率可变的三相交流电压。它与交-直-交电流型变频器的区别在于直流母线的滤波器,电压源型逆变器用电容器,当电容电压上升到额定电压的 80% 时,系统正常工作。电流源逆变器用电抗器。图 7-53 为电压源型逆变电路。

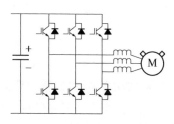

图 7-53　电压源型逆变电路

直流侧带一大电容,电容电压不能突变使输入直流电压稳定,晶闸管或者IGBT 被导通,各相相位差 120°,逆变器输出为含有基波和谐波的阶梯波交变线电压。晶闸管和 IGBT 的区别在于换相电流,晶闸管在电流为零的时候才能换向,而 IGBT 可以在任意时刻关断和换向。IGBT 可以以恒扭矩的方式控制电机转速从零到额定转速,如果驱动固定距螺旋桨,只需十几秒钟即可完成。

逆变器输出交流电压大小只能由输入侧电压 V_{dc} 控制,频率由开关频率控制,输出电压和负载无关。

电压源逆变器具有可选择性、高精度、高性能驱动的特点,可用于驱动异步电动机,也可用于驱动同步电动机和永磁同步电动机。

3) 三相交-交变频器

图 7-54 为三相交-交变频器原理图。交-交变频器的优点在于其利用电源电压换相,无须专门的换流电路,可以使用容量较大、相对可靠且价格低廉的晶闸管作为功率器件;没有直流环节,只有一次换能过程,换能效率高,过载能力强;流过电动机的电流近似于三相正弦,附加损耗低,脉动转矩小。

但交-交变频调速系统的缺点也很明显,主要在于其变频范围小,最大输出频率仅为输入频率的 1/3,并且功率因数低,谐波污染严重。另外,由于交-交变

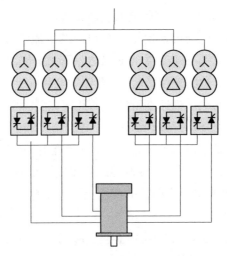

图7-54　三相交-交变频器原理图

频器的功率密度低,输出谐波大,会产生较大的振动和噪声。过去,交-交变频器比交-直-交变频器更经济,但是随着功率半导体器件价格的降低,交-交变频器逐渐被输出谐波更低的交-直-交变频器所取代。

4) 滤波器

从变频器的原理可以知道,逆变器端输出是突变的脉冲宽度调制(pulse-width modulation,PWM)矩形波,而电机的三相绕组具有电感性质。当突变的电压加在电机绕组上时,会产生更加复杂的电压变化,电压可能跳变更高值,有时候高达 $3\sim5\,kV$。变频器输出电压变化率 du/dt 对电机绝缘产生的影响问题也越来越严重。

普通的二电平和三电平 PWM 电压源型变频器由于输出电压跳变台阶较大,相电压的跳变分别达到直流母线电压和一半的直流母线电压。单元串联多电平变频器最大的相电压跳变等于一个单元的直流母线电压。对 $6\,kV$ 电压等级的变频器而言,跳变约为 $900\,V$,功率单元所用 IGBT 开通时电压上升时间为 $0.3\,\mu s$,du/dt 约为 $3\,000\,V/\mu s$,国际标准允许的范围为 $1\,\mu s$ 内,从 10% 的相电压峰值变换到 90% 的相电压峰值,对 $6\,kV$ 电机而言,约为 $3\,919\,V/\mu s$。所以说这类变频器输出 du/dt 很低,使得电机绝缘不会受到影响,可以使用普通的异步电机。而且由于输出 du/dt 很低,不会产生长电缆时行波反射引起的 du/dt 放大问题。对输出电缆长度没有特殊限制,目前使用的最长纪录为 $20\,km$。

du/dt 取决于两个方面,一是电压跳变台阶的幅值,与变频器的电压等级和主电路结构有关;二是逆变器功率器件的开关速度,开关速度越高,du/dt 越大。

同时由于逆变器功率器件开关速度较快,会产生较大的 du/dt。

高的 du/dt 相当于在电机线圈上反复施加陡度很大的冲击电压,使电机绝缘承受严酷的电应力。尤其当变频器输出与电机之间电缆距离较长时,由于线路分布电感和分布电容的存在,会产生行波反射放大作用,在参数适合时,加到电机绕组上的电压会成倍增加,引起电机绝缘损坏。所以这种变频器一般需要特殊设计的电机,电机绝缘必须加强。

而普通电机的设计通常承受不了这么高的电压,会引起电机谐波发热,转矩脉动。输出电压跳变较大,会影响电机绝缘。如果要使用普通电机,必须附加输出滤波器。在相同输出电压等级前提下,采用三电平结构后,相对二电平结构而言,输出 du/dt 有所下降,但在不加输出滤波器时,仍不能符合 IEEE 电磁抗干扰方面的标准。

变频器若要用普通电机,必须附加输出滤波器。输出滤波器有 du/dt 滤波器和正弦波滤波器两种。du/dt 滤波器容量较小,只对电压变化率起抑制作用,使电机绝缘不受 du/dt 的影响,对电机运行动态性能的影响较小,对系统动态性能要求较高时,适合采用,而且成本较低。

正弦波滤波器容量较大,输出电压波形可大大改善,接近正弦波。由于滤波器的阻抗较低,而且滤波器中点接地,使电机承受的共模电压很小,电机绝缘不受影响。但是正弦波滤波器的滞后作用会影响系统的动态响应,同时由于滤波器对输出电压的衰减作用,也会限制变频器的最低运行频率。由于滤波器采取低通设计,还限制了变频器的输出上限频率。滤波器在满载时的损耗会降低变频系统效率 0.5% 左右。

5) 电机设计和输出电缆选择方面的特殊问题

由于变频器输出谐波会引起电机附加温升,电机容量必须适当放大,热参数降低使用。设计时,在可能的条件下,尽量减少定、转子电阻,以降低损耗。尤其是转子电阻的减少很有必要,因为转子铜耗在高次谐波所产生的损耗中占相当的比例,而且采用变频运行后,已经不需要通过较大的转子电阻去获得足够的启动转矩。

对于目前应用广泛的电压源型变频器,为了抑制电流中的高次谐波,适当增加电机的电感是必要的。设计时还应当考虑高次谐波和低频时电压补偿作用产生的磁路饱和加深,加大磁路设计裕量。普通电机采用自带风扇的冷却方式,在转速降低时,冷却风量跟着降低,散热效果下降。对于风机、水泵等运行频率不低,且转矩与转速基本呈平方关系的负载,由于在转速下降时负载电流跟着大大下降,发热下降,基本没有什么问题。

但对于运行频率较低,且低速时力矩较大的应用场合,应考虑电机强迫通风,比如采用独立电源供电的冷却风机,或者水冷,甚至电机降额使用。谐波使电机振动和噪声增加,电机应采取低噪声设计并避免可能产生的振动,临界转速必须避开整个工作转速范围。转矩脉动产生的应力集中可能对电机部件引起损坏,电机关键部位必须加强。采取绝缘轴承,必要时在轴上安装接地碳刷以避免轴电流对轴承的损坏。

由于普通变频器输出波形中含有高次谐波成分,因集肤效应而使线路等效电阻增加。同时,在逆变器输出低频时,输出电压跟着降低,线路压降占输出电压的相对比例增加,因此输出电缆的截面积应当比普通接线时放大一级。

电流源型变频器由于存在输出谐波和共模电压对电机的影响等问题,电机需降额使用和加强绝缘,且由于存在转矩脉动问题,其应用受到限制。电压源型变频器存在输出谐波和 du/dt 等问题,一般要设置输出滤波器,否则必须使用专用电机。

6) 共模电压和轴电流对电机的影响

共模电压(也叫零序电压),是指电机定子绕组的中心点和地之间的电压。由于整流电路在同一时刻只有二相同时导通,导致整流电路输出的直流中点电压不等于供电电源的中心点电压。

由于输出频率一般不等于电网频率,且不断变化,可以导致共模电压在某一时刻达到最大值,所以共模电压最大可接近相电压的峰值。如果电源的中心点接地,电机的机壳也接地,共模电压就施加到电机定子绕组的中心点和机壳之间。这样高的共模电压使电机绕组承受的绝缘应力为电网直接运行情况下的 2 倍,严重影响电机绝缘。

当没有输入变压器时,共模电压会直接施加到电机上,增加绕组对地的电应力,引起绝缘击穿,影响电机的使用寿命。如果设置输入变压器(变压器二次侧中点不能接地),则共模电压由输入变压器和电机共同承担,按照输入变压器原副边绕组间的分布电容和电机绕组对机壳间的分布电容(两个容抗串联)进行分配。由于一般输入变压器的分布电容远小于电机绕组对机壳的分布电容(比如前者为后者的 1/10),这样约 90% 的共模电压由输入变压器来承担,只要考虑加强输入变压器的绝缘即可,而变压器的绝缘加强相对电机要容易得多。如果没有输入变压器,则电机绝缘必须加强,以承受共模电压。比如,4 160 V 额定电压的电机要求采用 10 kV 的绝缘设计,不能适用标准的异步电机。要求 6 kV 电机可以承受的共模电压范围:基波相电压和共模电压峰值之和不超过 8.7 kV。

PWM 变频器的共模电压中含有与开关频率相对应的高频分量。高频的电压分量会通过输出电缆和电机的分布电容产生对地高频漏电流,影响逆变器功率电路的安全。电机通过接地产生的高频漏电流一部分是通过电机定子绕组经定子绕组和机壳间的分布电容,再经机壳流入地,另一部分是通过绕组和转子间的分布电容,经过轴承再到机壳,然后到地。后者的作用相当于轴电流,会引起电机轴承的"电蚀",影响轴承的寿命。

7.6.5　变频器调速控制技术

船舶交流推进电动机所采用的调速控制技术主要有标量控制、矢量控制和直接转矩控制(direct torque control,DTC)三种方式,其中标量控制应用最早,实现也最简单,主要用于对异步推进电动机的控制;矢量控制应用坐标旋转变换方法,实现了交流电动机的磁链和转矩解耦控制;直接转矩控制不追求控制变量的严格解耦,而是通过滞环控制方式快速控制电动机定子磁链和转矩,动态响应快,对电动机参数的依赖性也小。目前,高性能的电力推进调速控制基本上都采用矢量控制或直接转矩控制。

1) 恒压频比标量控制

所谓标量控制是指对变量的幅值进行控制,忽略电动机中的耦合效应。

对于交流电动机,电动机相电压 V、频率 f 和磁通量 ϕ 的关系如下:

$$V = 4.44fN\phi$$

式中:N 为每相的线圈匝数。如果变频器输出频率降低,同时保持电压恒定,则电机磁通会增加而使铁心磁路饱和,电机发热,严重地影响电动机性能。如果保持磁通为常数,则可避免铁心磁路饱和。此外,电动机的转矩等于定子磁通和转子电流的乘积。对所有转速,电动机额定转矩只能通过保持磁通为其额定值来保持不变,这可通过保持 V/f 恒定来实,因此要求电动机电压与频率同比例升降,以避免磁路饱和(高磁通)或转矩低于额定值(低磁通)。

处于较低转速时,电机输入的电压频率保持恒定,则气隙磁通也保持恒定。对于螺旋桨这类叶片负载,转子转矩大约与转速二次方成比例变化,转矩与转子电流成线性变化,功率大约与转速的三次方成比例变化。对于传送带和起重机等负载,也运行在恒扭矩状态。

对于超频率运行的负载,因电压不能超过额定电压,频率超过额定频率,磁通会下降,此时运行在弱磁状态,扭矩会下降,负载运行在恒功率状态。

2) 矢量控制

标量控制虽然容易实现,但是电动机内部的耦合效应导致系统响应缓慢,例如,若通过增加转差率以增加转矩,则磁链将趋于减小。矢量控制或磁场定向控制是 20 世纪 70 年代初所提出的一种交流电动机控制技术,它可以使交流电动机实现高性能控制。在矢量控制下,交流电动机的性能特性与直流电动机类似,因此又被称为解耦控制或者矢量变换控制。矢量控制既可以用于异步电动机也可以用于同步电动机。

矢量控制方式基于异步电动机的按转子磁链定向的动态数学模型,将异步电动机的滞后定子电流分成两个分量:

(1) 与电压同相位做有用功的电流分量;

(2) 滞后于电压 90°产生磁通的电流分量。

矢量控制的基本思想是分开控制这两个电流分量,来独立地控制转矩和电动机转速,从而实现类似直流调速系统中的双闭环控制方式。因此,矢量控制的感应电动机的工作原理在本质上与直流电动机相同。

但是该方式需要实现转速和磁链的解耦,而异步电动机的数学模型是高阶、非线性、强耦合的多变量系统,需要对电动机参数进行正确估算,因而控制系统较为复杂。常见的矢量控制型变频调速系统有两种。一种采用磁链和转矩闭环,也叫直接矢量控制。由于转子磁链反馈信号是由磁链模型获得的,需要精确得到转子磁链以用于坐标系定位,其幅值和相位受电机参数变化的影响,造成控制的不确定性。真实的矢量控制要求将转子的确切位置和电动机参数反馈给控制系统,因此电动机要配备反映其位置信息的编码器。

另一种采用磁链和转矩开环,也称间接矢量控制,即通过已知的电机参数计算出电机转差频率来获得期望的磁链位置。其控制原理是通过瞬时改变定子电流的频率,来调节输入电流的相位,使之与定子给定电流的相位一致。后者相对易于实现,所以得到广泛应用。在这种情况下,常利用矢量控制方程中的转差公式,又称间接矢量控制系统。

矢量控制变频器将电动机电流分解为产生磁通和转矩的两个分量,并保持两个分量之间的相位差为 90°,因此矢量控制又被称为磁场定向控制。磁通和转矩的解耦控制具有更高的效率,可实现全转矩控制。使用矢量控制能使电动机从基准速度下降到零时都输出最大转矩。矢量控制可以在较宽的工作范围内对电动机进行精确的速度和位置控制。开环矢量控制可以 0.1%的速度调节率使电动机在转速范围内运行。闭环矢量控制系统可以像控制直流电动机一样,控制异步电动机在转速为零时仍能提供额定转矩。另外,矢量控制系统还具有对给定转矩和转速指令响应快的优点。

3) 直接转矩控制

在 20 世纪 80 年代中期,研究者为电压源型 PWM 逆变器传动系统提出了一种先进的控制技术,该技术被称为直接转矩控制(direct torque control, DTC),是继矢量控制系统之后发展起来的另一种高动态性能的交流电动机变压变频调速系统。

1985 年,德国鲁尔大学的 DePenbrock 教授首次提出了直接转矩控制变频技术。该技术在很大程度上解决了矢量控制的不足,并因其新颖的控制思想、简洁明了的系统结构、优良的动静态性能而得到了迅速发展。该技术在转速环里面,利用转矩反馈直接控制电机的电磁转矩,因而得名。基于该技术的传动系统性能可与矢量控制的传动系统性能相媲美。该控制方案的原理是通过查表的方法选择合适的空间电压矢量,从而实现传动系统转矩和磁链的直接控制。

转矩控制是控制定子磁链,在本质上并不需要转速信息,控制上对除定子电阻外的所有电机参数变化鲁棒性良好,所引入的定子磁链观测器能很容易地估算出同步速度信息,因而能方便地实现无速度传感,这种控制被称为无速度传感器直接转矩控制。

与矢量控制(vector control,VC)系统一样,转矩控制也是分别控制异步电动机的转速和磁链。但在具体控制方法上,它不是通过控制电流、磁链等量间接控制转矩,而是把转矩直接作为被控量来控制,其实质是用空间矢量的分析方法,以定子磁场定向方式,对定子磁链和电磁转矩进行直接控制。DTC 系统与 VC 系统的不同之处如下。

(1) 转矩和磁链的控制采用双位式控制器,并在 PWM 逆变器中直接用这两个控制信号产生电压的空间矢量脉宽调制(space vector pulse width modulation,SVPWM)波形,从而避开了将定子电流分解成转矩和磁链分量,省去了旋转变换和电流控制,简化了控制器的结构。

(2) DTC 系统选择定子磁链作为被控量,而不像 VC 系统中那样选择转子磁链,这样一来,计算磁链的模型可以不受转子参数变化的影响。如果从数学模型推导按定子磁链控制的规律,显然要比按转子磁链定向时复杂。

(3) 由于采用了直接转矩控制,在加减速或负载变化的动态过程中,可以获得快速的转矩响应,但必须注意限制过大的冲击电流,以免损坏功率开关器件,因此实际的转矩响应的快速性也是有限的。从总体控制结构上看,DTC 系统和 VC 系统是一致的,都能获得较高的静、动态性能。直接转矩控制也具有明显的缺点,即转矩和磁链脉动。

第 *8* 章

电力推进分析研究

8.1　螺旋桨性能

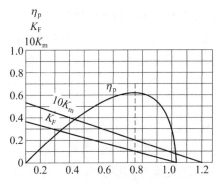

图 8-1　螺旋桨效率性能曲线图

从前面的螺旋桨的基础知识,我们可以知道,对于一条确定操作工况的船,一旦螺旋桨设计确定,螺旋桨的性能就基本确定。图 8-1 是螺旋桨的效率性能曲线。

纵坐标是螺旋桨的效率,横坐标是进速系数值,用 J 表示。

$$J = v/nD$$

式中:V 为螺旋桨相对于水的速度;n 为螺旋桨转速;D 为螺旋桨直径。公式的含义是螺旋桨每转一圈相对于水的进程与直径的比值。

K_F 是螺旋桨推力系数,螺旋桨推力约与转速二次方成正比,推力系数按照相似定理通过船模试验求得。可见,在螺旋桨转速不变的时候,当船速较高时,螺旋桨的推力是下降的;反之,船速下降时,螺旋桨的推力反而是上升的。典型的船型是拖轮,拖轮在顶推工况的时候,航速近乎为零,这个时候的推力是最大的。有些渔船在拖带作业的时候,需要很大的推力。

K_m 是螺旋桨轴的扭矩系数,螺旋桨的扭矩也约和转速二次方成正比,扭矩系数按照相似定理通过船模试验求得。螺旋桨的扭矩和推力性能类似,在转速不变的情况下,航速低反而会引起扭矩上升,航速高则扭矩下降。

η_p 表示效率。通常是根据螺旋桨性能曲线来设计螺旋桨的最佳工作点,以此达到最好的效率。对于定距桨来说,一旦设计完成,它的工作点会固定下来,几乎不再改变,一直工作在最佳效率点。

对于可调距螺旋桨来说,螺距是变化的,如图 8-2 所示,每一个不同的螺距对应一个不同的效率性能曲线。其工作的最佳效率则对应于最大的那组螺距,相当于是一个定距桨航行工况。在此之下的其他螺距,效率都会降低。图 8-2 所示的螺距是指螺距和螺旋桨直径的比值(P/D)。

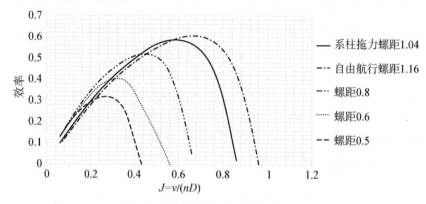

图 8-2　不同螺距下螺旋桨性能曲线

对于一个定螺距螺旋桨,它运行时的负荷与转速的三次方成正比。它的设计点只有一个,就是在主机 100% 转速的时候扭矩达到设计扭矩,这个时候的负荷就是 100% 负荷,主机把所设计的负荷全部发挥出来,物尽其用,不浪费,即达到了设计要求。螺旋桨负荷曲线如图 8-3 所示。

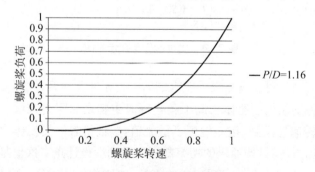

图 8-3　螺旋桨负荷曲线

但有些船型可能有多个工作工况,不同的船型,其螺旋桨的设计又不尽相同。比如,一般的商船在大部分时间是自由航行,而港口拖轮在拖带和顶推的时候非常重要。如果把自由航行作为设计点,那么在拖带工况的时候,航速非常低。从前述螺旋桨的性质可以知道,航速会影响扭矩,此时扭矩将会变得非常大,如果主机保持恒定转速,主机的功率是扭矩与转速的乘积,那么主机必定会超负荷工作,必定要被动把转速降下来。如果转速降下来,那么即使扭矩保持在额定设计值,主机的功率也发挥不出来。

如果螺旋桨的设计点放在拖带工况,在拖带作业的时候,主机的扭矩和转速都能达到设计工况,那么在船舶自由航行的时候,进速系数增加,扭矩下降,主机功率就会降下来。对于拖轮,主机自由航行时功率发挥不出来问题也不是很大,但对于商船来说,主机功率发挥不出来,航速上不去,就会造成航程延误的经济问题。

当一条船刚刚造好,船体光滑,风平浪静,那么在理想状态下,主机可以充分发挥其功率。运行一段时间后,船体污底、风浪增加等会造成船的航速降低,相对来说进速系数会变小,主机扭矩增加,转速达不到设计状态。反之,在船舶轻载状态下,航速加快,扭矩减小,即使主机转速达到设计工况,功率也发挥不出来。图 8-4 为主机运行负荷示意图。

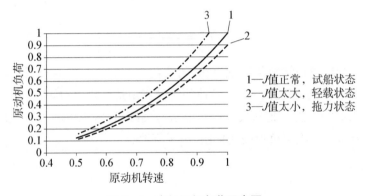

1—J值正常,试船状态
2—J值太大,轻载状态
3—J值太小,拖力状态

图 8-4 主机运行负荷示意图

而船舶运营时,可以满足设计要求的时间总是非常短暂,大部分时间是运行在非设计点,特别是由于船体长满了藤壶等海生物之后阻力大增。这个时候螺旋桨有点重,转速还没到,扭矩就到了最大值,柴油机各缸爆发压力已经到了最大,燃烧负荷加重,但是柴油机的功率却还没有到达设计点。这也是一部分船员所碰到的迷惑,他们经常会碰到这样的事情,船刚造好的时候,主机运行得很轻快,但运行几年后,就发现主机热负荷很大,爆发压力到了,热负荷很大,扫气压力和各缸温度等指标都偏高,负荷就是拉不上去。无论怎样清洁冷却器和增压器,都效果不大。其实他们只是从主机本身来看这个问题,从更广的角度看,是螺旋桨运行点飘移了,不适合了。当然机器本身可能也是问题的一个方面。

这就需要螺旋桨在设计之初就有一个轻载裕度。所谓轻载裕度,就是螺旋桨设计时人为地把桨的螺距设计得偏小些,在主机额定转速运行时使主机的负荷小于额定负荷的一个百分数。船舶刚造好的时候虽然负荷偏小,但经过一段时间,船体阻力增加,这时主机依然能运行在额定设计工况附近。

综上所述,对于定螺距螺旋桨,存在一个在设计初就有的轻载裕度。图 8-5 是四冲程主机厂商推荐的螺旋桨运行曲线,可以看到,在 100% 转速运行的时候,螺旋桨最后能够达到主机负荷的 85%。那么在日后运行时,由于船体阻力的增加,螺旋桨的运行点将会逐渐上移。

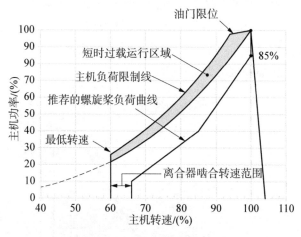

图 8-5　主机负荷限制曲线

而对于可调距螺旋桨来说,螺距是可以调节的,就不存在定距桨所遇到的问题,可调距螺旋桨在设计的时候不需要考虑轻载裕度。图 8-6 是调节桨所对应的主机运行负荷示意图。

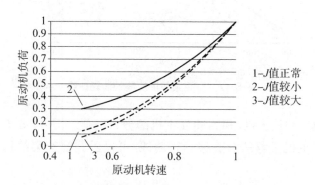

图 8-6　可调距螺旋桨对应的主机运行负荷示意图

曲线1是设计的正常运行图。当工况改变的时候,比如船体污底,或者风浪天,船体阻力增加,此时螺旋桨的进速系数 J 值会变小,扭矩增加,如曲线2所示,在同样的转速下主机负荷会增加。如果把螺距调小一点,主机的负荷就会降下来,依然能稳定运行在100%转速和100%负荷下。

当船舶轻载的时候,船体阻力减小,在主机同样的转速下,负荷会变轻,螺旋桨的进速系数会变大,如曲线3所示。此时增加螺距,主机负荷就可以增加。调距桨比较适合有拖带工况的港口拖轮、海工拖轮、渔业船等多变工况的工作船。

图8-7为定距桨和调距桨在主机油耗图谱上的运行曲线比较。可以看到,相对于定距桨,在主机相同转速下,由于调距桨的螺距较大,那么主机负荷也会偏高一些,油耗会相对应小一点。而在相同的主机负荷下,调距桨可以使主机的转速运行得低一点,油耗也会偏低一点。

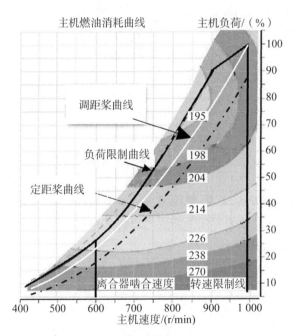

图8-7 定距桨与调距桨的油耗曲线

对于低速二冲程主机,和四冲程主机的分析类似。图8-8为MAN&BW的低速二冲程主机推荐的螺旋桨运行曲线,可以看到螺旋桨的轻载裕度也差不多。

可调距螺旋桨的另一个优点是可以使主机恒转速运行,提高了操纵性能,并且可以驱动轴带发电机,节省柴油发电机组的投资。现代电力电子技术的发展

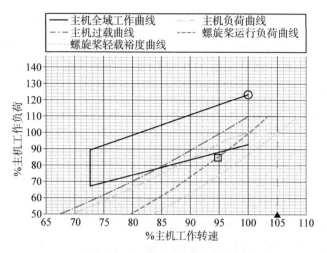

图 8-8　二冲程机推荐负荷曲线

也可以使驱动定距桨的主机变转速运行驱动轴带发电机。当然变频器有诸多优点,但投资成本较高。

对于变转速运行的主机,需要注意的是其功率转速限制负荷。图 8-9 是

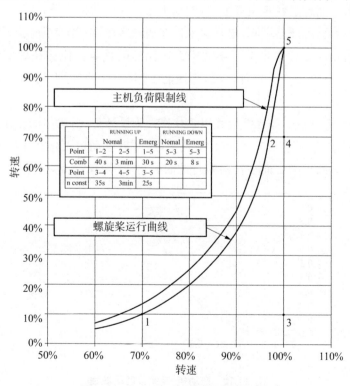

图 8-9　MAK 8M25 转速负荷限制曲线

MAK 8M25 机型的转速负荷曲线图,负荷限制曲线非常陡峭,在 100% 转速的时候允许运行在 100% 负荷点上;但是当转速降至 90% 的时候,此时允许的负荷只约有 45% 左右;如果转速降至 80%,则允许的最大负荷只约有 25% 左右。假设该型主机最大功率为 2 666 kW,则 80%～90% 变转速区间只能运行 666～1 200 kW,如果只是驱动定距桨,在低转速的时候恐怕很难有富裕的功率再驱动轴发。

调距桨的投资成本和维护成本都很高,那些在公海长期定转速运行的主机就没有必要使用调距桨,使用定距桨可以节省很多成本。

而对于电力推进来说,因其恒扭矩的性质,可以快速地操纵螺旋桨正转反转,操纵性能可以和调距螺旋桨相媲美。

电动机驱动螺旋桨负载,其带载能力最根本的还是受到转子轴的制约,其次受到转子电磁转矩的制约。转子轴在机械设计上通常能满足既定的要求,电磁转矩则与电流电压和磁通有关系。从前面的章节我们了解到,为了保持电机的磁通恒定,其电压和频率保持恒定,那么磁通恒定后,马达的负载能力基本上就是恒扭矩输出了。从图 7-18 可以看到,电机在额定转速之下,可以以恒定的扭矩驱动负载。而超过额定负载之后,电动机工作在恒功率区域,这是对于电磁转矩而言,超频后,磁通会下降,电动机工作在弱磁区域,电磁转矩就会下降。

电动机驱动螺旋桨带来了柴油机无可比拟的优点。比如在螺旋桨的设计上,可以以系柱拖力点为设计工况,却还能工作在自由航行工况,柴油机就达不到这一点。

如图 8-10 所示,如果螺旋桨以系柱拖力为设计工况,比如拖轮在拖带或顶推工作的时候,航速在某一时间几乎是零,这时候电动机工作在 100% 负荷点,拖轮发出最大的推力。而在自由航行的时候,由于航速提高,扭矩会下降,电动

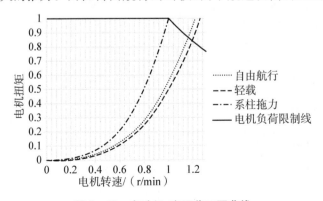

图 8-10　电动机-定距桨匹配曲线

机的负荷就会降下来,这个时候只要提高电动机的工作频率,转速就能提高,假设提高 10%～15%,电动机就可以工作在 100% 负荷状态,航速就提高了。

　　假如柴油机拖轮以系柱拖力为设计工况,那么在自由航行的时候主机很难超速运行,否则会带来一系列的问题。比如那些运动部件的离心力会增加,磨损会加大,润滑会变差,弹性联轴器也可能出现设计工况外的意外应力等,所以柴油机是不允许超额定转速运行的。而电动机超速运行却是有可能的,一些旋转部件在设计的时候考虑超速运行工况即可。柴油机配备调距桨可以达到同样的效果,而电动机配备定距桨不仅能达到同样的效果,还节省了投资成本。当然定距桨在倒车的时候推力会下降很多。

8.2　电力推进的形式

　　电力推进的轴系形式差不多,根据电动机的不同而有些不同的布置。

1) 电动机通过减速齿轮箱驱动螺旋桨

　　此种形式推进系统是最简单的原动机替代。它用电动机取代了柴油机,可以在齿轮箱内置推力轴承,电动机和齿轮箱做常规连接(见图 8 - 11)。电动机可以选取常规的异步电机,螺旋桨可以选取经济适用的定距螺旋桨,齿轮箱要选取可以正反转运行的形式,无需内置离合器。调速可以通过变频器来调节马达转速。

图 8 - 11　电机 + 齿轮箱电力推进

　　如果螺旋桨选取调距桨,则电动机在启动完毕后可以直接和电网连接,这时电动机近乎恒速运行,只需要调节螺距即可实现船速的变化。启动变频器可以选取小一点的型号,因为启动完毕后就可以把变频器旁通,在正常航行的时候不需要变频器介入,节省部分投资费用。

2) 电动机直接和螺旋桨相连接

　　图 8 - 12 为电动机直接驱动螺旋桨的示意图。此种推进形式近年来越来越

常见,原因在于电动机技术的发展,特别是永磁电动机技术的发展,让低速运行成为可能。低速永磁电机既可以作为电动机使用,也可以作为发电机使用。功率密度大。

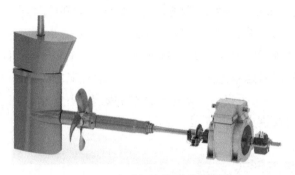

图 8‐12　电动机直接驱动螺旋桨

当用低速永磁电机作为推进原动机的时候,轴系需要把转子轴作为传动轴系的一部分,此种形式的电机内部是没有轴承的,因此要在电动机的前后两端分别放置轴承,其前端应为推力轴承,以承担螺旋桨的推力。此种形式的轴系在安装的时候要注意校中步骤和常规轴系不太一样,其在计算的时候要考虑电磁力的影响。也可以把低速励磁同步机作为电力推进的原动机。图 8‐13 为低速励磁发电机的转子轴。

图 8‐13　低速励磁发电机转子轴

由图 8‐13 可见,该轴系比较粗大,特别是励磁磁极,需要安装在转子轴上,在船厂的组装工作比较复杂,在使用的时候要注意对转子进行励磁控制。

也有用多极低速绕线式异步机做为主推进电机的,但此电机相当笨重。需要注意的是,在该型电机后端要放置推力轴承,推力轴承和电机之间需要弹性连接以避免振动。

8.3　电力推进线路

　　船舶电力推进除了推进轴系异于常规布置外,其最重要的还是推进电力的布置和常规推进的电力布置差异很大。常规柴油机推进的电力布置很简单,柴油发电机直接和交流配电板连接,交流配电板再供电给日用负载,电力分配和主推进系统没有直接电的联系(见图8-14)。

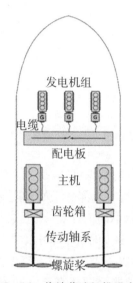

发电机组

电缆

配电板

主机

齿轮箱

传动轴系

螺旋桨

图8-14　传统柴油机推进电站

　　对于电力推进系统,由于主推进电机所需要的功率相当大,可说是船上单一的最大负载,那么这个时候就需要船舶主电力直接供电给推进电机了,而这时候的电力分配就会变得复杂起来。

　　比较简单的推进电力如图8-15所示,柴油发电机组给交流配电板供电,交流配电板通过变频器驱动推进电机,推进电机只是交流负载的一部分。

　　这样的推进电力负载是全船交流负载的一部分。需要注意的是,推进电力的变频器对船舶电网的谐波影响,最好是用 AFE 整流器,或者是用多脉冲二极管整流器配备移相变压器。但也要监测谐波,并准备谐波的治理方案。

　　对于船舶有两个或者多个推进器的,如图8-16所示,推进电力布置形式并没有改变船舶电网的供电结构,推进器的电力取自于交流电,推进电力是交流电网的部分负载,只是推进电机数量增多,推进系统的变频器数量增多,船舶电站扩容而已。

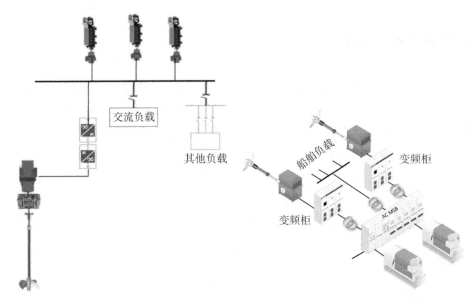

图 8-15　交流电力推进电站布置　　图 8-16　双桨交流电力推进电站布置

　　由前面章节描述的变频器的知识可知,每一个变频器都是交-直-交形式的,这也就意味着,每个变频器都有直流部分。如果把这个直流作为公用的一部分,逆变部分则根据负载不同再做不同的配置,就会成为公共直流母排系统。如果船上还有其他需要变频器的负载如侧推,则可以共用一个整流模块,逆变部分可以从公共的直流取电,它们组成一个小型的直流电网,如图 8-17 所示。图 8-17(a)为常规布置,侧推和推进器分别从直流电网取电。而图 8-17(b)则组成了一个小型直流电网,节省了一个整流模块,也节省了投资。

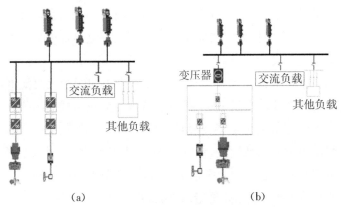

(a)　　　　　　　　　　　　　(b)

图 8-17　交流网与直流网电力推进比较

(a)变频器连接交流电网;(b)变频器组成小型直流电网

如果船舶重负载需要变频器驱动,需要的变频器就非常多,且功率比较大,如果这样的负载占船舶电网的消耗比例很大,那么就可以考虑船舶直接直流组网了。如果这些变频器全都接在交流配电板上,就会造成交流侧的谐波非常大,治理谐波也需要很大的成本。图 8-18 是某船的直流母排系统示意图。

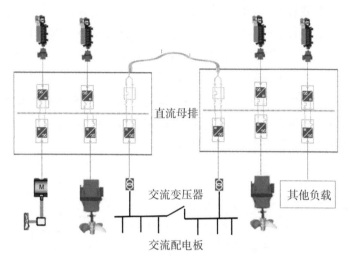

直流母排

交流变压器

其他负载

交流配电板

图 8-18　直流母排电力推进

从图 8-18 我们可以看到,发电机组直接连接直流母排,把发电机发出的电直接整流成直流,形成公共直流母排。负载端,比如主推进螺旋桨、侧推和其他需要用到变频器的负载,直接由逆变器驱动负载。逆变器把直流电逆变成交流电,再通过变压器组成交流配电板,对日用交流负载供电。该电网的特色是直流部分占比很大,而交流负载占比相对较小。

平时用电的时候,根据负载大小可以由两台发电机运行或者三台一起运行,以保证柴油机负荷在合理范围内,柴油机处于最佳的效率和油耗。另一个好处是柴油发电机组的并车运行简单很多,因为它们是直流电,无须像交流发电机组那样复杂。

交流发电机组要想并车运行必须满足 4 个条件:①电压相等;②相序一样;③频率一样;④相位角度一致。并且在并车的时候,待并发电机的频率要稍微比电网的频率快那么一点,并上去后在电网负荷的拖动下达到频率一致。如果待并机组频率稍慢,就会形成逆功,柴油机会被发电机驱动运行,则发电机成了电动机,导致并网失败。

为了能顺利并车,船上一般会配备并车模块来完成柴油发电机的并车和功率负荷分配。而有了直流母排之后,发电机不需要并车模块就可以直接并车,由

AFE整流模块来直接控制发电机是否并网,以及分配功率负荷大小,从而提高了系统的安全性和效率。

图8-19是另一种形式的直流电网和交流电网互补型的船舶电力系统,该船配备两台发电机组,一台主推进发电机组和另外一台交流负载发电机组。该船虽然只有一个螺旋桨,但却有冗余的推进原动力,侧推有两台,推进电机有两台。每个推进电机有不同的推进逆变器供电,有两个推进直流母排,一个功率足够大的推进发电机组可以同时为两个直流母排系统供电。在海上航行的时候,船舶推进系统不需要太大的功率,则富裕的电力通过逆变器和变压器向船舶交流配电板供电。而在机动航行的时候,侧推和主推螺旋桨都需要随时保持在可以达到最大功率的状态,这个时候交流负载发电机组也启动运行,一起向直流母排供电,保证船舶动力随时处于可用状态。

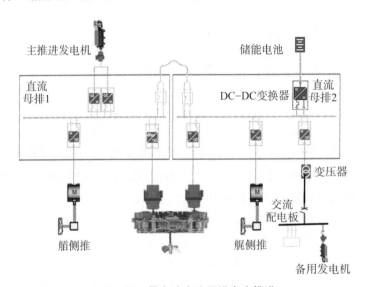

图8-19 带电池直流母排电力推进

可见,当船舶电网使用直流母排的时候,电网可以随意组合,灵活多变,发电机组的配备也更加合理。在有些需要动力定位系统的工作船上,冗余的需求使船舶电网被分割成完全独立的两部分或三个部分,这个时候配备的发电机组和交流配电板完全冗余,投资将是巨大的。如果能使用直流组网技术,则直流母排可以互相连通组成环网,配备的发电机组可能不需要完全冗余,因为电网已经连通成环网了,即使一个发电机组出现问题,也可以通过环网使整个网络有电。

这里要特别指出储能电池的应用。该船配备一组储能电池,该电池在需要的时候向直流网供电,也可以把直流网波动的电能储存起来,起到削峰填谷的作用。

通过前面讲的变频器原理,我们知道,在做整流电路的时候,直流电压大概是交流侧有效电压的 1.5 倍,也有使用 1.35 倍的直流母线电压的,直流母线电压的控制在于整流器。反过来直流母线电压的大小又影响逆变器的输出电压。

当直流电网驱动螺旋桨运行的时候,大致上负荷是平稳的。但是在某一时刻,比如突然来了风浪,或者螺旋桨突然打到了浮木,或者在机动航行的时候,螺旋桨的负荷就会波动,这也会影响逆变器的输出。比如某一时刻,螺旋桨突然负荷变重了,电动机突然承受了一个额外的扭矩,反映在逆变器上就是其输出的电流突然增加,直流母排就会瞬间有一个压降,此时锂电池就可以及时放电,而不会导致发电机组的负荷波动。反之,当负荷突然变轻,直流母排的电压就会突然升高,此时的电池就可以吸收电能,保持直流电压的平稳。这就是削峰填谷的原理。

如果没有电池连接直流母排,则必须有泄放电能的电阻箱,该电阻箱直接连接直流母排的正负极。比如在某一时刻,船舶需要减速,推进电机的扭矩减小,那么直流母排的电压就会升高,为防止电压过高损坏电气设备,过高的电压就会流向电阻箱,电能向电阻释放,电流流过电阻,电阻通过发热的方式释放电能,有时候电阻很热,温度可高达 $500 \sim 600℃$,要做好不损坏周围设备的防护措施。因为是动力减小造成的直流母排电压升高,好像是船舶在刹车似的,有时候这个泄能电阻箱又叫刹车电阻。

锂电池结构包括正极材料、负极材料、电解质、隔膜和外壳。正极材料通常为锂合金的金属氧化物,比如镍酸锂、钴酸锂、磷酸铁锂和三元锂。三元材料通常指镍钴锰酸锂或者镍钴铝酸锂。负极材料通常为石墨。

充电时,锂离子从正极材料 $LiMO_x$ 晶格中脱出,经过电解液和隔膜,得到电子后变成锂,插入到层状结构的石墨负极中;放电过程则相反,层状石墨负极中的锂失去电子变成锂离子,同样经过电解液和隔膜,嵌入到 $LiMO_x$ 晶格中。锂电池化学反应过程如图 8-20 所示。

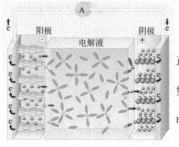

正极反应:$LiMO_2 \underset{\text{放电}}{\overset{\text{充电}}{\longleftrightarrow}} Li_{1-x}MO_2 + xLi^+ + xe^-$

负极反应:$6C + xLi^+ + xe^- \underset{\text{放电}}{\overset{\text{充电}}{\longleftrightarrow}} Li_xC_6$

电池总反应:$LiMO_2 + 6C \underset{\text{放电}}{\overset{\text{充电}}{\longleftrightarrow}} Li_{1-x}MO_2 + Li_xC6$

图 8-20　锂电池化学反应

　　车用电池主流为磷酸铁锂电池和三元锂电池,船用电池也是这两种。欧洲电动船使用三元锂电池偏多,国内电动船使用磷酸铁锂电池较多。三元锂电池功率密度高但是安全性不如磷酸铁锂,三元锂电池的充放电速率可达3倍于电池容量,但磷酸铁锂只能达到1倍的速率。两种电池各有千秋,在船上都有应用。

　　单个电芯的电池的容量其实非常小,一般正极材料的电压为3.7 V,磷酸铁锂的电压为3.2 V。充满电时的终止电压国际标准为4.2 V,磷酸铁锂的终止电压为3.6 V。锂电池的终止放电电压为2.75～3.0 V,如果低于2.5 V还继续放电,就会过度放电。过度放电会损伤锂电池的活性物质,影响使用寿命,过度充电则有可能爆炸,因此必须避免锂电池的过度充放电。

　　锂电池都是大量的单体电芯串并联后才达到很大的容量。以磷酸铁锂电池为例,单体电芯(见图8-21)的电压只有3.2 V,持续的电流是230 Ah。把8个单体电芯串联后,其电压为3.2 V×8=25.6 V,这为一个电池包(见图8-22)。把两个这样的电池包串联后,其电压为25.6 V×2=51.2 V。两个电池包组合成为一个电池模块(见图8-23)。17个这样的电池模块可以达到的电压为870.4 V,18个电池模块可以达到的电压为921.6 V。图8-24为数个模块组成的电池簇。

图 8-21　一个电芯

图 8-22　一个电池包

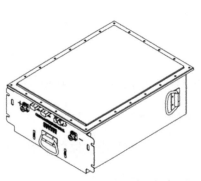

图 8-23　两个包组成一个电池模块

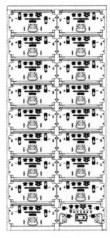

图 8-24　数个模块组成的电池簇

一个单体的电芯的容量为 230 Ah,换算成千瓦时为 $3.2 \times 230/1\,000 =$ 0.007 36(kW·h),17 个电池模块组成的一簇电池的容量为 $0.007\,36 \times 2 \times 8 \times 17 = 200.192$(kW·h)。如果用作储能电池,则两簇这样的电池容量可达 400 kW·h;用在江海小船的动力电池,需要 10 簇这样的电池,其容量可高达 2 000 kW·h。把 10 簇电池组合成一个集装箱电源,假设经济航速推进电机功率为 200 kW,一个集装箱可移动电池持续航行时间为 10 个小时。到码头后可把集装箱电源吊送到岸边充电,换送新的集装箱电源到船上继续航行。

电池簇和直流电网的连接分为两种:一种是直接连接,另一种是通过 DC-DC 变换器来连接电池簇和直流母排,如图 8-25 所示。

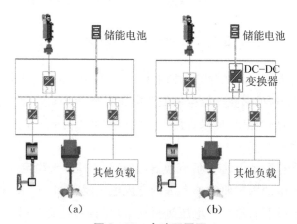

图 8-25　电路配置图

(a)不带 DC-DC 变换器的直流电网;(b)带 DC-DC 变换器的直流电网

由前面的介绍可以知道,直流母排电压大概相当于交流侧电压的 1.5 倍,即直流母排的电压是恒定的,而电池电压必须浮动才能完成充放电,所以在电池和直流母排之间要有一个 DC-DC 变换器才能实现这一功能。通过控制 DC-DC 变换器与电池之间的电压,可以实现对电池的充电,也实现对电池的放电,同时还可以实现对充放电速率的控制。

另一种连接方式是电池和直流母排的直接连接,为防止电流过大,连接电路安装熔断器,以实现对电路的保护。这种电路的直流母排电压必须是浮动的,电压受直流母排整流器控制,电池需要充电时提高直流母排的电压,电池需要放电时就降低直流母排的电压。如图 8-26 所示。

电池的工作电压为 800～1 000 V,最高充电到 1 000 V,当直流电压设定点为 1 000 V 的时候,电池就停止充电。当电池放电的时候,不断降低直流电压,电池就会不断对外放电,充放电的速率取决于直流母排的设定电压。比如目前电池

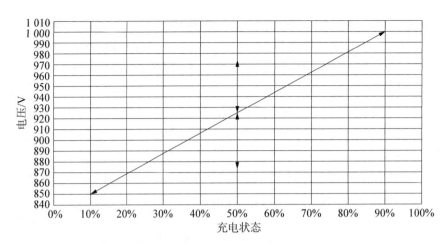

图 8 - 26　电池充放电控制原理

电压是 925 V,正好是 50％的状态,如果直流母排的设定电压也是 925 V,则电池既不充电也不放电;如果直流母排的设定电压提高到 975 V,则直流母排就以三倍的速率对电池进行充电;如果直流母排的设定电压为 875 V,则电池就以三倍的速率进行放电。

　　如果直流母排配备 DC - DC 变换器,则直流电压比较稳定,DC - DC 变换器的电压就可以对电池以想要的速率进行充放电。没有 DC - DC 变换器的话,就必须通过整流器控制直流母排电压进行充放电,特别是直流母排只有电池连接的时候,放电的速率取决于外面的用电负载,电池无法控制放电速率。有 DC - DC 变换器可以单独控制,但也带来了故障的可能性,所以各有利弊。

　　电力推进有很多优点,但是其初次投资成本可能要比单纯的柴油机直接连接的机械推进高很多。以主机功率 2000 kW 为例,如图 8 - 27 所示,与机械推进相比,作为传动系统的齿轮箱和桨轴系统是一样的,但是原动机部分则有很大区别。假设船舶电网上的日用负载不变,电力推进系统需要单独配备一台柴油发电机组来专门推进螺旋桨,那么我们可以看到,中间会有电动机、变频器、变压器、发电机等多出来的设备。两者相同的是都有柴油机,区别在于机械推进的柴油机是专门用于连接齿轮箱的,而电力推进的柴油机是专门用于连接发电机的。

　　在电动机配备减速箱齿轮箱的推进系统中,可以选择转速高一点的电动机,以降低成本。另一方面,如果电动机的转速提高,齿轮箱的减速比势必会增加,中心距会增加,有可能会造成齿轮箱的型号跳档。电压也可以选择高压以降低电流,但是要配备变压器以隔绝电缆的直接联系,保护系统的共模电压和谐波。在选型的时候要注意这些细节。

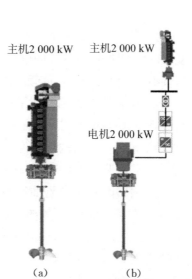

主机2 000 kW　　主机2 000 kW

电机2 000 kW

（a）　　　　　　（b）

图8-27　机械推进与电力推进系统配置比较

（a）机械推进；（b）电力推进

　　如图8-28所示,在柴油机机械推进系统中,减速齿轮箱的输入端吸收到的功率为2 000 kW,柴油机的额定输出功率为2 000 kW。而在电力推进系统中,电动机输出机械功率为2 000 kW,按照电动机的效率96%来算,电动机所需要的电功率大概为2 083 kW,从柴油发电机到电动机的损耗如果按照10%来算的话,则发电柴油机至少要配备2 314 kW的机械功率。

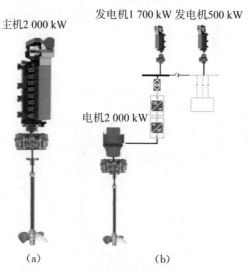

发电机1 700 kW 发电机500 kW

主机2 000 kW

电机2 000 kW

（a）　　　　　　（b）

图8-28　同样推进功率的电站不同配置

（a）机械推进；（b）电力推进

现在船舶电网一般是多台柴油发电机组并联运行,不会专门配备一台柴油发电机用作电力推进,这样就可以合理地选择发电机组的功率以达到最佳配合状态。从船舶操作角度来说,螺旋桨不会一直处于最大负荷运行状态,柴油机也不会一直处于最大负荷运行状态。2 000 kW 主推进柴油机如果最佳状态按照 85% 负荷来算的话,则 1 700 kW 是最佳运行点,少量的时间可能会运行在 2 000 kW。依旧按照系统 10% 的损耗,那么发电柴油的经常运行的功率为 1 700 kW/0.9＝1 889 kW。柴油发电机组可以按照 1 900 kW 选型,如果平时负荷还要低的话,可以通过降低柴油发电机组的转速来降功率使用,达到节省油耗的目的。假设日用负载为 250 kW,那么日用发电机组可以配备 300 kW。船舶需要配备的发电机组的总功率为 2 314 kW＋300 kW＝2 614 kW,船舶正常的实际需求为 1 889 kW＋250 kW＝2 139 kW,这个时候的选择就可以多样化了,可以选择配备一台 2 200 kW 的发电机组,满负荷运行来满足推进系统的功率和日用负载需求,另外配备一台约 100 kW 的备用发电机组。还可以配备 1 700 kW＋500 kW 的发电机来满足船舶上的功率需求,这要研究平时船舶的操作工况来达到最佳配备发电机组的目的。

就电力推进系统来说,可以就是否有齿轮箱来做一个比较,如图 8-29 所示,图 8-29(a)为电力直接驱动,电动机直接连接螺旋桨,此时的电动机为低速电动机,目前多选用低速永磁电动机或者穿轴式励磁同步电机。图 8-29(b)为电动机通过减速齿轮箱驱动螺旋桨,电动机可以选择常规异步电机,这两个系统

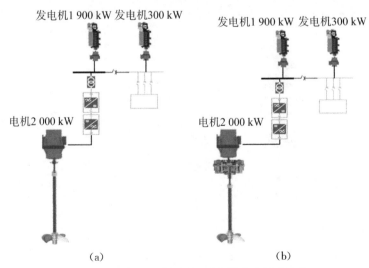

图 8-29　直驱电力推进和减速箱电力推进比较

(a)电力直接驱动;(b)减速箱电力驱动

的区别在于齿轮箱和电机的选择,齿轮箱降低了系统效率。

一般来说,永磁电机的效率在部分负荷下比较高,在额定负荷下稍低,我们取永磁电机的额定负荷下的效率为 96.1%。图 8-30 所示为永磁电机在部分负荷下的效率。

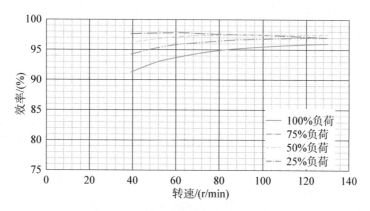

图 8-30　永磁电机部分负荷下的效率

电励磁的同步电机的效率比永磁会稍微低一些,在低负荷时比在高负荷时的效率会高一点,我们取额定负荷时的效率为 94.3%。

如表 8-1 所示,对于异步电动机,据可查数据也是部分负荷下的效率较高,而在额定负载下的效率稍低,额定负载时的效率大约为 96.5%。齿轮箱额定负载时的效率可按 98% 来估算,当然在部分负载下其效率可能更低一点。按照变频器 97.5% 的效率,变压器 99.5% 的效率。

表 8-1　摘自励磁机数据表

负荷	1/4	2/4	3/4	4/4	5/4
额定功率因数	95.20%	95.77%	95.21%	94.31%	93.03%
功率因数=1	95.67%	96.26%	95.76%	94.95%	93.98%

以柴油机机械推进来算,当柴油机功率为 2 000 kW 时,齿轮箱输出功率为 2 000 kW×0.98＝1 960 kW。如电力推进系统以永磁电机为原动机,则低速永磁电机消耗的电功率应为 1 960 kW/0.961＝2 040 kW;当以低速励磁同步电机作为原动机,则其消耗的电功率应为 1 960 kW/0.943＝2 078 kW;当用异步感应电机为原动机,其消耗的电功率应当为 1 960 kW/0.98/0.965＝2 073 kW。

通常我们选取电动机,其所标定的功率为其输出的功率。对于低速永磁电动机和低速励磁同步电动机,可以选取1960 kW作为标定功率,而异步电动机可以选取2000 kW作为标定电动机功率,消耗的电功率都相差不大。为简便起见,都可以把2000 kW作为它们选型的标定功率。

表8-2为一个简单的柴油机机械推进和另外三种电力推进的配置投资成本比较。专门设立发电机组为推进系统使用,我们暂且命名为柴电推进;异步电动机结合减速齿轮箱,我们暂且命名为减速箱电推;低速永磁直接驱动,我们暂且命名为直驱电推。这里的价格并不十分精确,有些是有料可查的,有些是估算的,虽然并不十分精确,但大概可以为我们提供一个参考的依据。

表8-2 各推进方式投资成本比较(单位:欧元)

项目类别	柴油机推进	柴电推进	减速箱电推	直驱电推
调距桨价格	50万	50万	50万	50万
齿轮箱价格	19.5万	19.5万	19.5万	×
弹性联轴器	×	1.5万	1.5万	×
柴油机价格(2000 kW)	73.5万	×	×	×
推力轴承	×	×	×	10万
低速永磁电机	×	×	×	40万
异步电机	×	7万	7万	×
变频器价格	×	33万	33万	33万
变压器价格	×	4万	4万	4万
估计发电机组价格(2200 kW)	×	70万	×	×
估计发电机组价格(1900 kW)	×	×	60万	60万
总计	143万	185万	175万	197万
差价百分比	0%	29%	22%	37%
不计螺旋桨价格	93万	135万	125万	147万
差价百分比	0%	45%	34%	58%

我们选取的推进柴油机以中速机为标准。如果选取高速机,那么价格会便宜一些。如果是日本产的柴油机要比欧洲产的要便宜,国产的柴油机还有更便宜一些的。发电机组的柴油机比推进主机要便宜一些。柴油机的估算按照欧洲品牌为依据,只是做个大概的参考,发电机组选取高速机,所以发电机组要便宜

一些。

从表 8-2 可以看到,电力推进的投资成本要比柴油机机械推进的成本高 29%~37%。无论何种推进方式,螺旋桨是共有的,区别只在于柴油机和齿轮箱及电气部分。如果不计螺旋桨的价格,则电力推进比机械推进的投资要高 45%~58%,主要是核算方法的不同造成的。

早些年的电力推进的投资成本要比柴油机推进的成本高 50% 以上。随着电力电子元器件的推广应用,芯片制造成本的降低,电力推进的成本已经降低了很多。以上的成本比较只是建立在 2 000 kW 的估算基础上。随着功率的大型化,成本的比较会有变化,比如超过 3 000 kW 的时候,齿轮箱的成本会变得昂贵,而低速永磁相对成本并不会增加多少,柴油机的价格也会变得很贵,这个时候的电力推进相对于柴油机的机械驱动,直接驱动的成本会降低。

8.4 电力推进系统效率

本节将对柴油机机械推进和电力推进的效率进行比较。

商船运行中,经济效益是非常重要的考核指标,而在各种成本里面,燃油经济性是非常受关注的。电力推进有着诸多好处,但其投资成本比柴油机机械推进又高出很多,那么它的燃油经济性能能否弥补其投资成本?我们不妨来细看一下推进系统的燃油经济性。

我们先看一下电气设备的效率。

1) 发电机的效率

表 8-3 是摘自 M 公司的发电机数据表。可以看到在额定 100% 负荷时,在 0.8 功率因数时,其效率为 94.4%,在功率因数为 1 的时候,其效率为 95.5%。部分负荷时效率稍高。

表 8-3　某 M 公司发电机效率

负荷	100%	75%	50%	25%
功率因数=1	95.50%	96.00%	95.80%	94.40%
功率因数=0.8	94.40%	94.90%	94.70%	93.40%

表 8-4 摘自 A 公司的发电机效率数据表。可以看到在额定负荷且功率因数为 0.8 时,其效率为 95.85%。部分负荷的时候反而效率是降低的。

表8-4　某A公司发电机效率

负荷	110%	100%	75%	50%	25%
功率因数＝0.8	95.64%	95.85%	95.07%	93.80%	0.00%
功率因数＝0.9	95.95%	96.14%	95.32%	93.98%	0.00%
功率因数＝1	96.25%	96.43%	95.57%	94.15%	0.00%

各公司的发电机设计不一样,其表现性能也不同,船舶实际运行环境功率因数至少为0.8,那么再结合其他几家发电机的数据,效率取95%应该是合适的。

2) 变压器效率

变压器在电力推进系统中起到电力电缆隔绝、升降电压、共模电压保护、减少谐波等作用,有时候也用作移相使用。随着AFE整流普遍应用,移相的作用越来越弱,但变压器在电力推进系统中是必须要用到的,它的效率根据负荷不同而有变化。表8-5为摘自某变压器厂商的数据表,可为我们提供一个参考值。

表8-5　某公司变压器效率

负荷	100%	75%	50%	25%
效率(功率因数＝1)	98.63%	98.88%	99.09%	99.11%

可以看到,在额定负载时,其效率为98.63%,而负载较低时,其效率会有所增加。考虑到船舶电力推进负荷多变,功率因数也不稳定,发电机的负荷也高低变化,我们取效率99%作为参考值。

3) 变频器效率

变频器的运行效率通常取值为97.5%。基本上各厂家生产的变频器效率都与这个值相差不远。随着功率改变,冷却方式不同,效率可能会有差别,但97.5%的效率取值有一定的参考意义。

4) 配电板效率

配电系统比如配电板等,我们对其效率取值为99.9%。这里包含直流配电板和交流配电板,仅考虑电路损耗。

5) 电机效率

低速永磁电机,由前文所述,额定负载下其效率值为96.1%,75%负荷下其效率可高达97.5%。考虑到船舶并非经常在额定负荷下工作,也不在非常低的负荷下工作,我们可取96.5%作为其平均负荷。

对于低速电励磁的同步电机,其效率要低一些,额定负载下约为 94.3%,部分负荷约为 95.2%,考虑到船舶实际运行工况和变频器的运用,取 95% 是比较合适的。

对于感应电机,即常规的异步电机,不同品牌稍有差异。

表 8-6 是某欧洲品牌的 6.6 kV 电压 3 000 kW 电动机的效率数据,可以看到在部分负荷下其效率要稍高一些。在额定负载时其效率为 96.5%。

表 8-6　某公司感应电机效率

负荷	100%	75%	50%
电流/A	319	246	179
效率	96.50%	96.60%	96.30%
功率因数	0.85	0.83	0.76

表 8-7 是另一欧洲品牌的电动机的效率值。在额定负载下其效率为 96.4%。

表 8-7　某公司感应电机效率

负荷	125%	100%	75%	50%
功率因数	0.87	0.88	0.84	0.76
效率	95.90%	96.40%	96.50%	96.30%

当然也有效率比较低一点的马达,如表 8-8 所示,在额定负载下其效率只有 95.1%。

表 8-8　某公司感应电机效率表

负荷	100%	75%	50%
效率	95.10%	94.10%	92.00%
功率因数	0.84	0.81	0.74

也有一种高速永磁电动机效率高达 98%。相信随着行业内对经济效益的重视和国家对能效规范的提升,越来越多的异步感应电动机的效率能达到 96.5%,所以我们倾向于认为,对于船舶电力推进的异步感应电动机,其效率取值 96.5% 是比较合适的。综上所述,采取插值的方法,我们整理电气系统的效率如表 8-9~表 8-11 所示,反映整个电气部分的效率。

表 8-9　异步电机电气系统效率

负荷	发电机	配电板	变频器	异步电动机	变压器	系统效率
100%	95%	99.9%	97.5%	96.5%	98.6%	88.0%
90%	95%	99.9%	97.5%	96.5%	98.7%	88.1%
80%	95%	99.9%	97.5%	96.5%	98.8%	88.2%
75%	95%	99.9%	97.5%	96.6%	98.9%	88.4%
50%	95%	99.9%	97.5%	96.3%	99.1%	88.3%
25%	95%	99.9%	97.5%	95.2%	99.1%	87.3%

表 8-10　低速永磁电机推进电气系统效率

负荷	发电机	配电板	变频器	永磁电机	变压器	系统效率
100%	95%	99.9%	97.5%	96.1%	98.6%	87.7%
90%	95%	99.9%	97.5%	96.5%	98.7%	88.1%
80%	95%	99.9%	97.5%	96.8%	98.8%	88.5%
75%	95%	99.9%	97.5%	97.0%	98.9%	88.8%
50%	95%	99.9%	97.5%	97.5%	99.1%	89.4%
25%	95%	99.9%	97.5%	97.1%	99.1%	89.0%

由表 8-10 可以看到,低速永磁电动机在额定负载时的效率和异步电动机在高负荷区域几乎相同,而在低负荷区域低速永磁的效率要高一些,因此这两种电机在低负荷区域的效率是不一样的。

表 8-11　低速励磁机电气系统效率

负荷	发电机	配电板	变频器	励磁同步机	变压器	系统效率
100%	95%	99.9%	97.5%	94.3%	98.6%	86.0%
90%	95%	99.9%	97.5%	94.6%	98.7%	86.4%
80%	95%	99.9%	97.5%	95.0%	98.8%	86.9%
75%	95%	99.9%	97.5%	95.2%	98.9%	87.1%
50%	95%	99.9%	97.5%	95.8%	99.1%	87.8%
25%	95%	99.9%	97.5%	95.2%	99.1%	87.3%

对于柴油机机械推进,我们把运行在最大设计工况时的效率定义为1,比如柴油机工作在额定负荷时其效率为1。齿轮箱损耗后整体效率为98%,表8-12为整理后各推进系统的效率比较表。

表8-12 额定工况下各推进系统的效率

推进系统	效率	齿轮箱效率	系统效率
四冲程柴油机	1	98.0%	98.0%
异步电机系统	88.0%	98.0%	86.2%
低速永磁电机系统	87.7%	×	87.7%
低速励磁同步机系统	86.0%	×	86.0%
二冲程机	1	×	1

从表8-12可以看到,四冲程柴油机机械推进要比电力推进整体高出将近12个百分点。因此在投资电力推进的时候,用于推进器的能源转换设备即柴油机发电机组的额定功率要比机械推进高出至少13个百分点。从表8-12也可以看到,在所有推进系统里面,额定负载运行的时候,二冲程机的推进效率是最高的,效率次高的是四冲程柴油机直接驱动。在电力推进里面,低速永磁电机的推进效率是最高的。

以上的数据并非绝对精准,我们只是通过比较它们,获得一个直观的分析,了解各系统的相对效率优劣。

以上是在额定负载下的效率比较。而在船舶的操作工况的时候,有些船可能大部分运行在额定负载附近,而有的船因为操作工况的多变性,可能在部分负荷工况下运行的时间比较多,接下来我们来比较一下部分负荷下的效率。

6) 螺旋桨的效率

先从螺旋桨说起。我们知道对于定距螺旋桨,一旦设计完毕,它就有一个固定的性能,固定的效率曲线。如图8-31所示,不同的螺距有不同的效率。螺距比1.16曲线为设计的螺旋桨曲线,进速系数0.661。对于定距桨来说,在其运行的航速范围内,进速系数保持不变,通过调节转速来调节航速。

而对于调距桨来说,螺距比较小一点,为1.04。在做拖力试验的时候,航速为零,这个时候的进速系数为零。所以调距螺旋桨设计好之后,如果运行于恒转速模式下,其进速系数就会在0和0.661之间变化。这也决定了运行于恒转速下的调距螺旋桨,其效率比定距螺旋桨要差一些。特别是在部分负荷的时候,效率会更差。

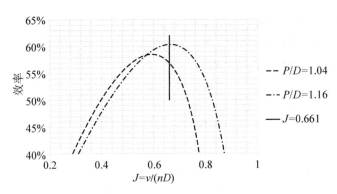

图 8-31 不同螺距下的螺旋桨效率

表 8-13 为可调距螺旋桨在恒速下运行的相对效率。

表 8-13 不同负荷下的调距桨的相对效率

主机功率/kW	功率负荷比	绝对效率	相对效率
10 080	100%	68.23%	1
9 072	90%	67.74%	99.3%
8 064	80%	66.66%	97.7%
7 560	75%	65.88%	96.6%
5 040	50%	55.05%	80.7%
2 520	25%	12.59%	18.5%

　　如表 8-14 所示,我们把螺旋桨的最大设计点的相对效率定义为1,在此区域之下效率都会小一些。通过对比,我们发现在高负荷区域,比如90%以上的主机负荷时,调距螺旋桨和定距螺旋桨的效率相差不大。考虑到定距螺旋桨在设计之初需要一个轻载裕度,主机是无法达到额定负载的,而调距螺旋桨的螺距不需要轻载裕度,调距螺旋桨的效率在高负荷区域为1,则定距螺旋桨的效率为99.3%,在50%负荷区域之下,调距螺旋桨的相对效率明显就降到80%了。

表 8-14 不同负荷下调距桨恒速运转系统效率

负荷	轴系传递效率	调距桨相对效率	可调桨轴系统效率
100%	99%	1	99%
90%	99%	99.3%	98%

续　表

负荷	轴系传递效率	调距桨相对效率	可调桨轴系统效率
80%	99%	97.7%	97%
75%	99%	96.6%	96%
50%	99%	80.7%	80%
25%	99%	18.5%	18%

如果考虑刚启动时运行于恒转速的调距螺旋桨需要消耗将近 20% 的主机负荷,此时的调距螺旋桨的效率为 0,所以我们不考虑 20% 时的主机负荷,所有的功率都消耗在了摩擦上,没有做任何的功。

我们把轴系的传递效率定义为 99%,即轴系传递会损失 1% 功率。当然轴系也有长短,轴承数目也不同,传递效率也会有差异,一旦轴转动后,轴承和轴之间会建立油膜,摩擦阻力会迅速降低,取 99% 仅具有参考意义,代表轴系传递也是有损耗的。以上的调距桨效率分析基于恒转速模式。

不同负荷下定距桨轴的推进系统效率如表 8 - 15 所示。定距桨在设计的时候因为有轻载裕度的要求,在相同转速下的螺距比调距桨小,可调距螺旋桨可以使主机运行在 100% 负荷,而定距螺旋桨不可能使主机运行在 100% 负荷。所以在最大点,可调距螺旋桨的系统效率达到 99%,而定距螺旋桨只能是 98%。假设定距螺旋桨的轻载裕度按 10% 来算,那么 90% 负荷以下,定距螺旋桨的系统效率就会大于调距螺旋桨,特别是低负荷区域,调距螺旋桨的系统效率迅速降低。

表 8 - 15　定距桨系统效率

负荷	轴系传递效率	定距桨相对效率	定距桨轴系统效率
100%	99%	99.3%	98%
90%	99%	99.3%	98%
80%	99%	99.3%	98%
75%	99%	99.3%	98%
50%	99%	99.3%	98%
25%	99%	99.3%	98%

调距螺旋桨有很好的操纵性能,有恒转速操纵模式,也有转速和螺距联动的

操纵模式,接下来我们分析一下联动模式。

在联动模式下,主机的转速是和螺距一起联动的。轴带发电机的广泛应用让联动模式看起来更复杂一些。如果不考虑轴带发电机的使用,尽量使螺距最大化,那么螺旋桨的效率也会高一些。低速机的加载能力比四冲程机似乎更强一些,这是因为四冲程机的涡轮增压器在低转速下性能会变差。

对比二冲程机的负荷曲线和四冲程机的负荷曲线,发现四冲程机的负荷曲线更加陡峭,而二冲程机的负荷曲线近乎是一条直线。这意味着四冲程机只有在高转速区域,其带载能力会强一些,而二冲程机在低转速区域也能加大螺距。如果都用驱动轴带发电机的话,定距桨必须考虑更多的轻载裕度,调距桨则更灵活地可以降低螺距。为了不使系统分析复杂,我们暂不考虑二冲程机和四冲程机的带载能力的区别,也不考虑轴带发电机的影响。

四冲程机齿轮箱的离合器合排转速通常在60%转速附近,60%的转速几乎带不起负载。而二冲程机通常要考虑共振转速区域的避震,因此我们把75%的负荷区域定义为最大螺距开始的位置。当然也可以选择其他的位置,考虑到四冲程机高区域的带载能力问题,放在75%位置可能更加合适,在此仅供参考。

如果主机从75%负荷开始算起,在75%负荷以上螺旋桨按照定距桨的模式运行,只是改变转速,螺旋桨的相对效率为1。当在75%以下负荷运行时,变螺距也变转速,此时的调距桨由于转速下降,且螺距还处于相对较大的位置,所以明显比在恒转速模式下的效率高。如表8-16所示,可以看到在50%负荷的时候,相对效率为95.3%,而25%负荷时相对效率为85.4%。

表8-16 调距桨联动运行下的效率

负荷	效率	相对效率
100%	68.23%	1
90%	68.23%	1
80%	68.23%	1
75%	68.23%	1
50%	65.00%	95.3%
25%	58.30%	85.4%

由表8-17可以看出,在联动模式下调距桨的系统效率大幅度提高,在75%以上要高出定距螺旋桨,而在75%负荷以下也要大幅度高于恒转速下的调距螺

旋桨,当然从哪里开始提高,取决于从哪里可以开始以定距桨的模式运行,不同的船型、不同的主机,是不一样的。比如图 8-32 为某船二冲程机的运行曲线。

表 8-17　调距桨联动运行系统效率

负荷	轴系传递效率	调距桨相对效率	可调桨轴系统效率
100%	99%	1	99%
90%	99%	1	99%
80%	99%	1	99%
75%	99%	1	99%
50%	99%	95.3%	94.3%
25%	99%	85.3%	84.4%

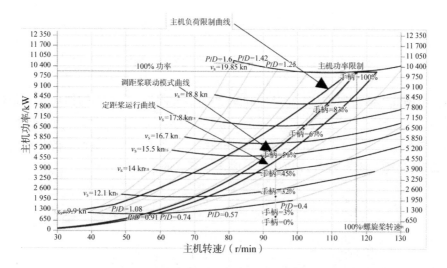

图 8-32　机桨匹配 P_B-n 图

从图 8-32 我们可以看到,该船螺旋桨从 50% 的负荷起就可以开始以定距桨运行了。如果设计成定距桨,那么它的螺距必须有所降低才能有一定的裕度。同样的转速下定距螺旋桨的负荷一直在调距螺旋桨的下面,从这一点来说,调距桨比定距桨的效率要稍高一点。

7) 柴油机的相对效率

柴油机的相对效率可以定义为其他工况与额定工况的效率比。船舶柴油机在设计工况下的油耗一般比较小,随着转速的升高,油耗有所降低,但是当转速高到一定值后,由于进气压力的增大,进气量减小,摩擦力增加,油耗又有所增加。柴油机存在一个最佳油耗区域,我们把这个最佳油耗区域的相对效率定义为1,其他区域的油耗会增加,相对效率必定会下降。柴油机的油耗曲线近似如图8-33所示。

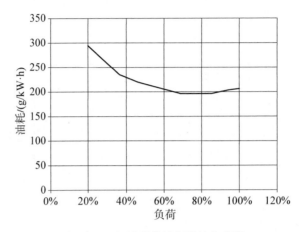

图8-33 四冲程柴油机燃油负荷图

由图8-33可以看到,在65%和95%的负荷附近,柴油机的油耗大约是最低的。

图8-34为CAT C280机型的油耗曲线。假设在100%负荷时的相对效率最高,其油耗大约为200g/kW·h,可以定义此点的相对效率为1。

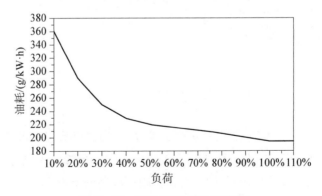

图8-34 CAT C280燃油负荷图

柴油机在不同负荷下的相对效率可参考表8-18,即90%负载时,其油耗大约为205 g/kW·h,其相对效率大约为97.5%;80%负载时,其油耗大约为

208 g/kW·h,相对效率大约为 96%;75% 负载时,其油耗大约为 210 g/kW·h,相对效率大约在 95%;50% 负载时,其油耗大约为 220 g/kW·h,相对效率大约为 90%;25% 负载时,其油耗大约为 270 g/kW·h,相对效率大约为 65%。

表 8-18 柴油机不同负荷下的相对效率

负荷/(%)	柴油机相对效率
100	1
90	97.5%
80	96%
75	95%
50	90%
25	65%

当然这种算法并不绝对精确,每型柴油机的数据不同,计算方法也不同,我们这里仅仅提供一个参考。也可以把 85%～95% 负载区域的相对效率都定义为 1,100% 负载区域的相对效率定义为 102%～105%,这样的算法也只具有参考意义。但目前缺少柴油机的资料,所以还是按照前面的一种算法来做。

有了各部分的油耗,我们可以据此推算出各组合系统的油耗(见表 8-19～表 8-33)。二冲程机的油耗与四冲程机的油耗会有不同,在低负荷区域的油耗会相对好一点,但因为没有具体数据,我们统一按照四冲程机的数据来处理。

表 8-19 二冲程机+定距桨的系统相对效率

负荷/(%)	柴油机相对效率	定距桨轴系统效率	总体效率
100	1	98.3%	98.3%
90	97%	98.3%	95.3%
80	96%	98.3%	94.4%
75	95%	98.3%	93.4%
50	90%	98.3%	88.5%
25	65%	98.3%	63.9%

表 8 - 20 二冲程机 + 调距桨恒速运转系统效率

负荷/(%)	柴油机相对效率	调距桨系统效率	总体效率
100	1	99.0%	99.0%
90	97%	98.3%	95.3%
80	96%	96.7%	92.9%
75	95%	95.6%	90.9%
50	90%	79.9%	71.9%
25	65%	18.3%	11.9%

表 8 - 21 二冲程机 + 调距桨联动运行效率

负荷/(%)	柴油机相对效率	调距桨系统效率	总体效率
100	1	99.0%	99.0%
90	97%	99.0%	96.0%
80	96%	99.0%	95.0%
75	95%	99.0%	94.1%
50	90%	94.3%	84.9%
25	65%	84.4%	54.9%

表 8 - 22 四冲程机 + 齿轮箱 + 定距桨系统效率

负荷/(%)	柴油机相对效率	定距桨轴系统效率	齿轮箱效率	总体效率
100	1	98.3%	98%	96.3%
90	97%	98.3%	98%	93.4%
80	96%	98.3%	98%	92.5%
75	95%	98.3%	98%	91.5%
50	90%	98.3%	98%	86.7%
25	65%	98.3%	98%	62.6%

表 8 - 23 四冲程机 + 齿轮箱 + 调距桨恒速运行效率

负荷/(%)	柴油机相对效率	调距桨系统效率	齿轮箱效率	总体效率
100	1	99.0%	98%	97.0%
90	97%	98.3%	98%	93.4%

负荷/(%)	柴油机相对效率	调距桨系统效率	齿轮箱效率	总体效率
80	96％	96.7％	98％	91.0％
75	95％	95.6％	98％	89.0％
50	90％	79.9％	98％	70.5％
25	65％	18.3％	98％	11.6％

表 8-24 四冲程机＋齿轮箱＋调距桨联动运行系统效率

负荷/(%)	柴油机相对效率	调距桨系统效率	齿轮箱效率	总体效率
100	1	99.0％	98％	97.0％
90	97％	99.0％	98％	94.1％
80	96％	99.0％	98％	93.1％
75	95％	99.0％	98％	92.2％
50	90％	94.3％	98％	83.2％
25	65％	84.4％	98％	53.8％

表 8-25 异步电机＋齿轮箱＋定距桨系统效率

负荷/(%)	柴油机相对效率	定距桨轴系统效率	齿轮箱效率	电气系统效率	总体效率
100	1	98.3％	98％	88.0％	84.8％
90	1	98.3％	98％	88.1％	84.9％
80	1	98.3％	98％	88.2％	85.0％
75	1	98.3％	98％	88.4％	85.2％
50	1	98.3％	98％	88.3％	85.1％
25	1	98.3％	98％	87.3％	84.1％

在电力推进系统中,柴油机作为发电的原动机,可以通过不同的选择使其运行在较高的负荷曲线上。纵然推进系统的负荷可能会有较大的变化,但柴油发电机组很有可能运行在比较高的效率上,推进系统负荷变化比较大的工况通常是在机动航行的时候,占总体运行的时间比较短。因此,我们把柴油机及发电机按照最佳效率来处理。

表 8 - 26　异步电机＋齿轮箱＋调距桨恒速运行效率

负荷/（%）	柴油机相对效率	调距桨系统效率	齿轮箱效率	电气系统效率	总体效率
100	1	99.0%	98%	88.0%	85.4%
90	1	98.3%	98%	88.1%	84.9%
80	1	96.7%	98%	88.2%	83.6%
75	1	95.6%	98%	88.4%	82.9%
50	1	79.9%	98%	88.3%	69.1%
25	1	18.3%	98%	87.3%	15.6%

表 8 - 27　异步电机＋齿轮箱＋调距桨联动运行系统效率

负荷/（%）	柴油机相对效率	调距桨系统效率	齿轮箱效率	电气系统效率	总体效率
100	1	99.0%	98%	88.0%	85%
90	1	99.0%	98%	88.1%	86%
80	1	99.0%	98%	88.2%	86%
75	1	99.0%	98%	88.4%	86%
50	1	94.3%	98%	88.3%	82%
25	1	84.4%	98%	87.3%	72%

表 8 - 28　永磁电机＋定距桨直驱电力推进系统效率

负荷/（%）	柴油机相对效率	定距桨轴系统效率	电气系统效率	总体效率
100	1	98.3%	87.7%	86%
90	1	98.3%	88.1%	87%
80	1	98.3%	88.5%	87%
75	1	98.3%	88.8%	87%
50	1	98.3%	89.4%	88%
25	1	98.3%	89.0%	88%

表 8 - 29　永磁电机＋调距桨恒速运行电力推进系统效率

负荷/（%）	柴油机相对效率	调距桨系统效率	电气系统效率	总体效率
100	1	99.0%	87.7%	86.8%
90	1	98.3%	88.1%	86.6%

负荷/(%)	柴油机相对效率	调距桨系统效率	电气系统效率	总体效率
80	1	96.7%	88.5%	85.6%
75	1	95.6%	88.8%	84.9%
50	1	79.9%	89.4%	71.4%
25	1	18.3%	89.0%	16.3%

表 8-30　永磁电机＋调距桨联动运行电力推进系统效率

负荷/(%)	柴油机相对效率	调距桨系统效率	电气系统效率	总体效率
100	1	99.0%	87.7%	86.8%
90	1	99.0%	88.1%	87.3%
80	1	99.0%	88.5%	87.6%
75	1	99.0%	88.8%	87.9%
50	1	94.3%	89.4%	84.4%
25	1	84.4%	89.0%	75.2%

表 8-31　励磁同步机＋定距桨电力推进系统效率

负荷/(%)	柴油机相对效率	调距桨系统效率	电气系统效率	总体效率
100	1	98.3%	86.0%	84.6%
90	1	98.3%	86.4%	84.9%
80	1	98.3%	86.9%	85.4%
75	1	98.3%	87.1%	85.6%
50	1	98.3%	87.8%	86.3%
25	1	98.3%	87.3%	85.8%

表 8-32　励磁同步机＋调距桨恒速运行系统效率

负荷/(%)	柴油机相对效率	调距桨系统效率	电气系统效率	总体效率
100	1	99.0%	86.0%	85.2%
90	1	98.3%	86.4%	84.9%
80	1	96.7%	86.9%	84.0%

负荷/(%)	柴油机相对效率	调距桨系统效率	电气系统效率	总体效率
75	1	95.6%	87.1%	83.3%
50	1	79.9%	87.8%	70.2%
25	1	18.3%	87.3%	15.9%

表8-33　励磁同步机＋调距桨联动运行系统效率

负荷/(%)	柴油机相对效率	调距桨系统效率	电气系统效率	总体效率
100	1	99.0%	86.0%	85.2%
90	1	99.0%	86.4%	85.5%
80	1	99.0%	86.9%	86.0%
75	1	99.0%	87.1%	86.3%
50	1	94.3%	87.8%	82.9%
25	1	84.4%	87.3%	73.7%

我们把上述数据制成图表,如图8-35所示。实线部分为调距螺旋桨各系统下的效率,点虚线为定距螺旋桨各系统下的运行效率,短横虚线为调距螺旋桨在联动模式下的运行效率。

从图8-35我们可以分析出,在各推进系统中,二冲程机的系统效率是最高的。这很容易理解,因为二冲程机没有齿轮箱的损耗,它的油耗本身也是很低的。

在二冲程机构成的推进系统中,联动模式下的调距桨的效率是最高的。在低于90%负荷的时候,定距桨的效率开始高于调距桨。这也不难理解,因为定距桨有轻载裕度。而在低于70%负荷的时候,定距桨的效率开始高于联动模式下的调距桨的效率。如果二冲程柴油机经常运行在低于70%的负荷下,应该选择定距桨,更有经济性能优势。

效率第二高的是四冲程柴油机驱动的机械推进系统。与二冲程柴油机推进系统类似,调距桨在高负荷区域的效率最高,在低于90%负荷的时候,定距桨的效率开始高于恒转速下的调距桨的效率,而在低于80%负荷的时候,定距桨的效率开始高于联动模式下的调距桨的效率。在四冲程柴油机驱动的推进系统里,如果柴油机长期运行于80%以下的负荷,选择定距桨会有比较高的经济效率。

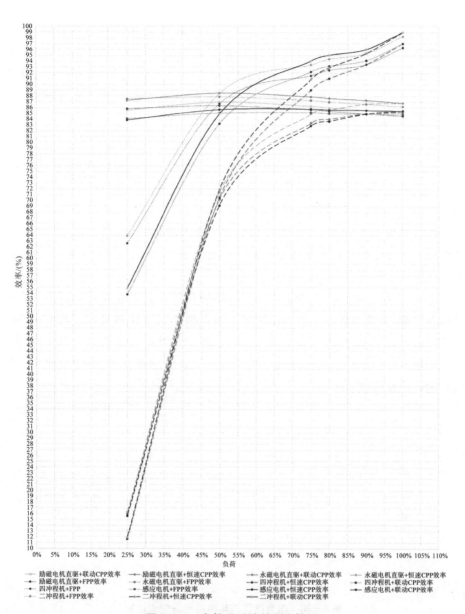

图 8-35 各推进系统效率比较图

（见附录彩图 3）

接下来是电力推进。可以看到,电力推进的系统效率比柴油机机械推进至少低 10%,有些时候低将近 14%。而在低负荷区域,大概在 72% 负荷以下,电力推进开始显现出效率优势,此时的永磁电机直接驱动推进,系统效率开始超越四冲程机的推进系统。在低于 50% 负荷的时候,电力推进系统的效率开始全面超越柴油机机械推进系统。而在50%～70%负荷区域,电力推进系统和柴油机械推进系统各有各的优势,其中又以联动运行的调距桨最有优势。70%负荷以下,以恒转速运行的调距桨开始显现颓势,效率加速下滑。60%负荷以下的调距桨的负荷显著低于其他推进系统。这就为我们选择什么样的推进器提供了参考,推进器的选择与船的操作状况有很大关系。

在电力推进的系统配置里面,永磁电机加上联动运行的调距桨的系统效率是最高的。50%负荷以下,定距桨的效率开始显著高于其他推进系统。50%负荷以上,以联动模式运行的调距桨开始占有效率优势。在所有的电力推进系统里面,定距桨的效率曲线比较平稳。

这也为我们带来了一定的参考价值。首先根据船型和操作工况来选择什么样的电力推进系统。并不是定距螺旋桨一定最好,也不是调距螺旋桨一定最好,而是根据需要去选择。

有一些观点曾认为,电力推进使得定距螺旋桨取代调距螺旋桨而不失良好的操纵性能,且效率较高。电力推进因为电磁扭矩可以保持恒定而具有很好的快速操纵性,但是效率不一定更高。图8-36是四冲程柴油机配置调距螺旋桨和电动机配置定距螺旋桨的比较。点虚线代表定距螺旋桨,黑色实线代表恒速运行的调距螺旋桨。

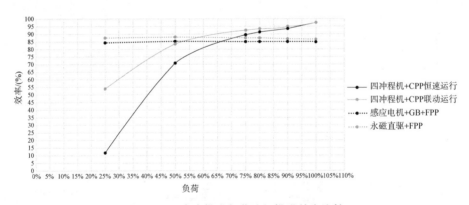

图 8-36　电力推进与柴油机推进效率比较

从图8-36可以看到,推进系统在66%负荷时,四冲程柴油机驱动调距桨的效率一直高出定距螺旋桨的效率。在53%负荷时,联动模式运行的调距螺旋桨的推进系统的效率还要高于异步电机所驱动的电力推进系统。而在低负荷区域,即53%负荷以下的区域,电力推进系统的效率全面超越柴油机驱动的机械推进系统。造成这一现象的主要原因是电力系统的损耗,从发电机到变频器以及变压器,都带来系统性损耗。另外还有一个被忽略的原因是定距螺旋桨必须有一个轻载运行裕度,这会造成在同样转速下螺距偏小,以及定距螺旋桨的效率下降。

我们以港口拖轮这一典型的船型来说明问题。拖轮在工作的时候大部分时间都处于待命状态,100%负荷顶推的时间可能只占到10%,因此我们把90%～100%负荷的时间估计为只占总工作时间的10%。而在25%负荷以下的工作时间估计为50%,其余的工作时间可能处于慢速巡航状态,当然这个估计的时间可能不准确,只能做个概览,拖轮大概是这样工作的。

依据表8-34,做出如图8-37所示柱状图,看起来更加直观一点。

表8-34　拖轮负荷工作时间概览

负荷/(%)	0～25	25～50	50～75	75～80	80～90	90～100
运转时间占比/(%)	50	10	10	10	10	10

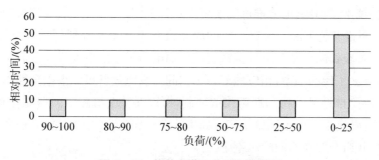

图8-37　拖轮负荷工作时间柱状图

依据前面的分析数据,我把各负荷段的效率和时间加权相乘,即可得到工作时总的有效功率输出,如图8-38所示。

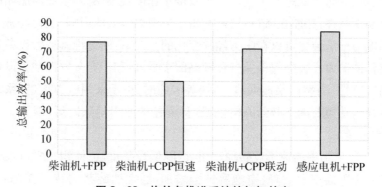

图8-38　拖轮各推进系统的加权效率

由图 8-38 我们可以看到,感应电机驱动的电力推进配备定距桨的有效输出更高。虽然柴油机配备联动方式运行的设备效率更高,但是在高效率模式下运行的时间很短,所以对提升拖轮运行的经济性能没有起到多大帮助。

从图 8-38 也可以看到,柴油机如果和调距螺旋桨以恒转速运转,其总体效率为 50%,而电力推进的总体输出效率为 85%,两相比较,电力推进可以节省一半的油。但是如果和调距桨以联动模式运转相比较,省油可能只能达到 12%。

所以拖轮应该使用电力驱动的推进方式,才能有更高的经济性能。对于其他船型也可以做出一样的分析。

如果某船型长期以高负荷运行,则没有必要用电力推进,这反而会耗油。当然要辩证地看待这个问题。电力推进还有其他诸多好处,比如振动小。将来,由于能源转型,如核能在民船上的应用,氢燃料的应用,船上如果不再需要化石能源,电力推进必定是未来的方向。在内河或者沿海航行的船舶,如果用可移动电池做电源,船舶停靠码头可以更换电池,这样的船用电力推进也是一个方向。

与传统推进相比,电力推进的主要优点如下。

(1) 布置安装灵活。大型船舶的原动机几乎都安装在船尾的下部空间,同时需要一根较长的传动轴系连接螺旋桨。而电力推进的电动机通常和螺旋桨靠得很近,省去了传动轴系,相应地节省了空间。发电设备可以根据全船的配置合理安排,不受推进电动机和螺旋桨的限制,可以在整个机舱空间内立体布置,既方便灵活,又充分利用了机舱舱容。如果从消防和安全性方面考虑,还可以把发电机分成几组布置在不同的舱室中。

(2) 易于获得理想的拖动特性,提高船舶的技术经济性能。①低速特性:采用电力推进,螺旋桨可以获得很低的转速,有利于船舶实现机动航行,比如稳定低速接近目标、靠离码头等;②动车停车等的快速性:电动机的启动、停止与反转均比柴油机迅速,因此螺旋桨动车停车及倒车速度很快,有利于提高船舶的机动性;③恒功率特性:船舶在航行过程中,由于风浪等因素的影响,阻力经常发生变化,采用电力推进装置可以在阻力经常变化的情况下,始终维持动力设备处于恒功率运行,使动力设备的效率保持在较高的水平,以利于充分发挥动力设备的效能;④堵转特性:当螺旋桨被绳缆、冰块等卡住时,由于采用电力推进,系统具有"堵转特性",在短时内不必断开电动机,待卡住的原因消除以后,螺旋桨能很快恢复正常运转。

(3) 可以采用中高速不反转原动机,以降低设备重量、体积。螺旋桨的转速不能太高,否则效率会下降,空泡腐蚀会增加,通常螺旋桨的转速在 200 r/min 以内。如果采用低速机,功率大,但重量大、尺寸也大,其体积比电机要大很多,

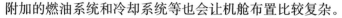

附加的燃油系统和冷却系统等也会让机舱布置比较复杂。

（4）操纵灵活、机动性能好。电力推进装置的操纵过渡过程比柴油机推进的工程大大缩短，因此它应付紧急状态的能力较强，极大地增加了航行安全性。

（5）可靠性高。可使用多台发电机组和电动机，从而确保较大的可靠性，丧失一台装置不致引起电力的全部丧失。同时，进行多台小容量装置的维修比进行单台大容量装置的维修更高效、更容易。

（6）振动小。电力推进摒弃了传动轴系和调速齿轮箱，螺旋桨传递到原动机上振动能量较少。

（7）燃料经济性好。当然这是指在低负荷下，由于可以完全关闭一些发电装置，且另一些发电装置在接近满载和高效率下运行，因此减小了功率，燃料的经济性是极好的。

（8）噪声低。由于没有柴油机的噪声，驱动螺旋桨的电动机总体来说噪声非常低，相当安静，在邮轮、客轮、科考船上可能会有比较好的适用性。

（9）环保。由于电力推进的柴油机组可以保持较好的燃烧性能，总的碳排放要比柴油机推进少，加装脱硫塔的效果也比推进柴油机的好，特别是采用定距桨后不需要液压油，也减少了油污染的可能性。

电力推进的主要缺点如下。

（1）在最高速度时的总效率通常较低。

（2）采用电气设备可能引来一些需要防避的附加危害，如电气设备中可能的火灾，故障引起的扰乱（闪络、短路和接地），电击造成的人身伤害等。

（3）电力推进装置需要受过较好训练且具有较高技能的人员来操作。

（4）需要种类繁多的备件。

（5）总投资费用较高。

第 9 章

PTO/PTI/PTH 解决方案

世界经济的发展也带来了对环境的破坏。2003 年,国际海事组织 (International Maritime Organization, IMO)第 23 次大会上通过了关于船舶温室气体减排的政策和措施草案。2008 年,国际海洋环境保护委员会(Marine Environment Protection Committee, MEPC)第 58 次会议把新造船 CO_2 设计指数标准改为船舶能效设计指数(energy efficiency design index, EEDI)。2009 年,MEPC 组织会议对 EEDI 进行讨论,于 2013 年对于新造船开始分阶段执行碳排放的要求,并随后发布了 EEDI 公式。

$$\frac{\left(\prod_{j=1}^{n}f_j\right)\left(\sum_{i=1}^{nME}P_{ME(i)}, C_{FME(i)}, SFC_{ME(i)}\right) + \left(P_{AE} \cdot C_{FAE} \cdot SFC_{AE^*}\right) + \left(\left(\prod_{j=1}^{n}f_j \cdot \sum_{i=1}^{nPTI}P_{PTI(i)} - \sum_{i=1}^{neff}f_{eff(i)} \cdot P_{AEeff(i)}\right)C_{FAE} \cdot SFC_{AE}\right) - \left(\sum_{i=1}^{neff}f_{eff(i)}, P_{eff(i)}, C_{FME}, SFC_{ME^{**}}\right)}{f_i \cdot f_e \cdot f_1 \cdot Capacity, f_w \cdot V_{ref} \cdot f_m}$$

该公式的分子部分关于碳排放计算,分母部分关于航速和货物吨数。公式内还有很多修正系数,不同的船型、吨位、机械设备都有很多不同的修正系数和算法。化繁为简,这个公式最后是衡量把一吨的货物移动一海里所排放的 CO_2 的重量。EEDI 数值越高,这个船的能耗就越高。

我们再来看分子部分,第一部分是关于主机的碳排放量的计算,第二部分是关于辅助发电机组的碳排放计算,第三部分是关于辅助推进的碳排放量的计算。在主机的碳排放算法里面,燃油消耗是 $165\,g/kW \cdot h$,而辅助发电机的燃油消耗是按照 $210\,g/kW \cdot h$ 来算的,因此,如果有轴带发电机,那么主机的碳排放功率计算公式会变成如下部分:

$$\left(\left(P_{ME} - \frac{P_{PTO, NP}}{0.75}\right) \times 0.75 + P_{PTO, NP}\right)$$

可以看到,主机的碳排放功率就会有 0.75 倍的折扣,整个 EEDI 的能耗就可以降低了,这正是目前业界的做法。据测算,如果轴带输出(power take in, PTO)能达到主机功率的 10%,EEDI 可以下降 10%;如果 PTO 功率达到主机功率的 15%,EEDI 可以下降 3%。基于此,目前新造船大多数都有轴带发电机,轴带发电机也可以用作轴马达,轴马达可以作为辅助推进,这就是我们这一章节要讨论的话题。

9.1　PTO/PTI/PTH 概念及原理

1) 轴带输出(PTO)

轴带输出(power take out,PTO)指的是主机在驱动螺旋桨的同时也可以另外辅助驱动其他的设备,通常是轴带发电机。使用 PTO 的好处是可以停掉柴油发电机组,电网由主机驱动轴带发电机供电,减少柴油机的维护和保养,主机可以燃烧重油。

PTO 的工作原理如图 9-1 所示。

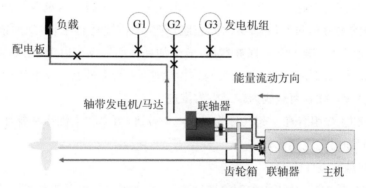

图 9-1　PTO 工作原理

2) 辅助推进(PTI)

辅助推进(power take in, PTI)指的是除了主机推进以外,还可以有其他的推进设备来辅助推进,通常是轴带马达。很多时候,轴带马达和轴带发电机是合二为一的,既用来做轴带发电机,也用来做辅助推进的轴带马达。这个轴带马达有时候与主机是合力推进,增加了总的推进功率,有时候也单独进行推进,主机停车的时候作为电力推进的原动机进行低速航行。PTI 的工作原理如图 9-2 所示。

船舶使用 PTI 的好处是可以使主机的安装功率下降,这样主机的投资成本

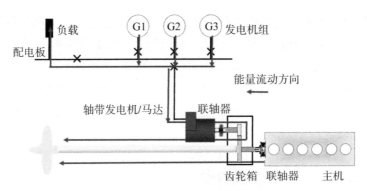

图 9-2　PTI 工作原理

会下来一点。特别是在冰区航行的船舶，为了满足船级社要求的装机功率，主机必须选大一点的，但是在平常航行的时候，又不需要主机那么大的功率，这个时候使用 PTI 就是一个很好的解决办法，通过功率叠加满足冰区航行要求。PTI 还有另一个好处是增加了船舶安全性，当主机故障的时候，还有一个轴马达可以作为动力来航行，很多油化船也配备有 PTI。

目前船舶动力越来越电气化，很多船舶开始尝试配备动力电池和储能电池。当用电池的动力驱动 PTI 轴马达低速航行时，不需要运行主机，从而能够减少主机的运行时间，减少维护保养费用，减少油耗。如果没有电池，比如航速受限制区域，也可以用船舶电站驱动轴马达做低速航行，主机也可以不运行，此时的PTI 不是功率叠加，而是成为辅助电力推进了。

PTI 和主机组合在一起又称为混合电力推进，可以和主机功率叠加，也可以单独驱动，拖船上应用比较多。

3) 应急推进(PTH)

有的时候，轴带马达作为应急推进来用，当主机故障停车的时候辅助推进用来紧急返港，此时又叫应急推进(power take home，PTH)。PTH 推进系统原理如图 9-3 所示。PTH 被当作应急模式，此时主机已经故障停车，PTH 轴马达单独驱动螺旋桨运行。这和 PTI 模式有点相似，但 PTH 的要求更高一点，因为主机故障的时候 PTH 马达必须能够单独启动，要配备启动设备，30 分钟内成功启动。PTI 则无需自启动，甚至不需要有启动设备。

9.2　四冲程机 PTO/PTI/PTH 的组成形式

由于 PTH 和 PTI 越来越普遍，下面我将详细讨论下它们的组成形式。

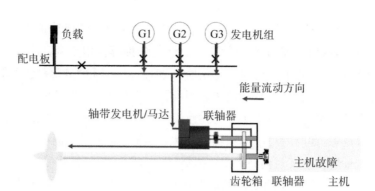

图9-3 PTH推进系统原理

9.2.1 齿轮箱不带离合器

如图9-4所示,齿轮箱不带任何离合器,齿轮箱PTO输出端直接和电机相连接,内部齿轮相连,由主机直接驱动螺旋桨和PTO轴。PTO模式下,可以用常规同步发电机,在主机驱动下,发电机以额定转速运转,对外部电网供电。当然如果PTO配变频器运行,主机可以变转速运行,且能长期和柴油发电机组并车运行。

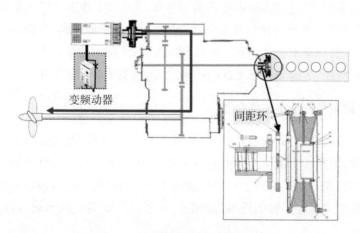

图9-4 齿轮箱不带离合器PTH模式

在PTH模式下,PTH的轴马达可以是PTO驱动的轴带发电机,通常的轴带发电机可以反过来当作电动机。

轴马达要求有独立的启动设备,由前面的电气相关知识可知,轴马达的启动设备可以是自耦变压器,也可以是软启动器或变频器,有的PTH轴马达功率可能比较大,也许会附带一个启动马达专门用于启动主马达。启动马达功率比较小,启动方式比较简单,但是会占用一定的空间。变频器的启动扭矩比较高,只要算好功率容量,启动成功率比较高。因此,优先推荐使用变频启动器。

PTH 模式运行要求主机与齿轮箱脱开连接。主机和齿轮箱之间用高弹性联轴器连接,在液压法兰与弹性模块之间设置一个间距环,如图 9-4 所示,当主机发生故障的时候,拆掉液压法兰与弹性模块之间的间距环,齿轮箱与主机之间就留有一段空隙,此时就可以启动轴带马达,成功启动后船舶便可以以 PTH 模式运转。这种解决方案目前只有 BV 船级社和 RINA 船级社接受。

PTI 模式下,轴马达不需要启动器,可以在主机的转速下直接启动到额定转速,只是需要把同步发电机的工作模式转换到电动机模式,功率分配则靠电网控制频率来实现。此时的 PTI 模式只能用和主机功率叠加的方式运行。如果配变频器,可以实现对轴马达功率和转速的自由控制。

螺旋桨可以用调距桨。需要注意的是,由于齿轮箱没有任何离合器,这种情况下要用调距螺旋桨,放在零螺距启动,轴带马达以恒速运行,调整螺距以调节螺旋桨推力,调距螺旋桨以恒速运行,效率比较低。此时需要计算螺旋桨在零螺距的消耗和轴马达的功率容量。

如果要用定距桨,只能用变频启动器调节马达的转速,通过变频器控制轴马达的转速。但需要注意的是,齿轮箱需和主机可反转工作形式的。轴带发电机通常是同步电机,如果要反过来做马达,励磁不由变频器控制,在低速下磁通较低,轴带马达的功率不会达到额定负载,也非线性下降。建议咨询相关厂家同步电机的低速特性,了解是否有足够的功率运转,前期做好调研工作。

9.2.2　齿轮箱带一个主机离合器

主机不带离合器,意味着在 PTH 模式下脱开主机非常费时间,轴马达启动也相对困难,因此如今很少会选择这种解决方案。比较常规的解决方案是齿轮箱带一个主机离合器。无须手动拆开联轴器,只要主机停下来,齿轮箱离合器断开就可以分离主机与桨轴的连接,如图 9-5 所示。需要注意的是,齿轮箱因为

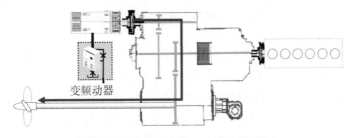

变频动器

图 9-5　齿轮箱只带一个离合器 PTH

润滑的需要，在启动之前箱体内要有润滑油压，因此必须要配备电动润滑泵。

主离合器的前端，也就是主机的这一端，称为离合器的初级端，后端称为次级端。从图9-5可以看到，PTO轴在离合器的次级端。在PTO工作模式下，主机启动，合上主离合器，PTO轴就开始转动。当主机升至额定转速后，PTO轴也在额定转速下运行，此时轴带发电机就可以对船舶电网供电，轴带发电机可以选择常规同步发电机。

在PTH模式下，主机停车，齿轮箱断开主离合器，主机就与桨轴断开了连接，轴带发电机可以反过来当成轴马达来使用。轴马达的启动方式可以选择自耦降压启动，也可以选择软启动器，或变频器启动。优先推荐变频器启动，因为轴马达还和桨轴直接相连，惯量较大，变频器启动的扭矩较大，可以保证能成功启动。如果配备全功率变频器，即变频器的功率和电机的额定功率一样可以长时间持续运行，轴马达可以换成异步电动机或者永磁电机，在PTO模式下对电网供电，主机可以变转速运行。在PTH模式下变频器控制电机运行。

在PTI模式下，不必配备启动器，主机运行，主离合器闭合，主机就会驱动轴马达运转，轴马达在电动机模式下与主机功率叠加工作，其功率可以由电网频率来控制。如果配备了变频器，则变频器可以控制轴马达的功率和转速，既可以与主机功率叠加，也可以低速巡航。

螺旋桨可以是调距螺旋桨，在零螺距的情况下启动扭矩比较低，启动完毕后靠调节螺距来调节航速。如果是恒转速运行，螺旋桨的效率较低。如果配备全功率变频器，无论是PTH模式下还是PTO模式下，螺旋桨都可以以联动模式运行，获得较高的运行效率。

如果是定螺距螺旋桨，只能用全功率变频器来控制轴马达，电机可以是永磁电动机或者异步电动机，这样可以获得较高的运行效率。齿轮箱就需要可反转型的，主机也要可反转运行的。

9.2.3 齿轮箱带一个离合器，主高弹可脱开

在上述方案中，齿轮箱带一个离合器，轴马达在离合器的次级段，虽然完全可以实现PTH/PTO功能，但是在码头靠泊的时候，主机并不能驱动轴带发电机发挥靠泊供电功能。如果把轴带发电机放置在离合器的初级端，然后把主高弹换为具有可脱开功能的，则可实现此功能，如图9-6所示。

该齿轮箱的输入轴需要安装一个手动可脱开的联轴器。如第一个方案，联轴器可以安装间距环，这是最简单的方式，然而拆开螺栓需要时间且麻烦，安装间距环也费时间。如果安装一个手动脱开联轴器，就会方便很多。该联轴器有

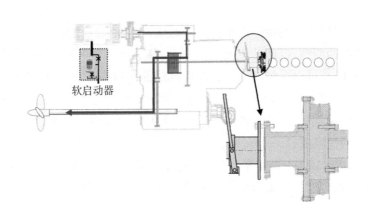

图9-6 PTO在离合器初级端的PTH模式

一个手柄,只要螺栓拆开后,扳动手柄,联轴器就脱开了,装复也同样简单。

在PTH模式下,可以先启动轴马达,闭合离合器,螺旋桨就会旋转,因为有离合器,启动负载很轻,可以用软启动器。启动完毕螺旋桨恒速旋转,调节螺距来调节航速。如果是定距桨,则需要变频调速。

靠泊码头的时候,离合器断开,启动主机,就可以驱动轴带发电机了。此时螺旋桨并不旋转。

这种系统配置会带来争议,主机在码头作为停泊发电机使用,但是依据碳排放公式,主机消耗了燃油,所行驶的里程却为零,所以并不能满足碳排放要求。但是主机作为发电机使用在某种程度上要比发电机机组的燃油消耗少,可见碳排放计算是有弊端的。

9.2.4 齿轮箱带一个主离合器和一个PTO离合器

如果齿轮箱只带一个离合器,在功能上虽然可以实现PTH、PTO与PTI功能,但有两个缺点:一是电机启动扭矩大,二是PTO电机会随着桨轴一直运转,即使需要轴带发电机供电,机器也停不下来,从而造成不必要的磨损。解决办法是在PTO端加一个离合器,如图9-7所示。

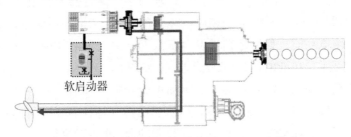

图9-7 齿轮箱带两个离合器PTO-PTH模式

在主机与螺旋桨之间有一个主离合器,用于断开主机与螺旋桨的连接,在PTO 轴上也有一个小离合器,用于断开轴带电机的连接。当主机运转后,闭合主离合器,螺旋桨就运转起来。如果再闭合 PTO 离合器,PTO 轴也会运转起来。PTO 轴可以根据需要断开或连接,这样机器就可以根据需要来决定是否运转,减少没必要的空转。

在 PTH 模式下,断开主离合器,主机离合器是断开的,PTO 离合器也是断开的,马达与轴没有直接连接,负载较轻。可以把轴马达先启动起来,启动器可以选择自耦变压器,也可以选择软启动器。启动完毕后把 PTO 离合器闭合,因为马达已经达到额定转速,带载能力比较强,很轻松就可以把桨轴启动起来。轴带电机可以选择同步电机,也可以选择异步电机,选择异步电机无法在 PTO 模式下工作。

在 PTI 模式下,在非功率叠加工况时可以用和 PTH 一样的模式工作。在功率叠加工况时,无须专用启动器,主机运转,闭合两个离合器,轴带电机从船舶电网取电,以电动机模式工作即可。注意在配电系统中关闭逆功率保护功能,轴马达的功率由电网频率来调节。

如果螺旋桨选取调距桨,则启动方式更加容易。但是在 PTH 工况时螺旋桨是恒转速运行,效率较低。如果要以联动方式运行,则需要配备全功率变频器,此时的效率较高,轴带电机可以选择异步电动机,主机在 PTO 模式下可以变转速运行。

如果选择定距螺旋桨,PTH 工况下需要配全功率变频器来调节轴马达的转速和功率。

9.2.5　齿轮箱带一个主离合器和初级端 PTO 离合器

如图 9-8 所示,齿轮箱内部有一个主离合器用于和螺旋桨的连接,而 PTO 端有一个初级端离合器。

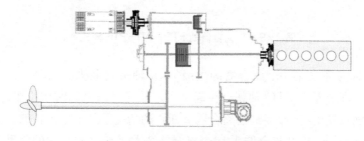

图 9-8　有 PTI 无 PTH 的系统配置

在 PTO 模式下,主机可以在不驱动螺旋桨的情况下驱动 PTO 轴带发电机。船在码头停泊的时候,需要主机来驱动轴带发电机但又不能驱动螺旋桨,这种方案能解决停泊使用轴带发电机的需要。当然 PTO 轴的离合器并非必需,主机一启动,轴带发电机就可以运转了,缺点如前文所述,轴带发电机不能控制,可能会有空转的情况。

这样的安排会带来另外一个问题,即 PTH 无法实现。因为 PTO 轴在主离合器的初级端,无法在与主机断开连接的情况下和螺旋桨相连接。PTI 则可以实现,因为不需要启动器,在主机运转时闭合两个离合器就可以实现驱动轴带电机,从而实现 PTI 和主机功率叠加运转。无法实现单独运行 PTI 模式使船舶低速巡航。

螺旋桨可以是调距桨,在 PTO 轴带发电机模式下主机恒速运行,螺旋桨效率较低。螺旋桨也可以是定距桨,只有在恒速运行下才可以使用轴带发电机。

如果使用变频器稳定轴带发电机的电压和频率,则主机可以变转速运行,此时选择调距螺旋桨会获得较高的效率。

9.2.6 齿轮箱有两个主离合器

由上述讨论可知,PTO 轴的驱动放置在初级端是无法实现 PTH 功能的,但如果在齿轮箱内部安排两个主离合器,就可以实现 PTH 功能,如图 9-9 所示。需要注意的是,此种形式的齿轮箱比较长,在推进系统的布置上要看机舱能否布置得下。

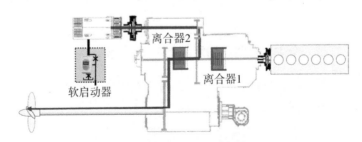

图 9-9 双离合器的 PTO-PTI-PTH 模式

PTO 轴放置在第一个离合器的次级端,在轴带发电机的工况下,主机运行的时候闭合离合器 1,PTO 轴就运转起来了。在码头停靠的时候也可以使用主机去驱动轴带发电机,螺旋桨在离合器 2 断开的情况下是不会运转的。

PTH 模式下,断开离合器 1,闭合离合器 2,螺旋桨在轴马达的驱动下运转。螺旋桨轴和 PTO 轴被离合器 2 隔开,所以轴马达启动的时候也是轻载,启动扭矩较低,可以选择软启动器和自耦降压启动器。

PTI 模式无需启动器。和前述一样,在功率叠加模式下轴马达的功率由电网频率控制,轴带电机可以选择同步电机。如果使用全功率变频器,轴带电机可以选择异步电机和永磁电机,主机可以选择变转速运行。

螺旋桨可以选择调距螺旋桨。如果没有变频器,螺旋桨在 PTH 模式下恒转速运行,靠变螺距改变螺旋桨推力,效率较低。如果有变频器,螺旋桨可以在联动模式下运转,效率较高。如果是定距螺旋桨,必须用变频器来控制轴马达的功率和转速。

9.2.7　三个离合器,螺旋桨双减速

从上述几个解决方案中可以发现,调距螺旋桨在 PTH 模式下运行,因为要轴马达在启动后恒速运行,螺旋桨也要恒速运行,效率比较低,除非配备变频器在联动模式下运行,但是联动模式下马达又受制于低速区域,不能完全发挥功率,造成功率的浪费。如果轴马达的型号选大一点的档次,投资成本又会增加。如果用定距螺旋桨,螺旋桨虽然可以在低速下运行,但由于轻载裕度的设计需要,效率也会有点折扣,并不是完全理想状态。解决办法是在齿轮箱内部安装三个离合器,可以实现螺旋桨低速大螺距运行,如图 9-10 所示。

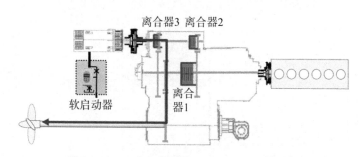

图 9-10　三个离合器的 PTO - PTI - PTH 模式

齿轮箱有一个主离合器 1,用于连接齿轮箱和螺旋管桨。在正常航行状态下,主离合器 1 闭合,主机驱动螺旋桨运转。如果要使用轴带发电机,则闭合离合器 2,就可以驱动 PTO 轴运转发电机。在码头靠泊的时候,断开离合器 1,闭合离合器 2,主机就可以驱动轴带发电机运行了。轴电机可以选取同步发电机,如果选用变频器控制,则可以用异步电机实现与船舶电网的长期并联运行,主机可以变转速运行。

在 PTH 模式下断开离合器 1 和离合器 2,启动轴带电机,闭合离合器 3,则

轴马达在第二个减速齿轮的驱动下转动螺旋桨。因为双减速的作用,此时的螺旋桨转速比正常航行时的转速低。螺旋桨可以增加螺距以增加扭矩,螺距大自然要比螺距小的效率高,这样船舶航速可以高一些。或者轴马达的功率可以选得小一些,船级社规定的航速要达到 7 kn,或者设计航速的一半,如果选择低转速螺旋桨,能很容易就满足船级社要求。

船舶消耗的功率按经验值通常是与航速的三次方成正比,航速又与螺旋桨的转速成正比,由此推算,船舶消耗的原动机的能量与转速的三次方成正比。如果在 PTH 模式下,螺旋桨的转速能下降到原来转速的 80%,则能量消耗能降到51.2%,这样节省的能量还是很可观的。由于转速降低,空耗降低,启动所需要的扭矩也会降低,轴马达的启动可以采取软启动器。

双减速比齿轮箱不需要选择定距螺旋桨,因为定距桨在任何一个转速下的效率是差不多的,无法提高效率。

PTI 模式下,离合器 3 是断开的,离合器 1 和离合器 2 是闭合的,无需启动器。轴马达与主机功率叠加运行,轴马达的功率由船舶电网频率控制。

由此可看到,齿轮箱通过离合器的不同组合,可以让螺旋桨有不同的转速以适应不同的需求。在有些应用场景下,主机也可以用不同的离合器来实现螺旋桨的不同转速需求,比如图 9-11 所示主机。

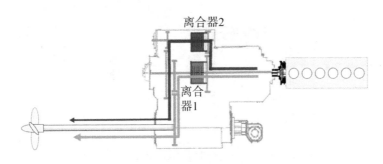

图 9-11 双减速比齿轮箱配置

齿轮箱内部安排有两个离合器,分别是离合器 1 和离合器 2。当需要正常航行的时候,离合器 1 闭合,离合器 2 断开,螺旋桨高速旋转。当需要大扭矩的时候,离合器 2 闭合,离合器 1 断开,螺旋桨以低转速航行,螺距增加,扭矩增加,推力增加。控制系统需要设置离合器 1 和离合器 2 的互锁保护。

图 9-12 为齿轮箱内部两个离合器的示意图,传动轴 2 运转为 PTO 轴上的离合器 2 闭合的工况。传动轴 1 运转为主轴离合器闭合的工况。

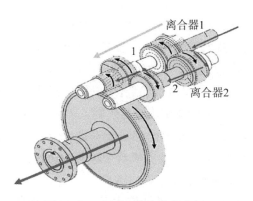

图 9‑12   双减速比齿轮箱内部

很多拖网渔船需要这种工况航行。在自由航行的时候,螺旋桨高速旋转,航速较快。当拖着渔网运行的时候,船舶阻力增加,螺旋桨扭矩增加,主机负荷加重,无法达到原来的转速,只能降转速,功率就达不到 100% 负荷。此时切换到离合器 2,螺旋桨以低转速运转,主机不会过载,转速得以恢复,可以持续以低设计功率运转。或者船舶在拖网状态下没有超负荷,螺旋桨切换到低转速后,可以进一步增加螺距,扭矩增加,主机负荷增加,船速可以更快一些,渔船的作业效率提高了。

9.2.8   无需双减速比的低速 PTH

利用在齿轮箱内部多安排一个离合器的方式,可以实现螺旋桨的不同转速,但这种方式增加了齿轮箱的成本。为了不增加太多投资,我们也可以在轴带发电机的后面串联一个轴马达,两个转速不一致,也可以实现这种功能。如图 9‑13 所示。

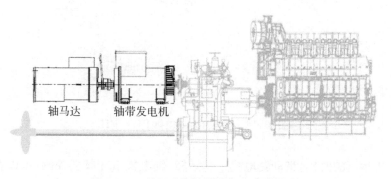

图 9‑13   轴马达和轴带发电机串联模式

在轴带发电机后面拖动一个轴马达,两者用一个手动联轴器连接。在正常航行的时候,手动联轴器处于脱开状态,轴带发电机正常工作,轴马达不工作,处于静止状态。在 PTH 模式下,手动联轴器闭合,轴马达启动,带动螺旋桨旋转,此时的轴马达的转速比轴带发电机要低,所以螺旋桨的转速也比正常航行的时候低一些,可以增加螺距来增加螺旋桨的效率。

因为多了一个轴马达,齿轮箱内部只要安排一个主离合器就可以了。轴马达的启动建议用变频器启动,启动完毕后变频器旁通,马达直接和电网连接,这样变频器不必选用全功率变频器。

此种机械配置不能用于功率叠加模式下的 PTI 工作模式,因为轴马达一旦和电网连接,和轴带发电机的转速不一致,两者无法同时工作。

螺旋桨要用可调距的,因为用定距螺旋桨在任何转速下效率几乎不变。

9.2.9 拖轮上的 PTO - PTI

在某些特殊的船型上,比如拖轮,由于有双机双桨,无须考虑应急返港的 PTH 要求,但是它们在作业工况下有时候是以满功率运行的,有时候又是以非常轻载的功率运行,因此使用混合动力推进系统非常有必要。拖轮船型非常小,可能大的港口拖轮也就 50 多米的长度,机舱内的机械又非常多,推进系统有两套,又有消防设备,通常的推进器是全回转舵桨,从主机到推进器的轴又是倾斜有角度的,因此混合动力的机械安排比较困难,但解决的办法还是有的。如图 9 - 14 所示,在从主机到推进器的传动轴上安排一个穿轴式电机。

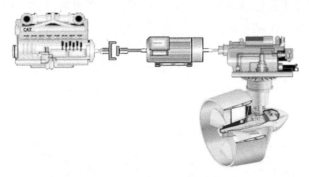

图 9 - 14　舵桨穿轴式电机 PTO - PTI

主机运行的时候,带动轴电机一起运转,轴电机由变频器控制,可以在自由航行的时候为船舶电网供电,也可以在顶推工况的时候变成轴马达向轴系传递扭矩,从而增加推进器的推力,此时是工作在与主机功率叠加的工况下。在低速巡航的时候,也可以单独驱动推进器,主机停下,只用船舶电站作为能量的来源。

　　这种机械安装需要特殊的马达,此种马达不是常规型号,比较少,因而价格可能比较贵。再加上轴系上安排马达,对轴系校中也带来一定的难度。轴系高速旋转,振动较大,同时又有横向振动和纵向的推拉应力,对马达的寿命也是一个考验,因此有时候又把马达布置在推进器本体上,如图 9-15 所示。

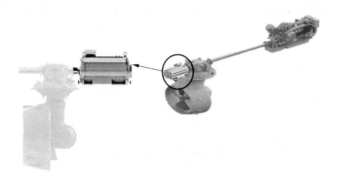

图 9-15　舵桨后面带电机式 PTO-PTI

9.3　二冲程机的 PTO/PTI/PTH

　　PTO 的功能比较简单,就是从主机负荷中取一部分动力用来驱动其他设备,最简单的就是驱动发电机,有时候也驱动液压泵等。

　　二冲程主机没有减速齿轮箱,驱动 PTO 的方式是用穿轴式发电机。发电机可以用永磁同步发电机或者绕线式电励磁同步发电机。图 9-16 为常规的二冲程机的驱动轴带发电机的示意图。

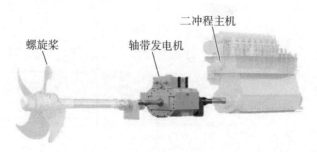

二冲程主机

螺旋桨　　　轴带发电机

图 9-16　二冲程机的 PTO 配置

　　目前大部分二冲程机的轴带发电机就是这样安排的,轴系作为转子轴驱动轴带发电机的转子,定子对外进行电气连接,这样的安排节省了机舱的空间。需要注意的是,穿轴式轴带发电机内部通常没有径向支撑轴承,需要在发电机两端的轴系上做径向支撑轴承,如果发电机靠近主机,主机曲轴上的轴承也可以作为径向支撑轴承。

这样的低速发电机通常磁极数较多,无论是永磁式发电机还是励磁式发电机,价格比较昂贵。相比于传统的常规发电机可能有几十倍价格的差异。为了节省发电机的费用,还有一种在主机后端安装增速齿轮箱的做法,如图 9 - 17 所示。

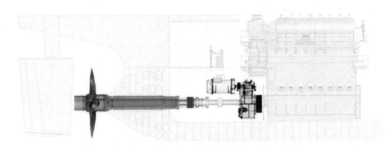

图 9 - 17　二冲程机＋隧道齿轮箱 PTO

在主机前端安装有一个隧道式的增速齿轮箱,齿轮箱增速后连接常规发电机,如果功率小的话,就可以节省很多一次性投资费用。如果功率大的话,隧道式齿轮箱的费用就会明显高起来,这时就需要评估各项投资费用了。图 9 - 18 为隧道齿轮箱驱动 PTO 轴发原理示意图。

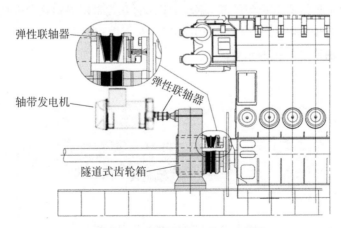

图 9 - 18　隧道齿轮箱驱动 PTO 轴发

隧道式齿轮箱并不与主机直接相连,这种形式的齿轮箱有一个直径比较大的隧道,用以让中间轴或尾轴穿过去,如图 9 - 19 所示。尾轴或者中间轴与主机直接连接,螺旋桨的驱动方式没有改变,还是主机直接驱动螺旋桨。轴法兰通过高弹性联轴器连到齿轮箱上,齿轮箱再通过一个比较小的弹性联轴器和发电机相连。主机运行的时候就可以驱动发电机为船舶提供电力了。

有些船的机舱空间比较大,在主机前端可以放置升速齿轮箱,这样起到的效果和在后端用隧道式齿轮箱是一样的,如图 9 - 20 所示。这种形式的齿轮箱比较普遍,通常也会便宜一些。

图 9 - 19　隧道齿轮箱

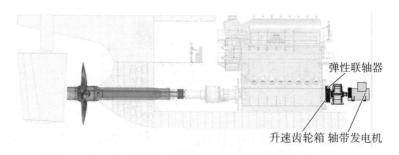

图 9 - 20　二冲程机 + 升速齿轮箱 PTO

有时候主机前端空间不够,则可以用图 9 - 21 所示的连接方式。

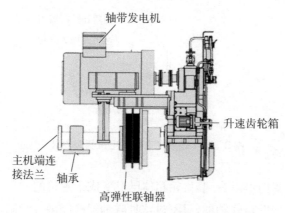

图 9 - 21　发电机放在齿轮箱与主机之间

从主机自由端可以延伸出一段小短轴,短轴通过弹性联轴器与升速齿轮箱连接,齿轮箱再与发电机通过联轴器连接。

　　为了节省主机前端空间,还可以选用特殊立式输出的齿轮箱,发电机采用立式安装方式,如图 9-22 所示。此种连接方式依旧是高弹连接齿轮箱和主机,主要目的是减振。齿轮箱比较特殊,输出和输入成 90°,这种连接方式节省了不少空间。

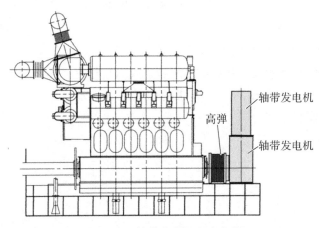

图 9-22　轴带发电机立式安装

　　除了上述有独立的齿轮箱的连接方式外,还有一种连接方式是把齿轮整合为主机的一部分,联轴器则整合到阻尼减振器里面,如图 9-23 所示。

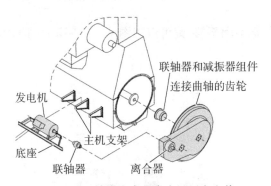

图 9-23　轴带发电机在主机侧旁安装

　　由图 9-23 我们可以看到,齿轮箱体已经变成了主机的一部分,而齿轮和曲轴输出端的连接依旧是联轴器,只不过这种联轴器已经融合到阻尼减振器内了,它们在外观上已经完全融合成主机的一部分。而发电机就安装在主机侧面的支架上,这样在主机前端也节省了不少空间。

　　有些厂商还针对主机前端安装发电机的形式做了进一步的创新,发电机高弹以及连接齿轮都整合成一体安装在主机前端。如图9-24所示。

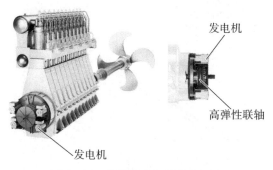

发电机

高弹性联轴

发电机

图9-24 轴带发电机装在主机上

从图9-24可以看到,该安装形式可以包含有多个发电机,安装包里面还包含了弹性联轴器和齿轮,里面的具体连接形式还有待进一步的发现和探讨。

二冲程机如果选用可调距螺旋桨的话,能够以恒转速运行,在用升速齿轮箱的轴带发电机系统中可以配备常规的发电机,投资成本降低,但是调距螺旋桨的效率会下降。轴带发电机也不能和发电柴油机组并车使用。

如果使用定距螺旋桨,主机的转速需要变化,或者使用调距螺旋桨以联动的方式运行,发电机的转速是变化的,频率也是变化的,此时就需要一个变频器来稳定发电机的频率和电压。有了变频器,轴带发电机还可以与船舶发电机组并车运行,提高了灵活性。随着变频器的成熟和普遍应用,几乎所有的二冲程机的轴带发电机都会配备变频器,无论是穿轴式的,还是升速齿轮箱式的,配备变频器后有诸多优点,比如稳频稳压、并车运行,也为PTI和PTH带来了方便。

如果用变频器作为轴带发电机的稳频装置的话,轴带发电机有可能增加二冲程机的不稳定性。当用电负荷增加的时候,也要求轴带发电机输出更多的功率,反映到轴上,需要主机输出更多的扭矩。而如果轴的扭矩增加,就会拖拽主机转速下降,因为二冲程机的各缸发火频率较低,转速调整会有些迟缓。轴转速的下降反而降低了轴带发电机的输出,变频器会增加电流电压的输出,提高功率,这又进一步让主机转速不稳定。所以当二冲程机驱动轴带发电机的时候,建议轴带发电机工作转速高于50%的主机额定设计转速,且螺旋桨要进一步充分考虑轻载裕度的设计。做扭振计算时也要考虑轴带发电机工作工况。

图9-25为二冲程主机厂商推荐的主机负荷运行限制线。

从图9-25可以看到,螺旋桨在设计的时候轻载裕度要放大,不带轴发运行在100%转速的时候,主机负荷只能达到80%左右的额定负荷。在短暂可以运

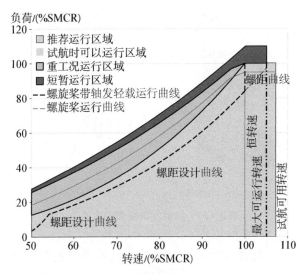

图9-25 主机推荐负荷运行限制曲线

（见附录彩图4）

行的区域,主机不得在此区域长期运行,高热负荷会增加主机的热应力和扭转应力。在重工况运行区域,长期运行的时候主机的油耗较高,一般不建议长期运行。带轴发运行的时候介于重工况运行区域和推荐运行区域的交界处,建议即使带轴带发电机运行,也应该在推荐运行区域。

图9-26所示为某邮轮的带轴带发电机的实际案例。

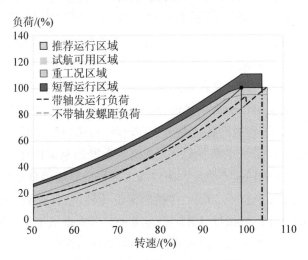

图9-26 主机推荐实际负荷限制线

（见附录彩图5）

从图 9－26 可以看到,轴带发电机运行负荷曲线在低速区域有一部分是在重工况区域。如果要在低转速的时候使用轴发,可能造成主机的燃烧负荷过重,因为二冲程机低转速的时候涡轮增压器转速上不去,主机进气就得不到改善,所以燃烧可能不充分,造成油耗增加。而在 75％转速区域之上使用轴发,基本就可以改善进气压力,燃烧就会得到改善。即使这样,带轴发运行的时候,该船在 100％转速的时候还是没能达到 100％负荷,因为螺旋桨的螺距较小,轻载裕度较大。

图上还有一个试航可用的区域,即试航的时候可以短暂运行在该区域,螺旋桨超速区域,主要是考虑满足新船的性能指标,比如航速要达到预定目的等。但运营的时候不建议运行在此区域。在运行 PTO 轴带发电机的时候,调距螺旋桨可以设置不同的螺距曲线,以适应主机的负荷限制需求,这点要比定距螺旋桨灵活一些。

有些船型比如油化船,出于安全需要会配备辅助推进系统,在主机故障停车的时候辅助推进系统用于应急安全返港(PTH)。这就要求在主机不可用的情况下,还要多一套备用的原动机用来驱动螺旋桨轴系,二冲程主机在安全返港方面也有很多可选方案。

通常用于 PTH 的原动机只能是安装在轴上的轴马达,而用作 PTO 的轴带发电机同样可用作轴马达,无需另外一套马达。如图 9－27 所示的穿轴式的轴带发电机,无论是永磁式的还是励磁式的同步发电机,它们都可以反过来当作电动机来使用。由前面所述,该穿轴式轴带发电机需要配备变频器来使用,该变频器反过来可以用作启动器,从电网获得能量驱动发电机当作电动机来运行。

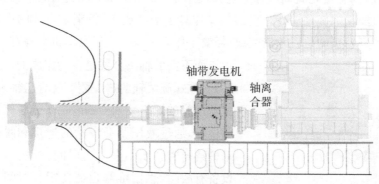

图 9－27　二冲程机 PTO－PTH 轴系示意图

发电机当作电动机运行的时候并不需要改变外部电路接线,发电机的电磁功率提前角的改变就可以完成此转换。用作发电机的时候,励磁磁场角度提前于定子的电枢反应磁场,而用作电动机的时候则是定子电枢磁场角度提前于转子磁场,只需要在配电板内部关闭逆功保护即可。

二冲程主机通常与螺旋桨轴系直接相连,如果用作 PTH,则需要轴系与主机脱开,这样轴系才可以自由旋转。用于与主机脱开的装置可以是轴离合器,也称作脱轴装置,它们内部并没有一般齿轮箱内部的湿式离合器摩擦片用于离合功能。当然也可以做成湿式摩擦片式的离合器,但考虑到 PTH 并非持续工作工况,不需要如此复杂。这里的脱轴装置是齿轮啮合式的联轴装置,齿轮啮合的时候,轴就连起来,齿轮脱开的时候,轴就断开了。如图 9-28 所示。

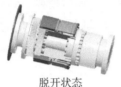 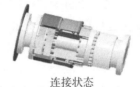

脱开状态　　　　　　　　　　连接状态

图 9-28　轴离合器示意图

(见附录彩图 6)

在图 9-28 中,上方的灰色部分是连接齿轮的一部分,下方分别是连接螺旋桨侧和主机侧的齿轮。在脱开状态,两个齿轮互不相连,主机侧处于停止状态,而桨轴侧可以自由转动,在轴马达电磁转矩的驱动下运转,将推力和拉力通过内部滑动轴承传递给主机的推力轴承。轴刹车并没有推力轴承,只是用来传递轴向力。承受轴向力的依然是主机内部的推力轴承。

当不需要 PTH 工作的时候,则把上面带齿牙的灰色部分滑动覆盖在两个齿轮上面,两个齿轮就通过齿牙连接起来了,桨轴就和主机侧的曲轴相互连接,主机直接驱动螺旋桨旋转。上述的操作是手动完成的,特别是齿牙的连接和脱开一定要在特别的位置才能完成,需要工作人员操作主机盘车机来检查。

而下面的轴离合器是自动完成的(见图 9-29)。在螺旋桨轴的这一侧安装有盘轴装置,慢速自动旋转螺旋桨轴检测齿轮牙能脱开和连接的位置,通过液压驱动齿轮的连接和脱开。自动轴离合省去了不少人力时间,当然如果突然设备有故障,恐怕维修也需要很长时间。这就要求日常针对这些应急设备进行定期演练和维护检查,以确保危险应急时刻能无故障使用。

图 9-29　全自动轴离合器

除了上述通过齿轮相连接的轴离合器外,

还有一种相对简单的手动脱轴装置,通过螺栓来控制螺旋桨侧轴与主机侧轴的连接与脱开,如图 9 - 30 所示。

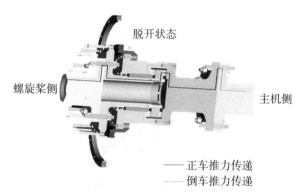

图 9 - 30　手动脱轴装置脱开状态力的传递

(见附录彩图 7)

在脱开状态,如图 9 - 30 所示,螺栓松开,两法兰分离,螺旋桨侧的轴与主机侧的轴脱开,螺旋桨侧的轴在轴马达的驱动下自由旋转,螺旋桨的推力通过图上深色线条所示的路径传导给主机内的推力轴承。浅色的线条为倒车时的螺旋桨的拉力传导路径。

在连接状态,螺栓螺旋桨轴侧的法兰和主机侧轴法兰通过螺栓连接,这时的扭矩通过法兰传导,而螺旋桨产生的推力也通过该法兰传导,图 9 - 31 所示的线条为螺旋桨的力和主机的扭矩传导路径。

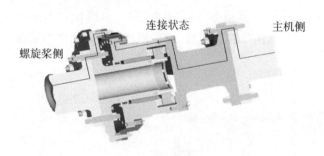

图 9 - 31　手动脱轴装置连接状态力的传递

(见附录彩图 8)

二冲程主机脱轴装置既可用于穿轴式轴马达,也可以用于带有隧道式齿轮箱的轴马达。它们安装在主机后端,用于脱开轴系与主机的连接。如图 9 - 32

所示,在带有隧道式齿轮箱的 PTH 系统中,脱轴装置通过高弹性联轴器与齿轮箱相连,齿轮箱和 PTH 马达相连,用齿轮箱的好处是可以通过不同的减速比分别用于 PTH 和 PTO。

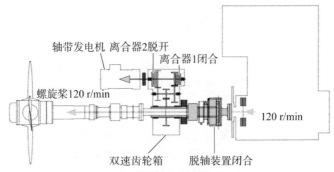

图 9 - 32　隧道齿轮箱的 PTO

图 9 - 32 所示的齿轮箱有两个离合器,箭头表示能量传递的方向,离合器 1 闭合,离合器 2 脱开。在 PTO 的时候,主机的扭矩一方面直接通过轴系传递到螺旋桨,另一方面通过 1 号离合器传递到轴带发电机,轴带发电机是常规高速发电机。

图 9 - 33 为隧道齿轮箱 PTH 的示意图,1 号离合器脱开,2 号离合器闭合,脱轴装置断开,轴系与主机分离。这时轴带发电机作为轴马达使用,马达的扭矩经过通过 2 号离合器传递到轴系,螺旋桨的推力经过脱轴装置传递到主机内置的推力轴承。离合器 2 的齿轮有不同的减速比,能把螺旋桨的转速降到 85 r/min,比主机的转速 120 r/min 低很多,同样螺距下,可以降低很多原动机的功率。或者在变螺距的情况下,由于转速降低,可以提高螺距而增加螺旋桨的效率。

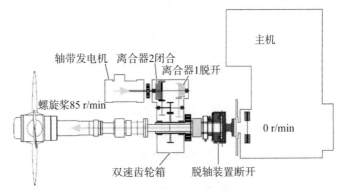

图 9 - 33　隧道齿轮箱 PTH

假设齿轮箱只有一个离合器 1，只有一个减速比，那么在 PTH 工况下，轴马达如果以额定转速运行，螺旋桨还是要以 120 r/min 转速旋转。如果是定距桨，那么轴马达将会消耗和主机一样的功率，显然这是不可能的。那么轴马达只能降低转速运行，轴马达的额定功率势必降低，理想工况下可以和转速成线性比例下降。比如原来的轴带发电机功率是 1 400 kW，如果螺旋桨以 85 r/min 运行，那么转速是原来的 70%。轴马达在 70% 的转速下，最理想的情况是以 991 kW 的功率运行，这要考核是不是能以预定的航速航行，有些轴马达的功率随转速下降的可能较大，就更加降低船舶 PTH 的航速了。如果是调距螺旋桨，以 120 r/min 转速运转，通过降低螺距运行，虽然能满足轴马达 1 400 kW 的功率要求，但螺旋桨的效率是下降的。从这里的分析我们可以看到，在有 PTH 工况的要求下，调距螺旋桨要比定距螺旋桨好一些，双减速齿轮箱比单减速齿轮箱好一些。

PTI 工况是指单独的辅助电力推进或者功率叠加推进。而除了应急的辅助电力推进外，要避免单独的辅助电力推进，因为 PTI 的电力电源取自发电机组，而发电机组的碳排放要高于二冲程推进柴油机。但有时候，功率叠加电力推进是需要的，比如在冰区航行，或者必须要赶班轮的时间点而增加推进功率。

在做功率叠加 PTI 的时候，轴马达和主机一起运行做辅助推进，显著的问题是两者的功率如何分配。在马达和主机之间进行功率分配通常比较复杂，简单的做法是轴马达进行额定负荷功率输出，而主机实行变化的负荷输出。如果需要船跑得快一点，主机就增加负荷输出，如果不需要船跑得那么快，主机负荷就减少一点。

PTI 和 PTH 有很多相似性，PTH 是应急情况下的操作，对轴马达的要求可以稍微降低一点。有些船级社对 PTI 要求高一点，等同于电力推进，各种监测都要完备。二冲程机的 PTH 和 PTI 都需要启动设备对轴马达进行启动，它们在做 PTO 的时候都配备变频器，反过来变频器也可以做它们的启动设备，同时完成功率控制的功能。

9.4　案例分析

9.4.1　某化学品船 PTI/PTH/PTO

现有一化学品船，需要在冰区航行。根据船模试验，正常航行的时候，主机功耗大约为 2 340 kW，航速为 12.5 kn，航行时候的船舶生活用电负载大约为 250 kW。按照船级社规范要求，冰区航行时主推进功率应为 3 500 kW，化学品船要求有 PTH 功能。

首先我们得求出所要求的主机功率,主机在正常航行时所需的主机功率为 $2\,340+250=2\,590$(kW)。如果主机正常航行的功率在 85% 负荷左右的话,可以算出主机的装机功率应该是 3 047 kW。如果主机运行在 80% 的负荷附近,那么装机功率应该在 3 237.5 kW。所以我们应寻找主机额定负荷在 3 000~3 300 kW 的规格。这样规格的主机应该是四冲程机,二冲程机的功率基本都很大,且 PTH 的选择范围相对较小。

假设我们寻找到了一款主机,额定负载为 3 180 kW,恰好满足要求。距离 3 500 kW 的装机容量还差 320 kW,那么我们可以用功率叠加的方式采用 PTI 方案,则 PTI 需求功率为 320 kW。

该船还需要 PTH 功能用于满足船级社规范要求的应急返港,在 PTH 模式下航速要求为 7 kn,或者设计航速的一半,我们按 7 kn 来设计。螺旋桨的强度设计为 3 500 kW。像这样的一条船,有 PTO/PTH 和 PTI 的要求,又经常靠码头,机动能力要求比较高,所以应该选择可调距螺旋桨。假设可调距螺旋桨在启动时候的零螺距消耗为 670 kW,按照以前电力拖动的效率有 13% 损耗,那么轴马达从电网得到的功率应该为 770 kW,螺旋桨启动需要的功率比较大,但成功启动后只要一点点螺距,船就可以前行了,按照保守估算,轴马达选择 800 kW 应该就能满足要求。

为了保证螺旋桨的成功启动且 PTH 模式下航速能达到要求,齿轮箱最好配置三个离合器,这样的配置可以满足:

(1) 螺旋桨启动比较容易;

(2) 螺旋桨有两个转速,较低的转速在 PTH 模式下运行;

(3) 主机在停靠码头的时候可以驱动轴带发电机来带动货油泵工作。

因此该船的基本配置如下:

(1) 主机功率 3 180 kW,四冲程中速机;

(2) 齿轮箱为三个离合器,螺旋桨双减速比,带有 PTO/PTH/PTI 功能;

(3) 螺旋桨为可调距桨,满足航速在 2 340 kW 下 12.5 kn 的航速要求,在 800 kW 下满足 7 kn 的航速要求;

(4) 轴带发电机 800 kW,可以反过来用作轴马达;

(5) 轴带发电机配备变频器,用作轴带发电机的稳频装置,同时又是轴马达的启动器。

由此可以画出螺旋桨的 P_B-n 图,如图 9-34 所示。

在 P_B-n 图上,横坐标是螺旋桨的转速 n,纵坐标是主机的功率 P_B。主机额定工作点为 3 180 kW,螺旋桨额定转速为 111.6 r/min。由图上还可以看出操

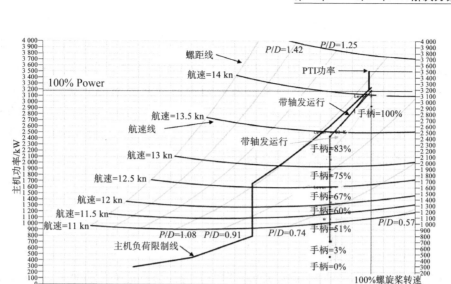

图 9 - 34　各工况下的 P_B - n 图

作模式,即主机启动后,螺旋桨处于恒速运行模式,带轴发运行时的功率比较靠近主机的负荷限制线,下方的虚线为不带轴发的工况。主机可以在额定转速的 93% 处开始工作,此时螺旋桨转速为 103.8 r/min。因为带有变频器,主机可以变转速工作。当然也可以从更低一点的转速开始工作,这取决于主机的性能。如果船舶电气设备能接受浮动的频率,不带变频器,依然可以带轴发工作。

根据船体阻力和轴马达的工作特性,我们可以做出在 PTH 工作模式下的 P_B - n 图,如图 9 - 35 所示。

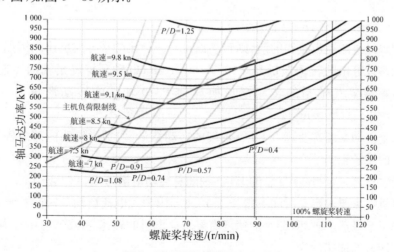

图 9 - 35　PTH 模式 P_B - n 图

在 PTH 模式下,齿轮箱可以用另一个低转速,假设在原来转速的 80% 附近,算下来螺旋桨转速大约为 89.3 r/min。由这个转速找到 800 kW,我们可以看到航速是在 9.8 kn 上方。如果齿轮箱没有第二个转速,螺旋桨运转在 111.6 r/min,我们也可以顺着这个转速找到 800 kW。可以看到,船舶在 PTH 模式下的航速大概在 9 kn 附近,由此可知,螺旋桨降低转速后效率提升了很多。

下面我们计算一下轴马达的启动扭矩。

对于电机来说,产生电磁转矩大于负载转矩才能驱动负载,它们有如下关系:

$$T_e - T_L = J \frac{d\omega}{dt}$$

式中:T_e 为马达电磁转矩;T_L 为负载转矩;J 为传动系统的转动惯量,包含螺旋桨和马达转轴以及齿轮箱内的各转动齿轮;ω 为传动系统的转速;t 为传动系统的加速时间。

当 $T_e = T_L$ 时,马达电磁转矩和负载机械转矩相等,则传动系统处于稳定运行状态;当 $T_e > T_L$ 时,传动系统在马达的驱动下加速转动;当 $T_e < T_L$ 时,传动系统在马达的驱动下减速转动。

这是经典牛顿运动力学的定律。轴马达要想启动轴系,轴马达的启动电磁转矩必须大于包括轴系在内的传动系统运转时的扭矩。因为在启动的时候有加速度的要求,这个电磁转矩还要满足加速的要求。为此我们一定要算出系统的转动惯量。

传动轴系的转动惯量计算公式为

$$J = mR^2$$

式中:m 为轴的质量;R 为轴的半径。

如果经过减速齿轮箱的话,则转动惯量与减速比的平方成反比。例如,螺旋桨及轴系计算出的转动惯量为 3 100 kg·m²,PTO 轴到螺旋桨轴的减速比为 8.105,螺旋桨及轴系的转动惯量换算到 PTO 轴端的转动惯量为 3 100/$8.105^2 = 47.19$(kg·m²)。

整个传动系统都要算入 PTO 轴端的转动惯量,包括齿轮箱内部的各齿轮、轴马达的转子轴。

经过核算,假设该项目总的 PTO 轴的总转动惯量为 65.06 kg·m²。

电机厂家要求启动时间不得长于 18.8 s,因为大电流启动的时间过长,会对电机绕组绝缘造成破坏,即对加速度有要求。电机的转速为 1500 r/min,从静止到额定转速的加速度为

$$\frac{2\times3.14\times1\,500}{60\times18.8}=8.35\,(\mathrm{rad/s^2})$$

轴马达的加速电磁转矩应该为 $65.06\times8.35=543.3(\mathrm{N\cdot m})$。

　　螺旋桨转动转矩是一直变化的。假设螺旋桨的零螺距消耗为 $665\,\mathrm{kW}$，可以算出在启动完毕后的马达轴端需要的扭矩为 $4\,230\,\mathrm{N\cdot m}$，马达需要的电磁转矩为 $543.3+4\,230=4\,773.3(\mathrm{N\cdot m})$。

　　由功率计算公式可以算出，马达启动完毕需要的功率为 $749.8\,\mathrm{kW}$。按额定电压 $400\,\mathrm{V}$，功率因数 0.85，效率 97%，可以算出马达需要的额定电流为 $1\,312\,\mathrm{A}$。

　　这个电流就是选择变频器的依据。而变频器通常有比较大的过载能力，每一个变频器模块的性能不同，可以选择过载能力比较大的那一个。通常变频器可以在短时间内承受两倍的过载电流。假设在加速启动时间内变频器承受 2 倍的启动电流，那么就可以选择一个 $375\,\mathrm{kW}$ 的变频器模块。

　　电网在正常航行时仅需要 $250\,\mathrm{kW}$ 的功率，单台柴油发电机可以配置 $500\,\mathrm{kW}$ 功率，那么配置两台就能满足船舶用电需求。在正常航行的时候，用轴带发电机满足船舶用电需求。在 PTH 应急返港的时候，两台柴油发电机同时开启可以满足电力推进和船舶生活用电的基本需求。

　　船舶轴带发电机因此可以用多种方式和船舶电网连接，如图 9－36 所示。

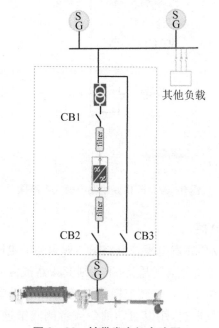

图 9－36　轴带发电机电路图

从轴带发电机出来的电缆和变频柜相连接。由于变频器既要做轴带发电机的稳频稳压装置，反过来又要做轴马达的启动器，电能是双向流动的，因此要选择 AFE 整流器。在电网端为防止共模电压对轴带发电机造成损害，所以要配隔离变压器，也要配正弦滤波器，保持谐波较小。而在轴带发电机侧要配备滤波器，防止变频器输出的陡升电压对发电机绕组造成损害。其操作模式如下。

（1）300 kW PTO 模式。

图 9 - 37 为 PTO 变速发电模式电路图。在此工作模式下，空气开关 CB1 和 CB2 闭合。船舶电网负荷大约为 250 kW，变频器可以输出 300 kW 功率，轴带发电机可以与柴油发电机并车运行。主机工作在变转速运行区域，螺旋桨工作在联动模式下，采用经济航速，推进系统具有较高的推进效率。船舶以此模式航行能节省不少燃油。

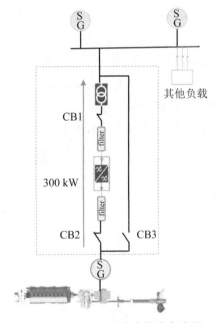

图 9 - 37　PTO 变速发电模式电路图

（2）800 kW PTO 模式。

图 9 - 38 为 PTO 恒速发电模式电路图。如果船舶电网需求较大，可以断开空气开关 CB1 和 CB2，闭合空气开关 CB3，则变频器被旁通，电能直接从轴带发电机流向配电板。主机工作在恒转速模式下，船舶靠调节螺旋桨螺距调节航速。使用主机来驱动轴带发电机，用以驱动油泵或者侧向推进器等大功率负载。此时主机不能和柴油发电机并联运行，因为两者的主机调速性能不一致，会造成负

荷分配不平衡,但可以在短时并车用以转移负载。

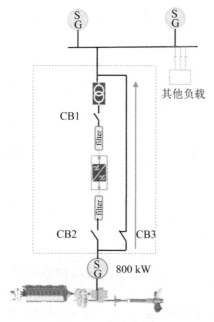

其他负载

图 9-38　PTO 恒速发电模式电路图

（3）PTH 模式,轴马达 800 kW。

图 9-39 为 PTH 模式电路图。此模式为主机故障应急返港模式,齿轮箱低转速,离合器闭合。船舶电站启动两台柴油发电机,变频器首先闭合空气开关 CB1 和 CB2,启动成功后,闭合空气开关 CB3,把变频器旁通,然后再打开 CB1 和 CB2,电能经过 CB3 流向轴带发电机。螺旋桨通过调节螺距来调节船舶航行的速度。

（4）PTI 模式,轴马达 720 kW。

图 9-40 为 PTI 功率叠加模式电路图,此模式为轴马达与主机功率叠加航行工况,满足在冰区航行时的动力要求。PTI 模式的轴马达不需要专门的启动器,轴马达是在 PTO 模式下被主机拖动下启动的。最初是在 PTO 模式下工作,启动两台柴油发电机,把轴带发电机的负荷转移到柴油发电机上。调节轴带发电机的 AVR,把功角由提前转到滞后,完成从发电机到电动机的转换,此时轴带发电机就成了轴马达。轴马达的转子轴通过齿轮箱和主机同步,螺旋桨相当于由轴马达和主机共同驱动,慢慢调节电网频率。当频率逐渐升高的时候,马达的负荷逐渐升高,主机的负荷逐渐下降。当主机负荷达到 720 kW 的时候,就可

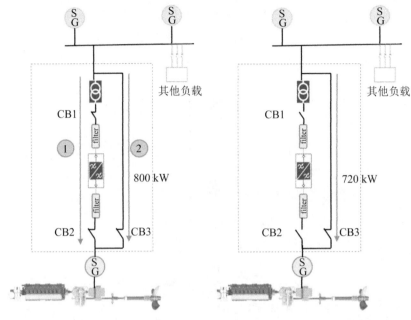

图 9‑39　PTH 模式电路图　　　　图 9‑40　PTI 功率叠加模式电路图

以固定此频率,逐渐增加螺距,主机负荷也逐渐增加。

在没有全功率变频器参与的情况下,轴马达与主机的功率分配相当复杂且不容易控制。如果能增加变频器的功率,那么在变频器的参与下,功率分配是相当容易的,因为变频器可以控制马达的功率,可以恒扭矩工作,也可以恒功率工作。

如果配全功率变频器,则船舶相当于有了两台动力机械,既可以分开工作,也可以联合工作。我们在前面也分析了,单独的电力推进相比于柴油机推进其实效率是下降的,能够让电力推进比较经济的航行方式是在低负荷区域运行。

假设这条船配备了全功率变频器,那么在什么情况下用电力推进是比较经济的呢?

我们首先假设这条船是固定距螺旋桨,定距桨工作的转速范围内,其效率基本是不变的,那么我们可以说定距桨达到了设计的效率,其效率为 1。而电力推进的损耗大约是 $10\%\sim13\%$。我们假定柴油主机在 $90\%\sim100\%$ 负荷工作时接近其设计工况,那么它的效率为 1。而考察多款主机的工况可大致得到一个结论,即在主机负荷下降至 50% 左右的时候,其效率相较于设计工况会下降 10%

左右。我们可以以主机50%功率作为一个参考。

螺旋桨的负荷大约与转速的三次方成正比关系。那么当主机负荷下降至50%时,可得出其转速大约降至80%左右,那么它的航速也大约在80%左右。由此我们可得出的基本结论是,当一条船航行在设计航速的80%以下,主机功率运行在50%左右的时候,就应该用其辅助电力推进,这样可以提高燃油经济性。

我们也可以采用数据表的方式分析出这个结论。利用前面章节的数据做出如图9-41所示相对效率的曲线图。

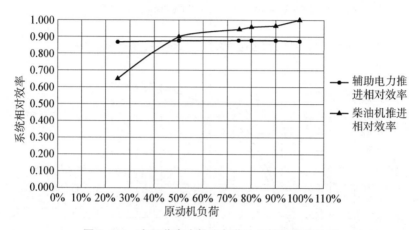

图9-41　定距桨电力推进与柴油机推进系统效率

而对于调距螺旋桨来说,情况稍微复杂一些。如果配备了全功率变频器,调距桨和定距桨一样操作,我们依然可以得出类似于定距螺旋桨的结论,即航速在80%以下,主机功率50%以下用辅助电力推进具有较高的燃油经济性。

当在PTI工况时,即不要求有启动设备,或者有启动设备但不参与频率和功率的控制,此时螺旋桨将以恒定的转速运转,螺旋桨的效率将会降低很多。而电气设备的效率,如果发电机按照95%来算,配电板按照99.9%来算,电动机按照96.5%来算,那么电气系统的相对效率为91.6%。按照前面章节的数据,我们同样也可以做出如图9-42所示推进系统的相对效率图。

那么调距桨加上变频器就可以以变速运行了,此时变频器既可以作为PTO模式时的对外发电设备,也可以作为PTI运行时的驱动电机的设备。只是此时变频器的效率为97.5%,要损耗部分能效。图9-43为调距桨变频器变速运行的效率图。

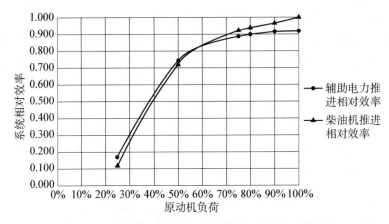

图 9‑42　调距桨恒速电力推进与柴油机推进系统效率

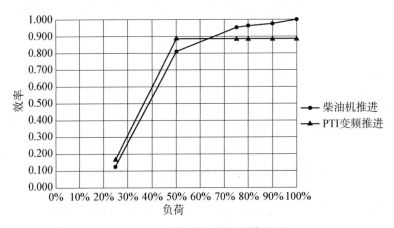

图 9‑43　调距桨变速运行效率图

从图 9‑43 我们可以看到,在有辅助电力推进系统 PTI 的船舶中,50％负荷是一个关键转换点。50％负荷以下,电力辅助推进系统的效率会高于柴油机推进系统的效率,且在定距桨系统中表现得特别明显,因为柴油机在低负荷下效率会变得非常低。

而在调距桨的船舶中,推进系统恒转速运行时,在低负荷下,无论是柴油机推进还是辅助电力推进,两者的效率都下降得特别快。同样也是在 50％负荷以下的时候,辅助电力推进开始比柴油机推进显现出较高的效率,但差别不明显。而在配备变频器后,调距桨在 65％负荷以下开始显现出效率优势。

假如有一条船需要配备 PTI 辅助电力推进,那采用什么配置比较好呢? 我们同样可以把它们的效率数据做成图表来作比较,如图 9‑44 所示。

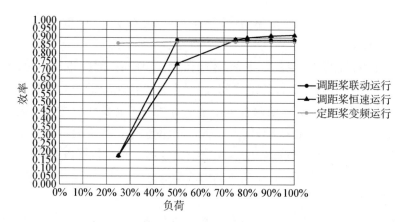

图9-44　调距桨-定距桨辅助电力推进效率图

从图9-44可以看到,定距桨在50%负荷以下具有明显优势,因为定距桨的效率在各功率段几乎不变。在50%～75%负荷时,配有变频器驱动的调距桨具有效率优势。在75%以上负荷运行时,调距桨具有优势。这可以理解为,调距桨恒速运行,可以节省变频器的能耗。而在50%～75%负荷区域,调距桨的桨效弥补了变频器的能耗,在50%负荷以下时,定距桨的桨效弥补了变频器和其自身因功率裕度造成的效率损失。

由此我们可以得出如下结论:①配有辅助电力推进PTI的系统中,在50%负荷以下推荐用辅助电力推进,如果长期在50%负荷以下运行,那么选择定距桨＋变频器驱动,否则选择调距桨具有更好的优势;②辅助电力推进最好用调距桨的联动模式;③辅助电力推进最好配备全功率变频启动器。

9.4.2　某工程船一机拖两桨

有很多工程类船舶,主推进系统配备双主机双螺旋桨,如图9-45所示。主

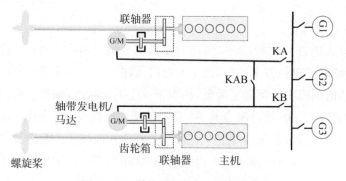

图9-45　某工程船双机双桨示意图

机是四冲程机器,通过齿轮箱驱动螺旋桨,齿轮箱还带有 PTO 输出,用于驱动轴带发电机/轴马达。

这类工程船舶很少会有满功率工作的时候,即使有,时间也非常短,大部分时间它们都航行于码头到目的地之间,此时主机负荷比较低。为了节省船舶燃油,船东想出用一台主机驱动两台螺旋桨的方法。当需要两台主机向配电板供电的时候,空气开关 KA 和 KB 闭合,向船舶电网供电。当需要一台主机驱动两个螺旋桨的时候,KA 和 KB 断开,KAB 闭合,这样一台主机可以驱动轴发,轴发直接驱动另外一边的轴马达,进而驱动螺旋桨运行,达到一台主机驱动两台螺旋桨的目的。

这样的推进机械,齿轮箱需要有一个主离合器和一个 PTO 离合器,螺旋桨需要使用可调螺距形式的。因为有离合器比较容易启动,但是启动完毕后,轴马达无法变频调速,螺旋桨要运行于恒定速度,靠调节螺距来调节船舶航速。轴马达无需启动器。

进入一机拖动两桨的模式有两种方法,分别是静态进入法和动态进入法。

(1) 静态进入。

左舷主机已经启动,离合器正常闭合,主机转速已经恒定,发电机旋转,与配电板相连接的空气开关 KA 和 KB 打开。这时要打开轴带发电机 AVR 侧的电流限制器,开关 KAB,闭合轴带发电机侧的励磁开关,接到 24 V 电源上。轴带发电机在励磁电源的作用下开始建立电压,这个电压在电流限制器的作用下慢慢上升,用来启动另一侧的轴马达,轴带发电机类似于一个软启动器。轴马达虽然也是同步电机,但其转子上有辅助阻尼绕组,类似于异步电机,轴马达就会转动起来,转动到高速时候,闭合轴马达侧的 AVR 的励磁和功角开关,相当于一个设定功率因数,轴马达就慢慢被牵入同步转速,启动完毕。再闭合 PTO 侧的离合器,螺旋桨就被带动起来了。齿轮箱离合器的油压最好慢慢地建立,不至于有太大的冲击。

(2) 动态进入。

动态进入的方式比较简单,两边的主机都要启动旋转,发电机都要对外发电,把两个轴带发电机并车运行,两个发电机就建立了电气连接。此时把那台要变成轴马达的电机的负荷调至最低,相当于处于逆功状态,轴带发电机在发电机和电动机的状态之间,然后闭合其 AVR 上的功率因数开关,使其工作于电动机状态,主离合器断开,主机与螺旋桨在机械上就断开连接了。此时就基本完成了启动,一边的轴带发电机驱动另一边的轴马达,相当于一台主机拖动了两台螺旋桨旋转。

这样做的意义在于一台主机工作在设计负荷状态,燃油效率较高。而如果两台主机各50%负荷运转的话,燃油效率就会下降。

除了主机的相对效率较高外,整个推进系统的效率如何呢?

一台主机拖动两个螺旋桨,我们可以简单地把一台主机看作两部分,每一部分都50%负荷工作,第一部分直接驱动螺旋桨,第二部分通过PTO-PTI的方式驱动另一边的螺旋桨。由以往的案例可以知道,螺旋桨如果发出50%负荷,航速可能是80%设计航速,螺距可能是80%螺距,螺旋桨的相对效率大概在98%,我们可以得到如表9-1所示相对效率数据。

表9-1 系统恒速运行不同工况下的效率

	柴油机相对效率	螺旋桨相对效率	PTO-PTI电气相对效率	总相对效率
柴油机直接驱动侧	1	0.807	1.000	0.81
PTO-PTI 侧	1	0.807	0.917	0.74
两主机各50%负荷	0.95	0.807	1.000	0.73
一台主机100%驱动	1	1	1.000	1.00

第一行是柴油机直接驱动螺旋桨侧的相对效率,主机仍以设计的负荷运行,其相对效率为1,没有电气连接,所以PTO-PTI的效率也为1,螺旋桨的螺距大约为80%,相对效率大约为80.70%,所以总的相对效率为81%。

第二行为PTO-PTI侧的推进系统,因为其能量仍来源于第一行的主机,主机相对效率为1,PTO-PTI电气连接,有能量损耗,其效率大约为91.7%,所以这一侧的相对效率为74%。平均起来,其效率大约在78%左右。

第三行为两台主机各运行50%负荷,驱动两台螺旋桨,没有电气连接。柴油机在50%负荷时的相对效率大约为90%,总的系统相对效率为73%。

第四行为只用一台主机,以100%负荷运行,此时的系统相对效率为1,因为各设备都工作在其设计状态。

由以上比较可以看出,只用一边主机驱动一台螺旋桨,此时的推进系统相对效率最高。然后才是用一台主机驱动两台螺旋桨的方式,最差的方式是两台主机各50%负荷工作,效率会下降到73%左右。

如果我们把两侧主机的PTO端都配备变频器,这样主机和螺旋桨可以在联动模式下工作,螺旋桨效率会提升不少,那用一台主机驱动两边的螺旋桨,效率如何呢?现分析如表9-2所示。

表9-2　系统变速运行的效率

	柴油机相对效率	螺旋桨相对效率	PTO-PTI电气相对效率	总相对效率
柴油机直接驱动侧	1	0.807	1.000	0.81
PTO-PTI侧	1	1	0.894	0.89
两主机各75%负荷	0.95	1	0.936	0.89
一台主机90%负荷	0.97	1	0.936	0.91

第一行，主机直接驱动螺旋桨，主机工作在联动模式下，主机100%负荷，PTO侧的螺旋桨要螺距小一点，以使主机的功率分配给第二台螺旋桨，因此螺旋桨只能降低螺距运行，效率要降低。没有电气传动设备，因此PTO-PTI的效率为1。总体效率为81%左右。

第二行，PTI侧的主机来自PTO侧，以额定功率运行，相对效率为1。螺旋桨被变频驱动，联动模式运行，相对效率为1。电气的传动效率约为89.4%。

第三行，假使两台主机各75%功率运行，其中50%分配在螺旋桨上，另外25%用在PTO轴带发电机端以供船舶用电，那么主机的相对效率为95%。螺旋桨工作在联动状态，相对效率为1。PTO的电气效率为93.6%，那么总体效率为89%。

第四行，假设主机降速运行在90%负荷，相对效率为97%。螺旋桨为联动状态，相对效率为1，PTO轴带发电机供船舶用电。变频电气效率为93.6%，则总体效率为91%。

通过以上分析可得出如下结论。

(1) 对于双机双桨的工作船，在不作业的低速巡航工作区域，只用一台主机100%负荷运行，其效率是最高的。但是要经常操舵以纠正单桨运行带来偏航的影响，还要开一台辅助发电机供船舶用电。假设辅助发电机运行效率为95%，则船舶总的动力设备的相对效率为1和95%。

(2) 用一台主机驱动两台螺旋桨，其相对效率要降低到78%左右，与上一个案例分析一致。如果船舶配备两台变频器，螺旋桨可以工作在定距桨模式，则用一机驱两桨的效率可达85%。但是还得开一台辅助发电机供船舶用电，此时的船舶动力系统的效率为78%和95%，或者85%和95%。

(3) 如果选择一机驱动单桨，配备变频器，主机功率提高一点，船舶用电量不是很大，不用开船舶辅助发电机，则船舶动力的相对效率为91%左右，效率得以大幅度提高。

（4）最差的效率是两台主机各以 50％ 负荷运行，其相对效率下降到了 73％。

对该船型分析可知，对于大部分时间处于低速航行工况的船，应该用一机驱动单机运行，配备变频器，系统效率可达 91％，如果用一机驱动双桨配备变频器，系统效率可达 85％。

9.4.3　集装箱船二冲程机 PTO‐PTH

集装箱船通常有固定的航线，每次靠离码头的时间非常短，海上航行时间较长，此时一般不用四冲程机，没有减速齿轮箱，而是用二冲程主机直接驱动螺旋桨。但有些船的集装箱是冷藏箱，冷藏箱相当耗电，如果用柴油发电机来供电的话，船上就要多投资安装柴油发电机组。为了满足国际海事组织的 EEDI 与 EEXI 的碳排放要求，很多运营船需要减速运行，新造船则要安装轴带发电机以提高能效。

现在有一艘集装箱船需要配备轴带发电机 1 200 kW，该船有首侧推 1 000 kW，尾侧推 800 kW 以满足靠离码头的需要，配备储能电池 250 kW·h。

根据前面的介绍，对于二冲程主机直接驱动的推进装置，轴上需要配合离合器才能满足 PTH 的功能要求，轴离合器可以是液压执行的脱轴装置，也可以是手动的脱轴装置，两者价格不同，功能相近，可以根据需要选配。二冲程机的油耗比四冲程机低很多，因此不建议用辅助电力推进，这样油耗反而会上升。图 9‐27 二冲程机 PTO‐PTH 轴系示意图即该船的推进装置轴系布置图。

对于二冲程低速机，其油耗与四冲程机不太一样，在部分负荷下油耗反而会降低。如图 9‐46 所示的主机油耗表，在主机大约 65％ 负荷的时候，主机油耗 151 g/kW·h，在其他负荷的时候主机的油耗会升高的，因此保持主机低负荷运转是可以提高能效的。这也是为什么在营运船舶中，如果无法改善主机的燃料，则必须降低航速来运行。如果船舶航速降低到 88％，则主机的负荷可以降低到 68％ 附近，此时最节省燃油消耗。

如果再安装轴带发电机，正常航行时不需要开启柴油发电机组，则船舶可以更加节省燃油消耗。关于螺旋桨的效率与主机的效率分析，以及 PTH 工况下航速分析，与前面的分析方法一样，在此不再赘述。

图 9‐47 是某船的轴带发电机电气连接图。可以看到该船有一个小型的直流配电板，连接轴带发电机的是一个有缘前端整流器，我们命名为 AFE。与电网连接的是一个逆变器，主要用作向电网供电，命名为 CPS。在 CPS 和船舶电

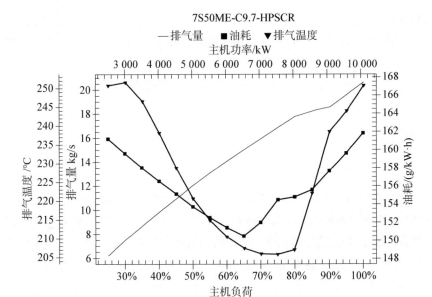

图 9-46 二冲程机燃油消耗图

网之间有一个隔离变压器。还有两个逆变器连接在直流配电板上，分别是
BTMI 和 STMI，向首侧推和尾侧推供电。储能电池直接连在直流板上，没有直
流变换器，由此可知，直流电压是浮动的。电池的充放电电压是 $800\sim1\,000$ V。
直流板的电压也控制在该范围内。

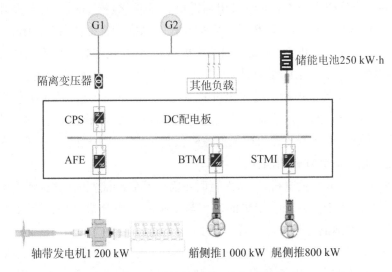

图 9-47 轴带发电机电气连接图

(1) 正常航行,轴发供电。

此模式为最常用模式。AFE 把轴带发电机的电源整流成直流,CPS 逆变,对船舶电网供电。首侧推和尾侧推逆变器不工作。此时的 DC 电压由 AFE 控制,并控制电池的充放电。当冷藏箱的电机频繁启动或者其他生活用电突然增加时,CPS 电流增大,直流电压降低,电池就会放电参与船舶电网的供电。

(2) 港口机动航行,侧推启动。

在港口机动航行的时候,首尾两台侧推需要启动,随时靠离码头,轴带发电机对直流配电板供电,AFE 控制直流电压。首尾侧推加起来 1 800 kW,轴带发电机 1 200 kW,电池如果以 3 倍速率放电,可得到 750 kW,电池以 3 倍速率放电可持续半小时。轴带发电机与电池共有 1 950 kW,基本可供首尾侧推用电,即使不足,也可以通过 CPS 由船舶电网增补。

(3) PTH 应急返港。

在主机故障的时候,断开轴离合器。由 CPS 向直流配电板供电,直流电压由 CPS 控制,AFE 此时工作于逆变状态,轴带发电机工作于轴马达状态,驱动螺旋桨应急返港。由于隔离变压器的功率限制,船舶电网的供电不太可能高于 1 200 kW,电池能量可作为增补向轴马达供电。

(4) 电池向直流配电板供电。

当船舶突然失去了柴油发电机机组,也失去了轴带发电机机组,电池就可以应急向船舶电网供电,此时的直流电压由电池控制。电池持续放电时间由外部负载功耗决定,最大可 3 倍速率供电,即 750 kW,持续供电 30 分钟。当负载功耗小的时候,供电持续时间会延长。由此可以看出,电池可作为应急不间断电源保证船舶不失去供电能力。电池的充放电状态由直流电压决定,当直流电压大于电池端电压的时候就对电池充电,当直流电压小于电池端电压的时候,电池就对外放电。

电池由电池管理系统(battery management system,BMS)和能量管理系统(energy management system,EMS)共同管理,BMS 检测电池的状态,比如温度和电量的多少,以及电流大小,把这些信息传递给 EMS。EMS 根据船舶操作状况决定电池需要充电还是放电,以及充放电的速率,再由变频器去执行。对于锂电池,寿命和充放电次数有关联,经常充放电,锂离子会在内部结晶,晶体形成晶枝生长,有时候会发生短路。锂电池一旦短路,会瞬间产生大电流起火,温度高达 800 ℃,远高于一般的火焰,很难用一般的方法去扑灭。因此锂电池要求装有应急开关和切断电路。

BMS 根据船舶操作模式去使用电池,如图 9-48 所示,电池有几个不同的状态。100％充满状态时,电池处于备用状态。在正常充放电位置时,电池既可以选择充电,也可以选择继续放电。电池处于低电量状态的时候一般要进行充电,但是如果船舶处于紧急状态,还可以继续对外放电。低电量之下还有超低电量,如果碰到紧急情况,如死船等,就必须进行充电了。电池最后必须要保留一点安全余电以保持锂离子的活性,如果电完全释放,电池就会损坏,无法使用了。

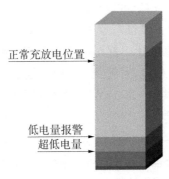

图 9‑48　电池充放电管理

9.5　船舶冗余推进系统

船舶推进系统是船舶航行的动力,如果推进系统有故障,船舶就不得不停航,失去机动航行能力,使船舶处于危险状态。因此船舶有必要获得冗余的推进系统,即使船舶的主推进系统有故障,冗余能力也可保护船舶有一定的机动或应急航行能力,保护船舶驶离危险区域,或者使船舶以一定的航速安全返港。各大船级社也对船舶冗余的辅助推进系统提出了各自要求和标准,这些标准大同小异,对于满足这些要求的船舶,船级社会对该船标注有特殊的符号。

冗余推进系统有不同的级别,冗余推进系统要求配备辅助推进装置,不同级别的冗余系统的配置是不同的。有的船拥有完全冗余的双推进系统,比如有两套完全一样的独立推进系统,即使一套推进系统故障,另一套推进系统也可以工作。而有的船舶冗余推进系统会共用螺旋桨和齿轮箱,而原动机是两套,这个时候就要考虑单点故障可能导致的推进系统故障,BV 和 RINA 船级社的标注符号 AVM(availability of machinery)就是对单点故障的规范和要求。

冗余推进系统考核单点故障的目的,是在某一点或某一设备发生故障的情况下不影响船舶的航行能力。以下一些情况需要考虑:①完全丢失一台主机;②主机某运转部件故障;③冷却器故障;④某发电机组故障;⑤某电气设备故障。

而下方某设备点的故障则不需要考虑：①传动轴系的某点故障，比如螺旋桨、轴、轴承和联轴器齿轮箱等，对于非完全冗余推进系统，它们是共用部分，故障会导致推进系统无法工作；②失火或者漏水导致某舱室不可用；③热交换器的型式。

需要注意的是，主推进系统和辅助推进系统共用的热交换器需要双备份。比如齿轮箱的热交换器，无论是主推进系统还是辅助推进系统，它们都需要热交换器工作。因此只要获取船级社冗余推进系统标注的符号，它们就需要两个热交换器。

对于冗余推进系统，各船级社都有不同的对应要求。最简单的冗余推进是有两个原动机，共同通过齿轮箱驱动一套螺旋桨。各船级社对这种安排的冗余推进系统分别有不同的标注符号，如 ABS 船级社分别有 R1 和 R1‐S 的标注，区别在于两套主机是否有物理隔舱壁把它们分开，以及在一套主机故障的情况下另一套主机是否能不受影响地独立工作。这套系统的舵及舵机只有一套，螺旋桨也只有一套，因此有可能发生单点故障而导致船舶失去机动航行能力。所以有的船级社并不对这套系统有额外的标注符号。

再高级一点的冗余系统则包含两套单独的推进系统，双机双桨双舵，但它们并没有单独的密闭舱室隔开来，CCS 对于这套系统授予 PR‐2 的标注符号。任何一套推进系统故障都不会导致船舶停航失去操纵能力，但是如果发生火灾或者漏水事故，则两套系统有可能都不能使用，即单点故障有可能会导致船舶失去航行能力或者操纵能力。

如果是要完全实现两套推进系统独立运行，这两套推进系统需要完全地由水密隔舱壁隔开，这样即便一个推进舱室发生火灾或水灾，另一套推进系统的运行也不会受影响。这三套系统及船级社的标注符号整理如图 9‐49 所示。

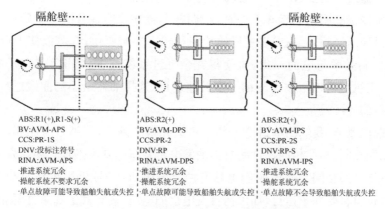

图 9‐49　各船级社对冗余推进系统的要求

各船级社对于冗余推进系统航行要求还有点区别。比如,ABS 船级社和 LRS 船级社要求在冗余辅助推进系统航行下至少能达到 7 kn 航速,或者设计航速的一半;DNV 船级社和 RINA 船级社要求航速能达到 6 kn。对于航行时间,DNV 要求至少持续航行 72 h,ABS 要求至少可持续 36 h,而 RINA 则要求能航行 1 000 nmi,BV 则要求不受时间限制,航速至少达到 7 kn。

投资一台主机的成本非常高,有些船级社也接受用轴马达来取代柴油机,依然可以获取相关标注符号,如图 9-50 所示。

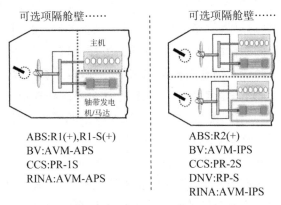

图 9-50　冗余辅助电力推进

9.6　变频器与柴油发电机并车

变频器技术的发展使得 PTO 技术的应用与柴油发电机长期并车成了可能。而在变频器发展之前,PTO 发电机只能短期与柴油发电机并车,因为推进主机与发电柴油机的调速性能并不一致,长期并车会导致功率分配不稳定。变频器技术可以稳压稳频,无论推进主机的功率和转速如何变化,都可以使 PTO 发电机的电压和频率与电网一致,也使得冗余推进系统与 PTO/PTH 有了多种组合,推进主机也可以根据实际情况变转速运行,选择油耗最小的曲线运行,提高船舶运行的经济效益。

在前面章节,我们简单讨论了柴油机组并车的条件,分别是电压相同、频率相同、相序相同、相位相同。这些是柴油发电机并车的基本条件。两台发电机的并车,电压必须相同。假设船舶电站有两台发电机,二号机组正在驱动负载运行,一号机组将要并车运行,如果两台发电机的电压不同,其他的条件都相同,那么并车后,将会导致电网电压的变化。如果二号机组电压是 406 V,一号机组电压是400V,那么并车后电网电压大约为403V,是两个发电机电压的平均值。

对于一号机组来说,AVR(自动电压调节器)的设定是400V,而电网电压是403V,AVR会自动减少励磁,以把电压降下来。同理,二号机组的AVR会增加励磁,以把电压升到406V,电压差会导致从二号机组到一号机组产生发电机间的电流,即机组环流。该环流是无功的,在有功功率没有变化的情况下多出额外的电流,增加发电机的发热量。

频率也要相同。就像两辆行驶的汽车,速度要一致,如果速度不一致,快速的车辆会迅速越过慢速的车辆,无法并车。如果试图强行合闸,就好比把两辆速度不同的汽车突然强行连接一样,慢车必然被快车强行顶着行驶,慢车要么处于逆功状态,要么损坏。

相序要相同,否则会导致电压电流的紊乱。相位也要相同。如果相位不相同,假设它们在空间上相差180°,会立即导致某机组出现逆功的现象。相位相序如果不同却强行合闸,会导致发电机内部的整流器等电气部件的损坏,机械部件如联轴器可能会因巨大的冲击而损坏。

电压、频率、相序、相位相同才能并车成功,这是基本条件,但并不必然导致并车成功。在操作上还需要待并机组在频率上稍稍快一点,就像要并车行驶的汽车,后面的汽车要稍稍快一点才能追上前面的汽车,当合闸时,稍快一点的发电机才能把负荷转移过,稍慢一点就会变成逆功运行。

并联运行的发电机组会通过频率下垂曲线进行负荷分配。这个下垂曲线要在柴油机的调速器内设定来实现,比如在无负荷的时候柴油机设定在1560r/min,在100%负荷的时候柴油机转速下降至1500r/min,这个下垂斜率为4%,如图9-51所示。

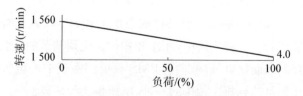

图9-51 柴油机发电机组频率下垂斜率曲线

如果所有机组都是这个设定,那么当多机组并联运行的时候,它们能以相同的比率来实现功率分配。即使柴油机组的功率不同,比如一台柴油机发电机功率为1000kW,另一台的功率是100kW,当它们并车运行的时候,大一点的柴油机会发出500kW,而小一点的柴油机会发出50kW,转速和功率分配沿着下垂的曲线,这样两台柴油机的转速是一致的,发电机的频率也是一致的。

也有的时候两台柴油机的频率下垂曲率是不一致的,这个时候斜率较大的发电机组我们称之为特性偏软,斜率较小的发电机组称为特性偏硬。如果这样的两台发电机组并联运行,特性偏硬的发电机组会承担较大的负荷。如图 9-52 所示。

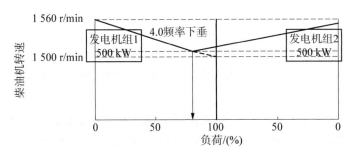

图 9-52　并车机组的功率分配

发电机组 2 的调速特性偏硬,斜率要小于 4%,所以当两机组并车的时候,2号机组承担了更多的功率。

以上是有功功率的分配。无功功率的分配原理与有功功率类似。无功体现在发电机的电压上,发电机的功率从无负荷到满负荷,电压也会有一个压降,比如在无负荷的时候电压为 450 V,满负荷的时候电压为 440 V。

变频器与发电机组的并联运行也采用类似的原理,但是变频器并不完全等同于柴油发电机。

在柴油发电机组并车的时候,并车运行的标志是各发电机的合闸开关是否闭合。这个开关通常安装在配电板内部,由 PMS 来控制,即 PMS 来调节待并发电机的电压、频率、相序和相位。当条件成熟的时候,PMS 发出合闸信号,实现发电机组的并联运行。工程实践中,相序和相位是无须调节的,因为发电机安装的时候按分配好的线制接好线缆即可,PMS 只要稍微调节发电机组的频率,经过一段时间变化即可达到相序相位的一种,电压也无须多调。

变频器的频率与柴油机的转速无关。变频器的频率下垂斜率与电压下垂斜率可以预先通过参数设定,但与柴油发电机组不同的是,这个斜率比较硬,而柴油机的频率下降斜率会稍有弹性。当变频器与单台柴油机并车的参数调好以后,并不保证就能与另一台柴油发电机组自然地并车,因为两台柴油机的参数不能完全保证一致。

这就需要 PMS 参与并联运行管理。在并车前,PMS 检测变频器的电源信号,并发出电压和频率的调节信号,使之匹配。匹配成功后,PMS 发出开关合闸信号,变频器与电网联通。

还有另外一种做法,在变频器端检测出电网电源信号后,由变频器自适应匹配,并自动并联运行,但依然需要 PMS 的频率和电压调节信号。这与 PMS 控制并车的区别在于对合闸开关的控制,这种做法可以用变频器去控制合闸开关,或者合闸开关常闭。变频器得到并车指令后,自适应电网。并车后 PMS 调节频率来控制变频器的功率输出,否则负载的变动会引起电网电压和频率的波动,而变频器的斜率设置如果不与电网一致,变频器的功率和电压输出就会紊乱。

变频器的另一个好处是可以恒功率运行,让发电机组采取浮动输出,这样不管负载如何变化,只要调节柴油发电机组即可。

在 PMS 与变频器的接口信号中,可以采用模拟量信号、数字量信号或者通信信号。总体来说,数字信号会比较好一点,采用硬线连接更安全。需要注意的是,柴油发电机组的 AVR 也最好采用数字形式,反应更加敏捷和精准,模拟量调节会导致反应延迟,调试用时较长。

9.7　能源转型与电力推进前景展望

电力推进越来越多地应用于船舶推进领域,目前在工程类船舶上普及开来。电力推进的效率相比于传统机械推进有 $10\%\sim14\%$ 的提高,这对于低负荷航行的船舶来说有相当大的吸引力,但是对于远距离长时间航行的远洋货轮来说并不经济。随着全球能源的转型,可能电力推进会加快向这些"并不经济"的远洋货轮普及。

环境污染和气候变暖是近些年来环保主义者推进能源转型的原因之一。对于气候变暖的话题,很多环保主义者认为这是人类面临的最大威胁。气候变暖的原因之一是温室气体的排放,而 CO_2 的排放被认为是导致气候变暖的罪魁祸首。

大气中 CO_2 的占比为 0.0415%,水蒸气及其他极少数量的粒子占比约 1%,而 N_2 和 O_2 的占比约有 99%,但它们不是温室气体。水蒸气的温室效应来自黑夜,白天反射来自太阳的光线,夜间保持温暖,因此水蒸气、液滴和冰晶的温室效应占比约为 $36\%\sim70\%$。CO_2 是植物生长所需要的物质,能被循环利用,但目前每年的排放量需要 30 年才能被重新吸收,CO_2 的温室效应占比 $9\%\sim26\%$。其他的温室气体主要为甲烷,约占比 $4\%\sim9\%$。

对于是不是 CO_2 导致的气候变暖向来有争议,其中有几个不同的立场,而最显著的两个立场是相互对立的。

以美国环保活动家阿尔·戈尔为代表的立场认为,我们需要减少 70% 的排放以阻止全球变暖。我们要迅速行动,使用新能源,提高能源税和排放税,对碳实施封存,否则后果将是灾难的。阿尔·戈尔引用的是政府间气候变化委员会的报告数据。

另一个阵营以丹麦科学家亨里克·史文斯马克为首,他们的观点认为,地球变暖变冷是自然现象,与人类活动相关性很小。1940—1970 年,地球出现变冷现象,1970 年后到现在又出现显著的变暖现象。公元 800—1300 年是中世纪暖期,16—19 世纪又是变冷期,往前再追溯,地球可能已经经历过 50～60 个变暖和变冷期,导致变冷和变暖的主要是太阳的活动和宇宙射线。

史文斯马克是丹麦太阳与气候研究中心的主任,而戈尔是美国前副总统、导演以及诺贝尔和平奖获得者,是著名的政治活动家。戈尔还数次到中国谈论气候问题。目前戈尔的观点占据主流,影响了大部分的政府间的社会活动和立法,船舶碳排放的相关法规和规范也受此影响。

船舶如果有 PTO 驱动的轴带发电机,碳排放计算的指数就会降低;如果有 PTI 驱动的电力推进,碳排放指数就会增加。如果单从碳排放计算公式看,电力推进是增加碳排放的,似乎不利于电力推进的发展。但这只是从公式推算出来的教条结果,考虑到港口拖轮这样的船型,低负荷下的电力推进是显著减低碳排放的。

抛开气候变暖的话题,地球能源转型也是促进船舶推进方式转变的一个重要原因。

为了降低碳排放,目前广泛发展的船舶燃料是 LNG 燃料、甲醇燃料、氨燃料和氢燃料。

LNG 是液化天然气,主要成分是甲烷,甲烷同时也是页岩气与可燃冰的主要成分。甲烷的分子式是 CH_4,从分子结构看,其燃烧后并不能显著较少 CO_2 的排放,但作为清洁能源,它能显著减少硫化物和氮化物的排放。相比于石油,它能降低 24% 的碳排放,但作为海上运输船舶燃料,LNG 不能作为以减排 CO_2 为目的的燃料。

氨燃料的化学分子式为 NH_4,从分子结构看,其燃烧后完全没有碳元素,是理想的不含碳的燃料。但氨燃料并不天然的存在,需要人工合成。氮气是惰性气体,如果要合成氨,必须有氢气和催化剂。目前氨燃料根据合成方法的不同可分为棕氨、蓝氨和绿氨。以煤炭和天然气等为原料合成的氨为棕氨,不用说,这并不能减少 CO_2 的排放;完全以绿氢合成的氨才称得上是绿氨,不含有碳足迹,但这个量非常少,不能满足日常所需,况且氨燃烧后的产物 N_2O 其温室效应据说是 CO_2 的 200 倍。综上所述,氨也不可能是人类可持续发展的燃料。

甲醇如何呢?据报道,2023 年新造船舶中有 130 艘选装甲醇作为船舶动力燃料,占新能源船舶的 13%,仅次于 LNG 动力船舶。甲醇的分子式 CH_3OH,其中也含碳。甲醇的合成方法分为灰甲醇和绿甲醇。灰甲醇由煤炭、天然气、石油等传统能源合成,这肯定不能大量使用。而绿甲醇是用生物秸秆与 H_2 合成,或者 CO_2 与 H_2 合成的绿色路线。

先拿生物秸秆合成来说。

$2H_2+CO\Longrightarrow CH_3OH$,这是甲醇合成的基本反应方程式,可以非常容易地计算出来生产 1t 甲醇理论上需要 $2\,100\,Nm^3$ 有效气($CO+H_2$)。考虑到实际工程,目前可以做到 $2\,200\,Nm^3$(有效气)/吨甲醇(或者更低)。干燥无灰基生物质产气量 $900\,Nm^3$(干气)/t, H_2+CO 约 $390\,Nm^3/t$。再考虑产生的 CH_4 部分转化为 CO 和 H_2,总的 H_2+CO 产量约 $600\,Nm^3/t$。

简单折算到每吨甲醇需消耗 3.67t 生物质。若折算成含水 20%,含灰 20% 的生物质秸秆,则每吨甲醇需要秸秆原料 6.12t。除此之外,还应考虑到秸秆每倒腾一次就有消耗,存放过程还会有损耗,合计保守暂按 10% 考虑,则每吨甲醇需要秸秆原料 6.8t 生物质,即 10 万吨的绿色甲醇需要 68 万吨秸秆。这也是不可持续的。

另外还有乙醇燃料,目前的乙醇生产是以甘蔗和玉米为原料的,与秸秆原料类似,此类作物的生产量有限,所以乙醇燃料注定也只能是试验性质的。

我们再看看氢燃料,氢气的化学分子式为 H_2,燃烧之后变成水,无污染,是想当然的最终燃料。但是,氢从哪里来?宇宙中 90% 是氢,但在自然界却没有发现其独立存在过。目前氢气 81% 来源于煤制氢和天然气制氢,称为灰氢,这种氢是靠碳排放来生成的,18% 氢来自工业副产品,只有 1% 的氢是绿氢,由电解水生产。从效率角度来看,绿氢消耗的能源要比燃烧多消耗 30%～40%。这些生成的氢中大部分用来合成氨和甲醇等所谓的绿色燃料。

如果我们从头梳理氢的消耗,可以发现它的过程是这样的:煤炭、天然气→氢气→氨、甲醇。我们在源头上排放了大量的 CO_2,看似在使用的过程中使用了绿色燃料,减少了 CO_2 的排放。如果算上能源转换的效率,实际上很可能多排放了 CO_2。

绿氢是从电解水来的,电来自风能和太阳能发电,但这一部分的量实在太少,只占氢能源的 1%。况且氢气需要 $-253℃$ 才能液化,如果压力液化下,每天会有 1%～5% 的速度缓慢渗透到金属中,金属会变脆,容易裂口。

从这里可以看出,氢气虽然是理想的能源燃料,但获取非常困难。如果用电来生产氢,为什么我们不直接用电呢?

如果从清洁能源的最终来源看,风能、太阳能、水能、核能很可能是能源的最终形式。

由于强大的政策支持,中国已经是可再生能源投资的领导者,到2050年可再生能源装置将增加五倍以上。2010年,风能只占中国电力发电的1%。如今风能已经成为中国在煤炭和水电之后的最大电力来源。2023年风电占总电力供应的9.4%。到21世纪中叶,中国将成为世界上最大的风能市场。同样,2015年,太阳能在电力发电中的比例不到1%,而在不到十年的时间里,这一比例已经上升到今天的5%。到2050年,太阳能和风能将各自贡献38%的发电量。

核能已经在潜艇和航母上有所应用,目前有些机构已经在初步探讨核能在民营船舶上应用的可能性。将来在法规、技术、安全等领域得到发展时,核能很可能在商船上有大量应用。

无论是何种可再生能源,它们的最终转化形式必将指向电力。电力可储存,把风能、太阳能、水能与核能产生的能量以电力的形式存储在电池里。船舶到港口就换电池,长途远洋船舶则有可能靠核能的形式推进船舶动力装置。能源的演变必将深刻地影响着船舶的推进形式,电力必将普遍地应用于船舶的动力推进。螺旋桨、电动机、变频技术必将是最终的船舶推进动力装置的组成部分。

彩　图

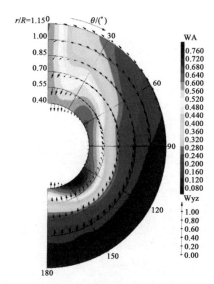

彩图1　船尾螺旋桨伴流场

（见正文中图1-35）

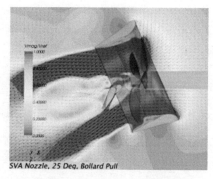

彩图2　转向导管提高操纵性

（见正文中图3-12）

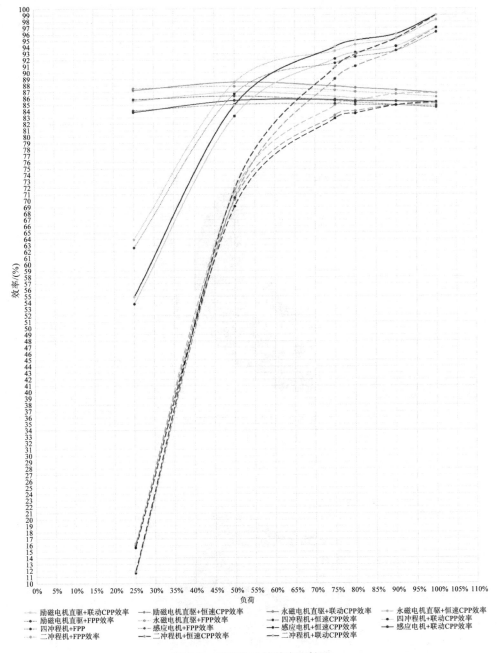

彩图 3　各推进系统效率比较图

（见正文中图 8 - 35）

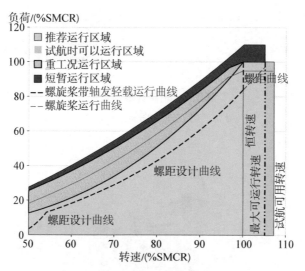

彩图4　主机推荐负荷运行限制曲线

（见正文中图 9-25）

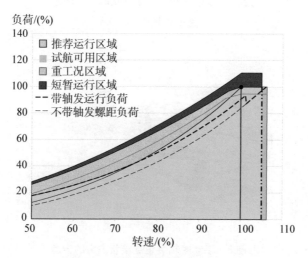

彩图5　主机推荐实际负荷限制线

（见正文中图 9-26）

脱开状态　　　　　　　　连接状态

彩图 6　轴离合器示意图

（见正文中图 9 - 28）

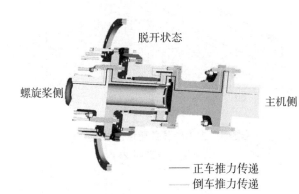

脱开状态

螺旋桨侧　　　　　　　　　　　主机侧

—— 正车推力传递
—— 倒车推力传递

彩图 7　手动脱轴装置脱开状态力的传递

（见正文中图 9 - 30）

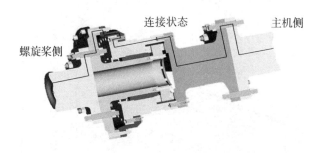

连接状态　　　　　主机侧

螺旋桨侧

—— 推力和扭矩的传递

彩图 8　手动脱轴装置连接状态力的传递

（见正文中图 9 - 31）

参考文献

［1］盛振邦,刘应中.船舶原理下册［M］.上海:上海交通大学出版社,2004.

［2］JS Carlton. Marine propeller and propulsion［M］. Amsterdam: Elsevier, 2007.

［3］中国船级社.钢质海船入级规范2012,第三册［M］.北京:人民交通出版社,2012.

［4］徐筱欣.船舶动力装置［M］.上海:上海交通大学出版社,2007.

［5］刘锦波,张承慧.电机与拖动［M］.北京:清华大学出版社,2006.

［6］林叶春.船舶电力推进及动力定位控制系统［M］.上海:上海交通大学出版社,2018.

［7］mukund R Patel. Shipboard propulsion power electronics, and ocean energy［M］. Boca Raton: CRC Press, 2012.

［8］乔鸣忠,于飞,张晓锋.船舶电力推进技术［M］.北京:机械工业出版社,2019.

［9］黄红波.螺旋桨空泡诱导的脉动压力预报及振动风险评估新方法［J］.船舶力学,2020,24(11):1375－1382.

［10］陈绍纲,朱国伟,李渤仲,等.轮机工程手册［M］.北京:人民交通出版社,1992.

［11］陈可越.船舶设计制造修理技术与质量检测验收实用手册［M］.北京:清华同方电子出版社,2012.

［12］徐敏,骆振黄,严济宽,等.船舶动力机械的振动、冲击与测量［M］.北京:国防工业出版社,1981.

［13］陈之炎.船舶推进轴系振动［M］.上海:上海交通大学出版社,1987.